Nicolle Buttler

DER FOTOKURS FÜR *junge Fotograf*innen*

EIN BUCH ZUM LESEN, LERNEN, AUSPROBIEREN

Vierfarben

Wir hoffen, dass Sie Freude an diesem Buch haben und sich Ihre Erwartungen erfüllen. Ihre Anregungen und Kommentare sind uns jederzeit willkommen. Bitte bewerten Sie doch das Buch auf unserer Website unter **www.rheinwerk-verlag.de/feedback**.

An diesem Buch haben viele mitgewirkt, insbesondere:

Lektorat Frank Paschen, Annette Graeber
Korrektorat Annette Lennartz, Bonn
Herstellung Maxi Beithe
Typografie und Layout Vera Brauner
Einbandgestaltung Mai Loan Nguyen Duy
Coverbild Unsplash: Maria Lysenko, Rayul, Morgane le Breton, Joseph Gonzalez, xsharapatx
Satz Christine Netzker
Druck Firmengruppe Appl, Wemding

Dieses Buch wurde gesetzt aus der TheSansOsF (10 pt/15,8 pt) in Adobe InDesign.
Gedruckt wurde es auf mattgestrichenem Bilderdruckpapier (135 g/m²).
Hergestellt in Deutschland.

Bibliografische Information der Deutschen Nationalbibliothek:
Die Deutsche Nationalbibliothek verzeichnet diese Publikation in der Deutschen Nationalbibliografie; detaillierte bibliografische Daten sind im Internet über *http://dnb.dnb.de* abrufbar.

978-3-8421-0920-9

2., aktualisierte und überarbeitete Auflage 2022

Vierfarben ist eine Marke des Rheinwerk Verlags. Der Name Vierfarben spielt an auf den Vierfarbdruck, eine Technik zur Erstellung farbiger Bücher. Der Name steht für die Kunst, die Dinge einfach zu machen, um aus dem Einfachen das Ganze lebendig zur Anschauung zu bringen.

Informationen zu unserem Verlag und Kontaktmöglichkeiten finden Sie auf unserer Verlagswebsite **www.rheinwerk-verlag.de**. Dort können Sie sich auch umfassend über unser aktuelles Programm informieren und unsere Bücher und E-Books bestellen.

Hallo!

Mein Name ist Frank, und ich bin Lektor für Fotobücher beim Rheinwerk Verlag. Ich habe Nicolle dabei geholfen, dieses Buch zu machen – von der Idee bis zum gedruckten Exemplar.

Meine erste Kamera hat mir mein Opa geschenkt. Es war eine Spiegelreflexkamera, in die ich Filme einlegen musste. Die habe ich direkt in einen Urlaub nach Österreich mitgenommen. Nach spätestens 36 Bildern war ein Film voll und ob meine Ideen wirklich toll und die Aufnahmen gelungen waren, wusste ich erst nach Wochen. Nicht jedes Bild war dann »nice«, aber das Fotografieren hat Spaß gemacht.

Heutzutage ist die erste Kamera oft das Smartphone und um darauf die Bilder zu sehen, musst du nicht mehr warten. Es gibt modernste Technologie mit künstlicher Intelligenz im Hosentaschenformat, dennoch überzeugt nicht jedes Bild. Interessant, oder? Vieles an der Fotografie ist objektiv: Ist ein Bild scharf oder nicht? Ist es passend gestaltet? Sind die Farben richtig? Darum geht es in diesem Buch. Und noch viel mehr ist subjektiv: Was möchtest du überhaupt fotografieren? Spricht dich ein Bild an oder nicht? Auch hierzu findest du Infos und Tipps.

Dieses Buch erklärt dir, wie du bessere Fotos machen kannst. Es geht darum, deine Ideen zu Bildern zu machen, die dir gefallen und die du teilen willst! Fotografie kann für dich alles sein, was du willst: Tagebuch, Quatschfabrik, Lernhilfe, Gefühlsmaschine ... Fang einfach an und hab Spaß dabei!

Dein Frank Paschen
Lektorat Rheinwerk Fotografie

frank.paschen@rheinwerk-verlag.de
www.rheinwerk-verlag.de
Rheinwerk Verlag • Rheinwerkallee 4 • 53227 Bonn

Inhalt

Einführung

Kapitel 1

Warum fotografieren wir so gerne?

Kapitel 2

Eine kleine Geschichte der Fotografie

Kapitel 3

Das Licht für ein Foto einfangen

Kapitel 4

Was kann (d)eine Kamera?

Kapitel 5

Der Sensor – das Herz deiner Kamera

Kapitel 6

Die Welt ist farbig – warum?

Kapitel 7

Auf deinen Blick kommt es an

Kapitel 8

Mach was mit deinen Bildern!

Kapitel 9

Soziale Netzwerke und Messenger-Dienste

Einführung

Mit Neugier fängt es an

Du willst wissen, wie du richtig schöne Bilder machst? Wie du dich mit Fotos kreativ ausdrückst? Super, da geht es dir wie mir. Ich kann dir zeigen, wie. Ich heiße Nicolle und habe schon als Kind viel gemalt. Und wenn ich nicht in Fantasiewelten unterwegs war, habe ich sehr gerne Fotos als Vorlage für meine Bilder genommen (und mache das auch immer noch). So kam ich zur Fotografie, denn ich wollte auch wissen, wie man die Fotos selbst machen kann.

↑ Das herbstliche Baumbild habe ich anhand des Fotos gemalt.

Mein Vater war Ingenieur (meine Mutter auch), so wie ich es heute bin, und hat sich auch zu Hause mit vielen technischen Spielereien beschäftigt. Dabei hat er mich immer mal mitmachen lassen und meine Neugier geweckt, wie Dinge funktionieren. So war es auch mit Kameras. Damals gab es noch keine digitale Technik wie heute, sodass das Fotografieren bereits mit dem Einlegen eines Films spannend anfing: Kamera öffnen, Filmrolle einlegen, den Film etwas rausziehen und in die Spule fummeln, Gehäuse zumachen und Film ein Stück weit aufrollen. Klingt vorsintflutlich, oder? Auch ein passendes Buch gab es noch nicht, sodass ich meine Eltern und Großeltern ausgefragt habe und mir vieles habe zeigen lassen. Das empfehle ich auch dir: Löchere deine Eltern, Großeltern und Freunde! Oder du schlägst in diesem Buch nach und holst dir hier erste Ideen.

Mit etwa 14 durfte ich dann auch mal mit der Kamera meiner Eltern fotografieren. Ich musste mich damals also ziemlich lange gedulden. Na ja, in der Folge blieb es nicht bei *einer* Kamera. Zwischenzeitlich hatte ich dann eine kleine Kompaktkamera, die mich aber nicht lange begeisterte, weil alles nur automatisch ging. Ich wollte die Kamera lieber manuell einstellen, weil ich so kreativer sein konnte, eben weil ich so selbst entscheiden konnte, wie die Fotos aussehen.

← Eine analoge Exa 1b, die mit Film »gefüttert« werden musste. Die Kamera wurde ab 1977 gebaut, vor mehr als 40 Jahren! Moderne Kameras sehen zwar nicht so anders aus, funktionieren aber ganz anders. Mit der Exa könnte man aber auch noch fotografieren!

↑→ Hier siehst du, was mich so fasziniert hat. Man muss bei dieser Kamera *oben* hineinschauen, um das Motiv *vor* der Kamera zu sehen. Und das Bild im Sucher ist seitenverkehrt – achte mal auf die grüne Eule. Das Bild wird in der Kamera über Spiegel umgelenkt, daher heißt die Kamera auch Spiegelreflexkamera. Ich wollte damals zum Beispiel unbedingt wissen, warum meine Eltern bei ihrer Kamera von oben hineinschauten, um das Motiv vor ihnen zu sehen. Das kam mir komisch vor.

Schon sehr bald wurde ich unsere »Familienfotografin« und kaufte mir mit 16 Jahren meine erste eigene Kamera, die Minolta Dynax 500si. Dafür habe ich viele Stunden lang gejobbt und Geld verdient. Diese und die Exa 1b waren dann lange Jahre meine Begleiter, und ich habe viel mit ihnen fotografiert – alles noch auf Film, von denen ich einige auch selbst entwickelt habe. Da jede Filmentwicklung viel Geld kostete, musste ich mir vorher genau überlegen, was ich fotografieren wollte. Vor jeder Reise habe ich die Zahl der benötigten Filme geschätzt und gehofft, dass kein Film verloren geht und dass die Belichtungseinstellungen stimmten. Gerne denke ich an fünf Monate in Peru zurück, in denen ich viel gereist bin und 50 (!) Filme mit dabeihatte. Jede Filmentwicklung hat meine Geduld auf die Probe gestellt und diese ganz besonders. Wann kommt man schon mal ans andere Ende der Welt?

Im Jahr 2005 habe ich mir dann meine erste Digitalkamera gekauft, eine Konica Minolta A200. Zu der Zeit studierte ich noch, lebte in Irland und hatte wenig Geld für mein Hobby. Digital war dann alles einfacher, da die Bilder auf dem Computer gespeichert wurden und die Speicherkarte nicht wie ein Film nach 36 Fotos voll war. Ich konnte ganz viel ausprobieren; falls es nichts war, habe ich das Bild einfach wieder gelöscht. Und endlich konnte ich meiner Familie gleich Fotos schicken, denn gesehen haben wir uns selten wegen der Entfernung. So ganz ging mein Plan mit dem Geldsparen dann doch nicht auf. Ich brauchte nun zusätzliche Speicherkarten, einen besseren Computer und neue Bearbeitungsprogramme. Auch das ist heute nicht anders.

↑ **Meine Glasvitrine mit vielen alten Kameras – Geschenke meiner Familie sowie von Freunden und Bekannten**

Meine alten Kameras, wie die Exa 1b, habe ich bei mir zu Hause in einer Glasvitrine ausgestellt. Es sind über die Jahre noch einige dazugekommen, die mir Familienmitglieder und Freunde geschenkt haben, wie auch die Kamera meines Opas, die ich ebenfalls viele Jahre lang genutzt habe. Er ist nun über 90 Jahre alt, und wir haben oft und lange über Fotos gesprochen. Dank ihm kann ich dir später im Buch Fotos zeigen, die vor über 100 Jahren (!) in unserer Familie entstanden sind.

Heute habe ich einen Sohn, der sich auch für Fotografie interessiert und viel über die alten Kameras, Filmrollen, Blitzbirnen und mehr in der Glasvitrine wissen möchte. Er hat mittlerweile bei mehreren Fotokursen mitgemacht, die ich von der Grundschule bis zur 6. Klasse gebe, kennt sich mit Begriffen wie Blende und Belichtungszeit aus und macht Fotos mit dem Smartphone und ab und zu auch mit einer Kompaktkamera.

Wie ist es mit dir? Ich möchte dir in diesem Buch zeigen, wie viel Spaß das Fotografieren macht, und dir helfen, bessere Fotos zu machen, die, die du im Kopf siehst, nicht die, die deine Kamera vollautomatisch »ausspuckt«.

Das Tolle an Fotos ist, dass man über eine lange Zeit Erinnerungen teilen kann. So kann ich meinem Sohn heute zeigen, dass auch meine Schultüte fast größer war als ich. Für mich sind das Familienschätze! Und wenn du fotografierst, kannst du deine eigene »Schatztruhe« füllen.

↑ Meine Schultüte, 1985

↑→ Mein Sohn mit Schultüte (2016) und heute (2022) – Fotos sind Erinnerungen!

Kapitel 1

Warum fotografieren wir so gerne?

Fotografie ist Spaß und Kunst und noch mehr

Warum wir so gerne fotografieren, ist gar nicht einfach zu beantworten. Für jeden hat die Fotografie eine andere Bedeutung: Der eine möchte Erlebnisse oder Gefühle möglichst gut für sich im Bild festhalten. Die andere möchte die Fotografie zur Dokumentation nutzen, ohne einen besonderen künstlerischen Anspruch. Und wieder jemand anders möchte sich mit Bildern mitteilen und in sozialen Netzwerken zeigen, was er oder sie erlebt. Es gibt aber auch die, für die Fotografie eine Kunst ist. Dann wird das Bild nicht mal eben schnell »geknipst«, sondern mit einigen Überlegungen kreativ gestaltet.

↑ Schnappschuss einer Hauswand

→ Was denkst du, fotografiert der Fotograf und warum?

Das Schöne an diesem Hobby ist, dass du sofort ein Ergebnis erhältst und dann auch schnell Erfolge sehen kannst, je häufiger du fotografierst. Ein digitales Bild kostet dich praktisch nichts, du kannst daher so lange ausprobieren, bis es passt.

Häng dich nicht zu sehr an der Technik auf, sondern konzentrier dich erst einmal auf das Motiv und trainier deinen Blick. Alltägliche Dinge, an denen du jeden Tag vorbeigehst, werden auf einmal zum Motiv, zum Beispiel das Bild einer Hauswand, die du hier links siehst. Das Foto macht mir immer wieder gute Laune.

Je bewusster du fotografierst, desto besser wird dein Blick für Motive. Wenn du fotografierst, nimmst du deine Welt intensiver wahr, denn du schenkst dem Geschehen um dich herum deine volle Aufmerksamkeit und trainierst deine Beobachtungsgabe. Das ist ein bisschen wie Training beim Sport. Und so wie du dich beim Sport auspowern und auf andere Gedanken kommen kannst, so kann auch das Fotografieren ein Ausgleich für den Alltag sein. Auch wenn du dich beim Fotografieren konzentrierst und vielleicht auch mal körperliche Anstrengung verspürst, vergisst du die Aufgaben des Alltags und tust etwas, das dich glücklich und zufrieden macht. Vielleicht kommst du sprichwörtlich in einen »Flow«. Du entwickelst deinen eigenen Stil, bei dem es kein »richtig« oder »falsch« gibt, und kannst die Ergebnisse ohne lange Wartezeit am Kameradisplay oder zu Hause am Computer ansehen.

Fotografieren kann auch ein schöner Zeitvertreib mit Freunden sein, wenn ihr gemeinsam nach Motiven sucht und Bilder voneinander macht. Mit Fotos kannst du bei anderen auch Erinnerungen wecken oder ihnen eine Freude machen. Fotos können auch ein kreativer Zwischenschritt sein, beispielsweise als Malvorlage oder du nutzt die Fotos für Collagen, für Karten, Memoryspiele, Puzzle oder Decken.

Du wirst merken, dass dir mit etwas Übung immer mehr Dinge und Details auffallen, vielleicht die blauen Ohrringe deiner Freundin, der schöne Vogel im Garten oder bunte Mülleimer in der Stadt. Allein dafür lohnt es sich, die Fotografie für sich zu entdecken.

↑ Kreativ sein mit Freunden – fotografieren kannst du auch gemeinschaftlich.

Fotografie ist überall

Fotografieren ist aus unserem Alltag nicht mehr wegzudenken, sei es das Selfie für dein Profilbild im Messenger-Dienst, das Bild vom leckeren Essen, das Strandbild aus dem Urlaub, das du deinen Freunden zeigen möchtest, oder ein Schnappschuss von deinem Haustier.

↑ **So einen leckeren Pfannkuchen muss man den Freunden doch schicken! Aber nur als Bild, der Pfannkuchen ist ja schon gegessen.**

↑ **Ein Igel im Wald. Sehen heißt glauben, da machst du natürlich ein Bild – ob mit dem Smartphone oder einer richtigen Kamera.**

Achte mal darauf, wo dir in deinem Alltag überall Fotos begegnen. Vielleicht könnte dein Tag so aussehen: Bevor du das Haus verlässt, schaust du noch kurz auf dein Smartphone – was für ein schönes **Hintergrundbild** vom letzten Urlaub! Muss ich wirklich in die Schule? An der Bushaltestelle hängen Plakate mit **Werbung**. »Die Menschen sehen in Wirklichkeit bestimmt ganz anders aus«, denkst du dir. Es dauert, bis der Bus losfährt. Ein Motorrad überholt den Bus nervös und wird von der Polizei geblitzt (**Beweismittel**), teures Schwarzweißbild! Der Fahrer flucht und diskutiert mit der Polizei. Schnell machst du heimlich ein Foto, um es später erzählen zu können (erlaubt ist das allerdings nicht). In der Schule begegnen dir Bilder im Unterricht (in **Büchern** oder als **Projektion**), auch wenn das vielleicht nicht immer motivierend ist, aber vielleicht schaffen es deine Freunde am Nachmittag, dir den Unterrichtsstoff zu erklären. Schnell ein Selfie auf dem Heimweg gemacht und die Freunde über einen **Messenger-Dienst** gefragt, wer am Nachmittag Zeit hat. Allen anderen schickst du später frech ein Foto vom Eisbecher, den du dir gegönnt hast, oder postest es als Story in einem **sozialen Netzwerk**. Auf dem Heimweg kaufst du noch ein paar Dinge ein, die dir deine Eltern auf eine Tafel in der Küche geschrieben haben (**Erinnerungshilfe**, **Einkaufszettel**). Gut, dass du sie noch am Morgen fotografiert hast! Wieder zu Hause angekommen, zeigt dir deine Mutter einen Artikel mit einem interessanten Bild in der **Zeitung**, damit du auf dem Laufenden bleibst. Der Postbote bringt ein Paket mit einer Fotoleinwand (**Dekoration**), die als Erinnerung an euren Urlaub im Wohnzimmer hängen wird. Für die Großeltern gibt es Abzüge und Fototassen (**Geschenke**), damit sie sehen können, wie gut es euch ging (**Dokumentation**). Nur die Wanderschuhe sind dir zu klein geworden, sodass deine Eltern sie mit einem Foto im Internet verkaufen wollen (**Produktfotos**).

Das sind nur wenige Beispiele, bei denen die Fotografie nicht mehr wegzudenken ist. Wie oft sind dir am heutigen Tag schon Fotos begegnet?

← **Manche Bilder gehören groß an die Wand. Mach was aus deinen Fotos!**

In den vergangenen Jahren und Jahrzehnten hat sich vieles in der Fotografie verändert, eines ist jedoch seit Beginn gleichgeblieben – das Warum! Warum fotografieren wir? Fotos werden zum Beispiel eingesetzt, um Gefühle auszulösen und zu zeigen. Wir halten schöne Erinnerungen wie Urlaubseindrücke in Fotos fest, weil sie uns noch lange danach glücklich machen und wir sie festhalten wollen, damit sie nicht in Vergessenheit geraten.

Es gibt aber auch Gefühle, die vor allem Fotos in Tageszeitungen, Zeitschriften und der Berichterstattung auslösen, um die Fakten zu verstärken und besser einprägen zu lassen.

In der folgenden Tabelle findest du ein paar Gefühle, die durch Fotos ausgelöst oder gezeigt werden können.

→ Gefühle und passende Bildbeispiele

Emotion	Foto
Glück	Urlaub; Freunde; schöne Momente
Liebe	Kinder; Familie; Haus- oder Kuscheltier
Angst	Gewitter; Tornado; zerstörte Gebäude
Traurigkeit	ein weinendes Kind; ein krankes Tier
Zorn	eine wütende Person
Neugier	ein Erdmännchen; eine Person, die hinter einem Baum heimlich etwas beobachtet
Langeweile	in den Himmel schauende Person; sitzend auf einem Stuhl
Erstaunen	Situation, bei der deine innere Stimme »Wow« sagt: Bild von einem enormen Hochhaus oder einem Sportler, der eine Schlucht auf einem Seil laufend überquert

→ Wie schaut Laura hier?

Es geht auch ohne teure Kamera

Du wirst in diesem Buch lernen, dass die Technik eine bedeutende Rolle beim Fotografieren spielt. Dennoch ist sie nur zweitrangig, denn das Wichtigste für gute Fotos bist du! Entwickelst du einen guten Blick für das Motiv, kannst du auch mit Smartphone-Fotos begeistern und verblüffen. Rede dir gar nicht erst ein: »Das ist ja nur ein Smartphone-Foto.« Sag dir lieber: »Das bekomme ich auch mit ein paar Tricks am Smartphone hin.« Wichtig ist, dass du die Motive findest, so wie das Porträt hier rechts. Für dieses Smartphone-Bild war der Blick entscheidend.

↑ Porträt im Garten mit einem Smartphone

Ähnlich ist es auch mit einer »richtigen« Kamera. Klar ist es komfortabel, wenn deine Kamera ganz viele Einstellungsmöglichkeiten bietet, aber viel wichtiger sind deine eigenen Ideen. Und vielleicht vertiefst du dich mit einer großen, teuren Kamera auch so sehr in die Technik, dass dir das eine oder andere Motiv entgeht. Wenn du mit einer kleinen, eher einfachen Kamera beginnst, konzentrierst du dich auf deinen Blick, nicht auf die Kamera. Und das ist wichtiger, auch wenn du irgendwann mal eine größere oder »bessere« Kamera bekommst.

Merk dir

Die Kreativität zählt!

Ein wesentlicher Unterschied zwischen Smartphone-Bild und Bild aus richtiger Kamera ist, dass das Bild aus der richtigen Kamera bei super Qualität sehr groß gezeigt werden kann. Bis zu einer gewissen Größe oder erst recht in sozialen Netzwerken ist der qualitative Unterschied quasi nicht zu erkennen.

Kapitel 2

Eine kleine Geschichte der Fotografie

Tauch in die Geschichte deiner Familie ein

Geschichte kann sehr »lebendig« sein. Such doch mal nach alten Familienfotos! Wie viele habt ihr noch? Versuch sie nach ihrem Alter zu sortieren. Schätz mal, wann die Fotos entstanden sind (nicht schummeln und auf die Rückseite der Fotos schauen) und sortiere sie nach Jahrzehnten. Kennst du die Personen auf den Fotos? Wenn du fertig bist, frag deine Eltern und Großeltern. Vielleicht taucht ihr in alte Familiengeschichten ein und du erfährst Dinge, die du ohne diese Fotos nicht erfahren hättest.

→ **Alte Fotos. Welche Schätze gibt es in deiner Familie? Dies ist das einzige Album, das ich von meinen Großeltern habe.**

Du wirst merken, dass du bei deiner Familie viele Erinnerungen wachrüttelst. Mir konnte die Schwester meines Opas noch erzählen, was sie 1949 auf der Hochzeit meiner Großeltern anhatte und wo sie gefeiert haben. Beeindruckend! – Vielleicht bekommst du Lust, eure Familiengeschichte als bebilderten Stammbaum auf Papier oder digital darzustellen. Wie viele Jahre reichen die Fotos zurück?

Übrigens waren Fotos auf Papier damals sehr teuer. Viele Negative oder sogar noch Glasplatten wurden nie als Positiv auf Papier gesehen. Wenn du sie heute abfotografierst oder scannst, am Computer in Positive umwandelst und drucken lässt, kannst du sicher für die eine oder andere Überraschung sorgen.

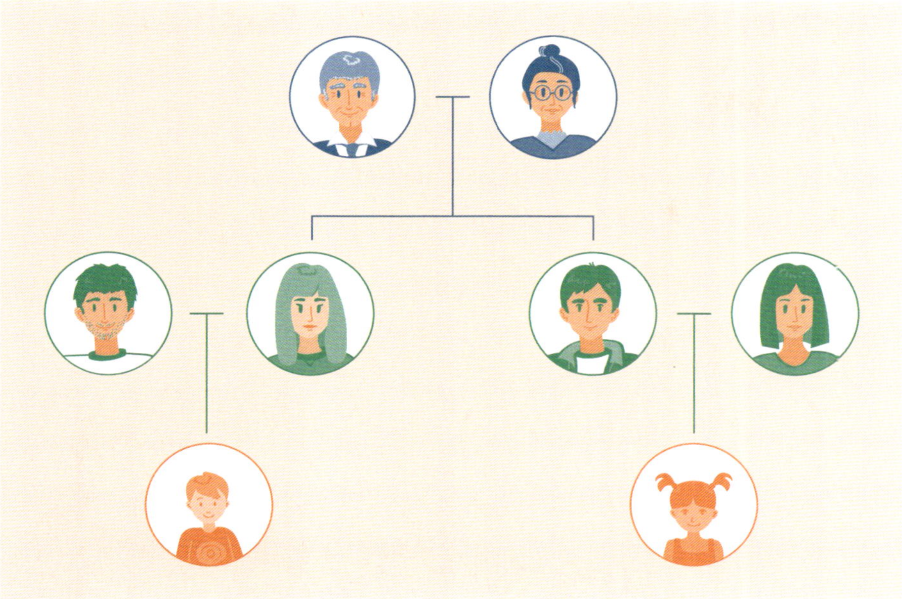

← Familienstammbaum. Wäre es nicht besonders, ihn mit echten alten Bildern zu befüllen?

Schau dir die Fotos auch mal von der technischen Seite an: Wie sind das Papier, die Schärfe, die Größe und die Farbe der Abzüge? Welche Unterschiede kannst du feststellen?

Aus einem Kasten wird eine Kamera

Was denkst du, brauchst du, um ein Foto aufzunehmen? Leg das Buch mal für ein paar Minuten zur Seite und denk darüber nach …

Na, welche Ideen gingen dir durch den Kopf? Ich finde, es sind gar nicht so viele Dinge, die wichtig sind:

- ein dunkler Kasten, in den Licht fällt
- Licht
- ein Material, das sich mit Licht verändert und so das Bild bewahrt
- vielleicht eine Linse, die das Licht umlenkt und das Bild schärfer macht
- ein Verschluss, der bestimmt, wie lange Licht in den dunklen Kasten fällt

Wissen

Was ist eine Linse?

Eine Linse besteht aus einem durchsichtigen Material, in der Regel Glas oder Kunststoff, das an einer oder an beiden Seiten gekrümmt ist, damit das Licht umgelenkt wird. Denk zum Beispiel an eine Lupe. Durch den größeren Durchmesser der Linse gelangt mehr Licht in deine Kamera als bei einem winzigen Loch. Und dank der Umlegung der Strahlen wird das Bild schärfer abgebildet. Die Krümmung der Linse vergrößert oder verkleinert Objekte.

Viele Dinge sind das nicht, die es braucht, um ein Foto aufzunehmen, und so kompliziert ist es auch nicht, eine einfache Kamera zu bauen. Trotzdem musste die Fotografie erst einmal erfunden werden. Es hat viele Jahre gedauert, bis man ein Bild dauerhaft festhalten konnte, um es anderen zeigen zu können. Für die Wissenschaft waren das alles bahnbrechende Erfindungen und Entdeckungen. Viele Dinge und Prozesse, die heute bekannt und selbstverständlich sind, kannte man vor über 100 Jahren noch nicht. Es waren die Neugier der Menschen, zufällige Beobachtungen, der Wille zu hinterfragen, mit Chemikalien zu experimentieren (was oft nicht ungefährlich war) und daraus zu lernen dafür notwendig.

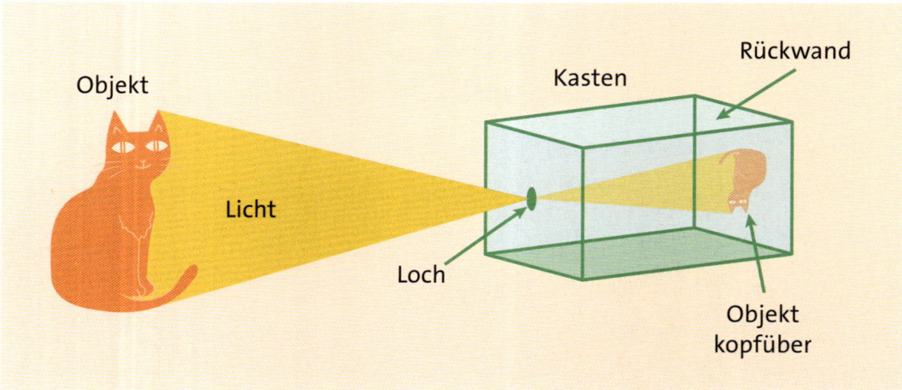

→ Das Prinzip der Lochkamera

Vor rund 180 Jahren wurde die Fotografie offiziell erfunden. Es war aber bereits vor über 2300 Jahren bekannt, dass in einem dunklen Kasten mit einem Loch Gegenstände abgebildet werden, die sich draußen vor dem Loch befinden, und zwar kopfüber. Aristoteles hat dieses physikalische Prinzip damals schon beschrieben. So eine Kamera nennt man Lochkamera oder lateinisch auch camera obscura. Im Bild links siehst du, wie die Lochkamera grundsätzlich funktioniert, und das Prinzip ist noch immer die Basis auch aktueller Kameras.

Wissen

Warum steht das Bild auf dem Kopf?

Das Bild steht auf dem Kopf, weil sich die Lichtstrahlen im Loch oder in der Linse der Lochkamera kreuzen und seitenverkehrt auf der Rückwand abgebildet werden. Das Gleiche passiert auch in unserem Auge, nur dass das Bild vom Gehirn wieder richtig herum gedreht wird.

Im 13. Jahrhundert konnten Wissenschaftler den Weg des Lichts durch Linsen erklären und fanden heraus, dass die Konturen viel genauer erscheinen, wenn das Licht durch eine Linse scheint. Schau mal auf die Glaskugel unten. Sie verhält sich genauso wie eine Linse: Das Bild wird in der Kugel verzerrt und auf dem Kopf dargestellt. Am Rand siehst du das besonders stark.

← Eine Glaskugel ist wie ein Regentropfen – nur etwas größer. Der Herzsee (See in Österreich) und die Berge stehen auf dem Kopf.

Auch Künstler haben mit diesen Glaslinsen experimentiert und die Abbildung des Motivs in einer Lochkamera für sich genutzt. Das durch die Linse klarere Bild haben sie mit einem Spiegel auf eine milchige Glasscheibe (eine sogenannte Mattscheibe) umgelenkt und als Malvorlage genutzt.

Wissen

Was ist eine Mattscheibe?

Eine Mattscheibe ist eine Platte, durch die Licht hindurchscheint, auf der sich das Bild abzeichnet, sodass du es sehen kannst. Stell dir eine Glasscheibe vor, auf der ein Blatt Transparentpapier liegt.

Im 19. Jahrhundert schließlich wurde an drei verschiedenen Orten fast gleichzeitig an der Technik und der Chemie der Fotografie geforscht, und zwar von den Franzosen Joseph Nicéphore Niépce in Chalon-sur-Saône und Louis Jacques Mandé Daguerre in Paris, daneben von William Henry Fox Talbot in Lacock in Großbritannien.

Joseph Nicéphore Niépce (1765–1833) trieb der Gedanke um, das Bild in dem Kasten dauerhaft festzuhalten. Ungefähr 1826 gelang ihm nach jahrelanger harter Arbeit und vielen Fehlversuchen die weltweit erste Aufnahme, die wohl den Beginn der modernen Fotografie markiert. Er beschichtete eine Platte aus Zinn mit Asphalt. Ja, du liest richtig, das Material, auf dem wir auf der Straße laufen. Um den Asphalt als dünne Schicht auf die Platte zu bekommen, löste er ihn in einer Chemikalie auf. Diese dünne Schicht aus gelöstem Asphalt veränderte sich in ihrem Aussehen und in ihrer Festigkeit, sobald Licht darauf fiel. Die Stellen, die kein Licht abbekommen hatten, konnten später weggewaschen werden. Es entstand eine Art Stempel, den er zum Drucken nutzen konnte. Davor hat er seine Kamera 8 Stunden (!) lang auf sein Fensterbrett im Arbeitszimmer gestellt und den Blick in den Hof festgehalten. Er nannte dieses Verfahren die Heliografie. Auf dem Foto rechts oben siehst du eine Überarbeitung des Originalbildes. Im Original sind die Konturen, die Umrisse, nur ganz schwach zu sehen.

← Das erste erhaltene Foto zeigt den Blick aus dem Arbeitszimmer von Joseph Nicéphore Niépce und wurde ca. 1826 aufgenommen. Das hier ist eine Überarbeitung von ca. 1952 von Helmut Gernsheim.

Aufgabe

»Fotografieren« durchs Schlüsselloch

Halt mal ein weißes Blatt Papier in einem dunklen Flur in die Nähe eines Schlüssellochs. Der Raum hinter der Tür sollte aber hell sein, damit auf dein Papier Licht gelangt. Auf dem Papier siehst du schemenhaft, wie es auf der anderen Seite der Tür aussieht. Das Bild steht dabei auf dem Kopf.

Aus einem flüchtigen Moment wird ein dauerhaftes Bild

Stell dir vor, man bräuchte immer noch Stunden, um ein Foto zu machen, unsere Bilderwelt sähe anders aus. Zum Glück wurden schon bald aus Stunden nur noch Minuten. Denn Niépce erfuhr von einem ihm bekannten Optiker, dass der

Maler Louis Jacques Mandé Daguerre (1787–1851) an einem ähnlichen Verfahren arbeitete. Nach einigen Briefen trafen sich beide 1827 das erste Mal und arbeiteten vier Jahre, bis zu Niépces Tod 1833, gemeinsam daran, Bilder dauerhaft festzuhalten. Danach wurden die Ideen von Daguerre und Niépces Sohn weiterentwickelt. Im Jahr 1837 gelang es Daguerre schließlich, die Belichtungszeit von Stunden auf ca. 20 Minuten zu reduzieren. Was so kleine Zufälle doch manchmal für eine Rolle spielen!

Wissen

Belichtungszeit

Belichtungszeit oder Verschlusszeit nennt man die Zeitspanne, in der das Material (eine beschichtete Platte, ein Film oder heutzutage der Sensor) dem Licht ausgesetzt ist.

Um diese vergleichsweise kurze Zeit zu erreichen, erzeugte Daguerre auf einer Kupferplatte mit Dampf eine hauchdünne, lichtempfindliche Schicht aus Jod und Silber. Auf so eine Idee muss man erst mal kommen, und ganz ungefährlich ist so was auch nicht.

Daguerre wollte eigentlich ein Bild in der Natur aufnehmen, aber leider musste er das Experiment verschieben, weil das Wetter nicht mitspielte. Er legte die Platte also für später in einen Schrank, in dem er auch Chemikalien lagerte, und als er die Platte wieder herausholte, war plötzlich ein Bild erkennbar. Da haben wir ihn wieder, den Zufall. Aber wie kam das Bild zustande? Er konnte es sich nicht erklären und suchte systematisch nach dem Grund.

Daguerre wiederholte das Experiment immer und immer wieder und entfernte dabei eine Chemikalie nach der anderen aus dem Schrank, um herauszufinden, was die Platte verändert hatte. Zum Schluss blieben nur noch ein paar Tropfen verschütteten (hochgiftigen) Quecksilbers übrig, das auch bei Zimmertemperatur schon ein ganz kleines bisschen verdampft. Das war die Erklärung!

Merk dir

Lichtempfindliches Material

Lichtempfindliche Materialien verändern sich in ihrer Farbe, Festigkeit oder Zusammensetzung, wenn Licht darauf fällt. In unserem Alltag gibt es davon einige Beispiele, etwa Kunststoffe, die über die Jahre gelb werden, oder Medikamente, die sich durch Sonne verändern und deswegen in einem dunklen Raum stehen sollen.

Wenn eine mit Jod und Silber vorbereitete Platte belichtet wurde, kam das Bild erst dann zum Vorschein, wenn die Platte in Quecksilberdampf gehalten wurde und sich das belichtete Silber mit dem Dampf zu weißen Silbersalzen umwandelte (Silberamalgam). Die noch verbliebenen lichtempfindlichen Silbersalze wurden dann in einer Kochsalzlösung gespült, damit sich das Bild nicht weiter veränderte und immer dunkler wurde. Die unbelichteten Flächen ließen die rot polierte Kupferplatte durchscheinen. Somit waren helle Bereiche im Motiv auch hell auf der Platte.

↑ Pariser Straßenansicht von 1838 (Boulevard du Temple), eines der ersten Fotos von Louis Jacques Mandé Daguerre. Unten links siehst du einen Schuhputzer bei der Arbeit.

1839 hat Daguerre dieses Verfahren, das als Daguerreotypie bekannt wurde, der Öffentlichkeit vorgestellt. Du kannst dir sicher vorstellen, was das für Folgen hatte. Es gab einen Hype ähnlich wie heute, wenn ein neues, revolutionäres Smartphone auf den Markt kommt. Damals haben diese silberglänzenden Platten die Menschen fasziniert. Die Aufnahmen haben tatsächlich die Zeit »eingefroren« und waren sehr detailgetreu. Und jedes Foto war ein Einzelstück! Noch im selben Jahr, also 1839, entstanden in Amerika und Europa Hunderte professionelle Fotoateliers, in denen die Menschen minutenlang in der gleichen Position verharrten, um sich fotografieren zu lassen.

Daguerre hatte es geschafft, das erste fotografische Verfahren so weit zu perfektionieren, dass er damit Geld verdienen konnte. Dazu gehörte auch die Konstruktion der allerersten Kamera, der Giroux Daguerreotype. Es war im Wesentlichen eine Lochkamera mit einer lichtempfindlichen Platte an der Rückwand. Die Kamera hatte auch statt des Lochs ein Objektiv aus mehreren Linsen, das weit entfernte Motive ganz nah heranholte und viel Licht in die Kamera ließ. Sein Schwager Alphonse Giroux (1776–1848) hatte beruflich viel Erfahrung mit Holzverarbeitung und baute ab 1839 die Daguerreotypie-Kamera, um sie in Serie verkaufen zu können.

Möchtest du auch mal ausprobieren, wie Niépce und Daguerre damals die Welt sahen? Dafür brauchst du nur eine einfache Lochkamera. Ich erklär dir ab Seite 50, wie du deine eigene baust.

Von der Platte zum Film

Zur gleichen Zeit, als Daguerre in Frankreich seine Daguerreotypie entwickelte (ab 1835), nutzte ein gewisser William Henry Fox Talbot (1800–1877) in Großbritannien die Abdunkelung von Papier bei Lichteinwirkung für die Abbildung von Pflanzenblättern aus der Natur. Motivation für seine Neugier waren seine schlechten Malkünste, die ihn unzufrieden stimmten. Im Scherz sagt man ja auch heute noch, dass manch einer oder eine nur fotografiert, weil er oder sie nicht malen kann. Sein umfangreiches Wissen über Chemie und Physik half Talbot, seine Idee zu verwirklichen, Abbildungen auf Papier »einzufrieren«.

Mit Geduld und Ausdauer experimentierte er immer und immer wieder, um die Wirkung von lichtempfindlichen Silbersalzen zu perfektionieren. Dafür legte er das Papier in Salzwasser und danach in eine Silberlösung.

Niépce, Daguerre und Talbot entwickelten alle drei ein Verfahren, bei dem die nicht belichtete Fläche chemisch nicht verändert wurde. Somit entstand bei allen ein Negativ des Motivs, denn die belichtete Fläche wurde dunkler, während die unbelichtete hell blieb, was ein gegenteiliges Abbild erzeugte. Das Licht eines hellen Himmels veränderte das Material in seiner Zusammensetzung so, dass es dunkel wurde. Ohne Licht blieb das Material hell. Diese Umkehrung der Helligkeiten nennt man »Negativ«. Talbot hatte nur nicht seine geniale Entdeckung erkannt, sodass damals niemand von seiner Erfindung erfuhr. Was aber machte Talbots Ansatz so besonders? Er nutzte keine giftigen Gase wie Niépce und Daguerre, um die Bilder sichtbar zu machen. Und seine Bilder blieben auch keine Einzelstücke, denn er tränkte die Papiernegative mit heißem Bienenwachs und machte sie so durchsichtig (das hast du vielleicht schon mal mit Laternen gemacht). Diese wurden dann zum Belichten von Papier genutzt, was durch diese Art »Schablone« mehrfach möglich war. Aus dem Negativ wurde so wieder ein Positiv. Alles auf dem Negativ Helle war nun wieder dunkel und umgekehrt, die Welt korrekt beleuchtet abgebildet. So bekam Talbot eine Kopie vom Bild, bei dem die Grautöne im Gegensatz zu seinem Silbernegativ wieder richtig herum dargestellt wurden. Bis zur Erfindung der digitalen Kamera blieb Talbots Negativ-Positiv-Verfahren die Grundlage für Negativfilme, auch später für die farbigen, wie sie sicher deine Eltern noch benutzt haben.

Aufgabe

Fotogramme machen

Wenn du auch mal solche Experimente machen möchtest, solltest du dir Solar-Fotopapier kaufen. Auf dieses Papier legst du dir ein schönes Blatt eines Baumes oder auch einen Scherenschnitt, umwickelst es mit Frischhaltefolie, damit deine Schablone ganz dicht am Papier aufliegt, und legst es dann ca. 10 Minuten in die pralle Sonne. Das Papier wird seine Farbe verändern. Nach dem Belichten transportierst du es in einem dunklen Umschlag ins Haus und legst es für ein paar Minuten in ganz normales Wasser, um die weitere Belichtung zu stoppen. Nach einer Weile, in der das Papier trocknet, erscheint dann der Baum auf dem Papier. Solche Bilder nennt man Fotogramme.

↑ Ein Experiment mit Solar-Fotopapier. Von links nach rechts: vor der Belichtung (Karte als Schablone), nach der Belichtung (Positivbild) und nach dem Fixieren in Wasser (Negativbild)

Mithilfe von Talbots Erfindung konnte jedes Bild massenweise kopiert werden. Von einem Negativ konnten immer wieder neue Positive oder Abzüge hergestellt werden. Du merkst, wir nähern uns schon deutlich unseren heutigen Möglichkeiten. Doch einige Erfindungsschritte brauchte es dazu noch.

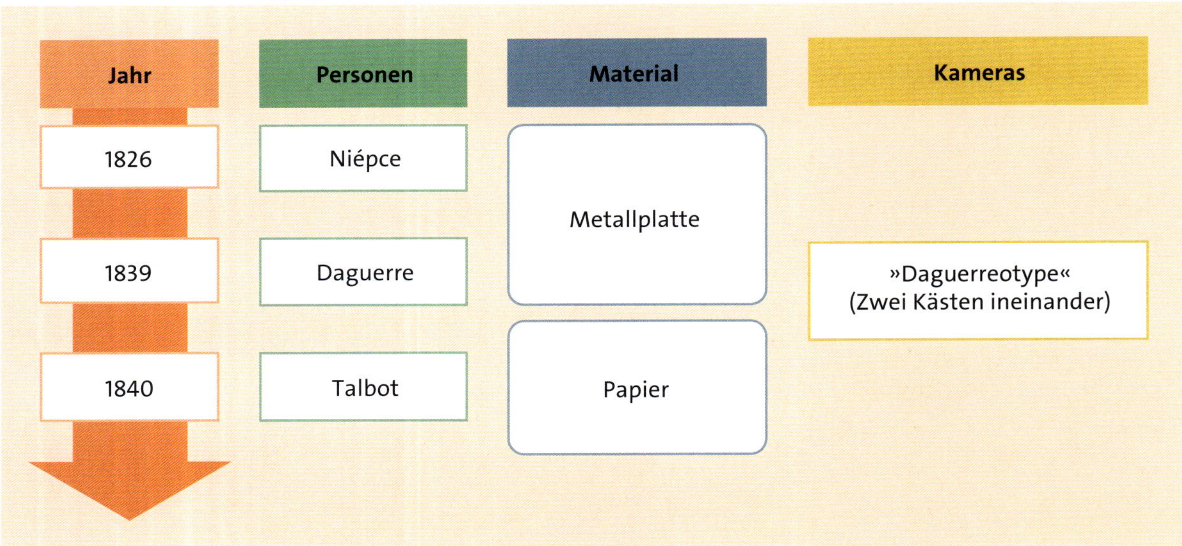

↑ Zeitstrahl der ersten Erfindungen in der Fotografie von 1826 bis 1840

Zum Beispiel den, bei dem aus Minuten für eine Aufnahme endlich Sekunden wurden. Ab dem Jahr 1850 entwickelten Frederick Scott Archer (1813–1857) und Gustave Le Gray (1820–1884) ebenfalls in Großbritannien ein neues Verfahren, das eine Belichtungszeit von wenigen Sekunden möglich machte. Endlich nicht mehr ewig lange still sitzen! Trotzdem haben die Menschen auf den Fotos immer noch nicht gelächelt – war wohl eine ernste Sache, das Fotografieren. Für ihr Verfahren beschichteten die Fotografen eine Glasplatte mit einer feuchten, gelartigen Schicht, die aus Kollodiumwolle, Salzen und Alkohol bestand.

Wie die anderen Erfinder hatten auch sie mit einigen giftigen Chemikalien zu tun. Statt beim Fotografieren verbrachten sie auch viel mehr Zeit in der Dunkelkammer, die sie immer dabeihaben mussten, da die belichteten Platten direkt nach dem Fotografieren, nämlich solange sie noch nass waren, in der Dunkelkammer entwickelt werden mussten. Dafür brauchten sie mehrere Chemikalien, Schalen, Gläser, die Platten und Platz zum Trocknen.

Erst nachdem die Platte im Dunkeln für einige Minuten in eine Lösung mit Silber getaucht worden war, war sie gleichmäßig lichtempfindlich. Ab diesem Zeitpunkt tickte die Uhr, und der Fotograf musste schnell sein Foto machen, da das Trocknen (je nach Temperatur) nur wenige Minuten dauerte.

Wissen

Dunkelkammer

Die Dunkelkammer war ein – ja, klar – dunkler Raum, in den während der Vorbereitung der Glasplatte und danach während der Entwicklung des Bildes kein Licht fallen durfte (Licht hätte das noch nicht fertige Bild zerstört). Unterwegs wurde in der Regel ein Zelt als Dunkelkammer benutzt.

Die fertigen Glasplatten zeigten nun ein Negativbild, das vor einem dunklen Hintergrund ein Positiv darstellte. Auf dem Bild unten, das Häuptling Rote Wolke und weitere Sioux-Indianer im 19. Jahrhundert zeigt, kannst du den schwarzen Hintergrund gut erkennen.

← »Red Cloud and Indians«, entstanden wahrscheinlich 1877. Hier siehst du Sioux-Indianer, unter anderen den Lakota-Häuptling Red Cloud, also Rote Wolke (sitzend, Zweiter von links). Die Details in diesem Bild sind unglaublich! Erkennst du die einzelnen Federn? Die Datei wurde 2013 erzeugt, da war das Negativ bereits über 130 Jahre alt! (Bild: Brady-Handy Photograph Collection, Library of Congress, Prints and Photographs Division)

Dank der kurzen Belichtungszeit war endlich kein Stativ mehr nötig. Die Personen auf den Fotos lächelten aber auch mit diesem Verfahren eher selten. Du kannst ja mal versuchen, 10 Sekunden lang zu lächeln. Das wirkt bestimmt etwas unnatürlich.

Wissen

Red Cloud und der Kampf um das Überleben der Indianer

Wenn du mehr über die Hintergründe des Fotos mit Red Cloud und den blutigen Konflikt zwischen dem »weißen« Amerika, also den Siedlern, Goldsuchern und Soldaten, und den indianischen Ureinwohnern wissen willst, empfehle ich dir das Buch »Begrabt mein Herz an der Biegung des Flusses« von Dee Brown. Es ist allerdings keine schöne Geschichte, denn es beschreibt das Ende der indianischen Welt durch »den weißen Mann«. Es ist also eher etwas für die Hartgesottenen unter euch. Viele alte Fotos damals wichtiger Indianer gibt es auch in dem Buch.

Die Plattengröße bestimmte immer die Bildgröße. Die Herstellung dieser Glasplatten und ihre Beschichtung war eine große Herausforderung. Kopien konnten von diesen Bildern nicht gemacht werden, da jede Platte nach dem Entwickeln das Foto war.

Auch die Kameras wurden weiterentwickelt. Zahlreiche Kameramodelle kamen auf den Markt, die nun auch kleiner waren. Manche Modelle sahen Pistolen und Gewehren sehr ähnlich, was durchaus Aufregung unter den Porträtierten hervorrufen konnte und vielleicht zu dem Ausdruck »ein Foto schießen« geführt hat.

Weitere 30 Jahre später (1880) – du merkst, es war ein langer Weg – gelang der Durchbruch. Endlich wurden die nassen von trockenen Platten abgelöst. Mit Einführung der trockenen Platten brauchte man keine mobile Dunkelkammer mehr, denn man musste die Platten nicht mehr sofort entwickeln. Der Fotograf Richard Leach Maddox (1816–1902) fand 1871 heraus, dass eine Gelatineemulsion (wie in Gummibärchen) die Silbersalze auch gut trägt. Diese Gelatineemulsion war fest und nicht mehr giftig. Essen, wie Gummibärchen, wäre trotzdem nicht empfehlenswert gewesen!

← Eine Glunz 11 mit einer Plattengröße von 9 × 12 cm und einem ausziehbaren Balgen aus Stoff, zusammengefaltet quasi eine »analoges Smartphone-Kamera« (ein genaues Herstellerjahr ist nicht mehr herauszufinden, aber es sollte ca. 1930 sein)

Verglichen mit älteren Verfahren konnten mit den trockenen Platten nun endlich auch Momentaufnahmen gemacht werden. Das Beispiel einer sogenannten Balgenkamera mit solchen Platten siehst du im Bild oben. Zur damaligen Zeit war sie eine Art »Kompaktkamera«, da sie sehr klein zusammenklappbar war – wie eine »analoge Smartphone-Kamera«, das Fotografen immer dabeihaben konnten.

Damals wie auch heute waren professionelle Porträts dagegen eine Form von Luxus. Der Unterschied damals bestand jedoch darin, dass die Familien selbst keine Fotos gemacht haben, nur Profis hatten Kameras. Studioaufnahmen waren somit die einzigen Erinnerungsstücke für die späteren Generationen.

↑ Ein Porträt aus dem Jahr 1880

Die Frau auf dem Beispielbild rechts musste mehrere Sekunden lang ruhig dastehen, bis die Belichtung abgeschlossen war. Deshalb siehst du auf solchen alten Fotos häufig, dass sich die Menschen irgendwo abstützen, anlehnen oder einfach sitzen. Oft gab es auch Drahtgestelle hinter ihnen oder Holzstöcke im Rücken, die du auf dem Foto dann nicht sehen kannst, damit sie nicht wackeln.

Bei *einer* Person ist vielleicht noch vorstellbar, dass sie sich nicht bewegt, aber bei mehreren? Auf dem Familienbild auf der nächsten Seite haben es meine Vorfahren richtig gut gemacht.

→ Die Vorfahren meiner Oma, ein Foto aus dem Jahr 1904

Die Entwicklung der Fotografie ging rasant weiter. Als Nächstes wurde das Glas der Platten ersetzt: Der Film wurde nun endlich erfunden. Ein amerikanischer Erfinder namens George Eastman (1854–1932) hatte sich als Ziel gesetzt, die Fotografie für jeden erschwinglich zu machen. Veröffentlichungen von Talbot gelangen nun auch von England nach Amerika und halfen Eastman bei seiner Erfindung. Er führte 1884 einen Rollenhalter für mit Gelatine beschichtete Papierstreifen ein. Das Material konnte nun aufgerollt werden, was dem Ganzen den Namen Rollfilm gab – so ähnlich wie eine Rolle Toilettenpapier.

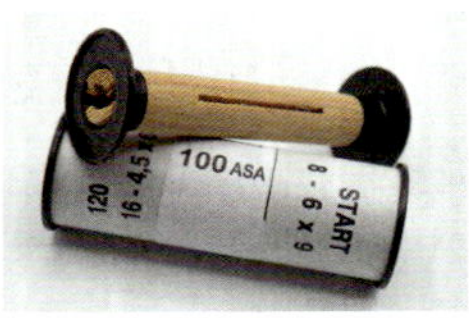

↑ Rollfilmhalter auf einem Rollfilm

Als Gründer der Eastman Kodak Company brachte er 1888 die erste, einfach zu bedienende Kamera mit Rollfilm auf den Markt, die von jedem – also auch Nichtchemikern – genutzt werden konnte. Die Werbung für Kamera und Film war überzeugend: »*You press the button. We do the rest.*« Also: »Sie drücken den Knopf, wir machen den Rest.« Es war die Kodak Nr. 1. Zur damaligen Zeit war diese Kamera mit einem Preis von 25 US$ noch ein Luxusartikel, der sich aber sehr gut verkaufte. Heute würde diese Kamera ungefähr 757 US$ kosten (im Mai 2022 ungefähr 718 €). Für 10 US$ (entspricht heute ungefähr 303 US$ bzw. 287 €) wurde die Kamera zurück ins Werk geschickt, der Film mit 100 Fotos entwickelt und ein neuer Film eingelegt. So hatten die Leute nichts damit zu tun und konnten sich auf das Fotografieren konzentrieren.

Fast zur gleichen Zeit, 1887, erfand der Amerikaner Hannibal Goodwin (1822–1900) ein Filmmaterial, das aus Kunststoff (Zelluloid) bestand. Eine weitere Erfindung ermöglichte dann 1892 das Einlegen des Films bei Tageslicht. Es war die Filmpatrone, die den Namen aufgrund der Ähnlichkeit mit einer Gewehrpatrone bekam. Jetzt konnte der Filmstreifen in einer dunklen Kamera aufgewickelt und ohne Kamera zur Entwicklung geschickt werden. Der Arbeitsaufwand im Labor wurde reduziert und die Kosten geringer. Der Fotograf konnte mit einem neuen Film gleich wieder fotografieren, weil er seine Kamera nicht mit abgeben musste. Auch heutige Analogfilme nutzen noch dieses Prinzip.

↑ Ein aktueller Negativfilm in einer Fimpatrone

Frank Brownell (1874–1948) konstruierte dann eine Kamera, die sich jeder leisten konnte, und gab ihr den Namen »Brownie«, die von Eastman Kodak gebaut und verkauft wurde. Diese Kamera bestand aus billigstem Holz, funktionierte aber einwandfrei und kostete nur 1 US$, was heute ungefähr 32 € entspricht. Im ersten Jahr (also 1900) wurden 100 000 Exemplare verkauft. Endlich eroberte die Schnappschuss-Fotografie die Bevölkerung – jede und jeder konnte nun einfach fotografieren und die Filme zum Entwickeln abgeben.

Man nannte diese Kamera im Kastenformat auch Boxkamera. Die Bedienung war kinderleicht. Es gab keinerlei Einstellmöglichkeiten und auch keinen Sucher, mit dessen Hilfe man das Motiv hätte ausrichten können. Man hielt die Kamera einfach in Hüfthöhe und drückte auf den Hebel. So konnten auch Kinder Schnappschüsse machen. In der Box befand sich der Rollfilm, der nach jedem Auslösen durch den Hebel gleich weitertransportiert wurde.

Jetzt war es nicht mehr das eine »Luxusfoto« im Album, auf dem alle verbissen in die Kamera schauten. Die Alben wurden gefüllt mit Babyfotos, Urlaubsschnappschüssen und Familienbildern, auf denen alle – wenn möglich – zufrieden lächelten. Daran hat sich bis heute wenig geändert. Oder gibt es in deiner Familie nicht diese Familienbilder?

↑ No. 2 Brownie Junior, ca. 1930, 120 Rollfilm (5,6 × 7 cm)

Jahr	Personen	Material	Kameras
1850	Archer und Gray	Glasplatte (nass)	Faltbare Balgen zum Scharfstellen, Plattenkamera
1880	Maddox	Glasplatte (trocken)	
1884	Eastman und Walker	Papierstreifen »Rollfilm«	
1887	Goodwin	Kunststofffilmmaterial	Rollfilmkamera »Kodak Nr. 1«
1892	Turner	Filmpatrone	
1900	Brownell	Rollfilm	Boxkamera »Brownie«

→ **Zeitstrahl der Entwicklung der Fotografie von 1850 bis 1900**

Generell waren die Kameras jener Zeit relativ klein im Vergleich zu den Nachfolgemodellen, aber dennoch unhandlich wegen ihrer Kastenform. So kam bald der Wunsch auf, eine kleine, handlichere Kamera zu bauen. Das gelang dem deutschen Feinmechaniker Oskar Barnack (1879–1936). Er war damals Entwicklungschef für Filmkameras bei der Firma Leitz in Wetzlar. In seiner Freizeit fotografierte er sehr viel, konnte aber die großen, schweren Platten der Großformatkameras wegen seines Asthmas nicht mehr tragen. So tüftelte er in seiner Freizeit in der Werkstatt seines Arbeitgebers intensiv an seinem Traum, eine kleine handliche Kamera zu bauen, damit er wieder fotografische Streifzüge unternehmen konnte. Bereits 1914 machte er mit seiner ersten selbst gebauten Kamera, der Ur-Leica, die ersten Fotos. Ernst Leitz (1843–1920), sein damaliger Chef, unterstützte ihn in seiner Kreativität, da er bereits den Wert der Arbeit erkannte.

Mit den verwendeten 35-mm-Rollen war die Grundlage für Kleinbildkameras (Aufnahmeformat 24 × 36 mm) geschaffen. Nach dem Ersten Weltkrieg wurde 1924 die erste Leitz Camera (Leica) in Serie gefertigt; den Namen Leica hast du vielleicht schon mal gehört.

Mit einem Preis von damals 290 RM (Reichsmark), umgerechnet ca. 1 200 €, war die Kamera teuer, und dennoch wurden zwischen 1925 und 1933 bereits 100 000 Kameras verkauft! Ab 1935 wurde das Filmmaterial dann massenweise produziert – es hatte sich durchgesetzt.

↑ Die Ur-Leica von Oskar Barnack aus dem Jahr 1914; die Kamera ist 6,5 × 13,3 cm groß. (Bild: Leica)

↑ Ein 35-mm-Diapositivfilm, der mit ganz hellem Licht belichtet und dann entwickelt wurde. Ein unbelichteter Film ist durchgehend braun.

In den 1950er Jahren wurde dann mehr und mehr mit Film im Kleinbildformat fotografiert. Die Kameras waren inzwischen kleiner und besser, der Film kleiner und lagerfähig, aber zu erfinden gab es immer noch viel. Denk mal an das Licht! Die Kameras funktionierten noch ohne Strom, Batterien oder Akkus in heutiger Form waren noch undenkbar. Woher sollte also das (Blitz-)Licht kommen? Damals verbrauchte man für jeden Blitz eine Blitzbirne der Firma »Vierkötter«, da das helle Licht durch das Verbrennen der Drähte zustande kam. Da hat man sich bei jedem Bild zweimal überlegt, ob man blitzt. Bis 1925 wurde noch mit einer offenen Magnesiumflamme geblitzt, die nun von dünner Aluminiumfolie abgelöst wurde. Gar nicht so ungefährlich! Manche Fotostudios sind damals unfreiwillig abgefackelt. 1932 brachte Osram dann den »Vacublitz I« auf den Markt.

↑ Meine Uroma ca. 1940

↑ **Eine Exa 1a (Version 4) meiner Oma, eines der ersten Exa-Modelle**

In den 1940er Jahren entstand das Foto meiner Uroma, das du auf der Vorseite gesehen hast. Schau dir mal die Schatten des Stuhls an. Hier wurde schon seitlich geblitzt, um das Licht schöner zu modellieren. Wie, verrät das Foto leider nicht!

Von der Ur-Leica war es nicht mehr weit zu den typischen Spiegelreflexkameras, die immer noch mit Film funktionierten, aber den digitalen Kameras von heute schon sehr ähnlich sahen. Zum Beispiel die Kine Exa 1, die erste Spiegelreflexkamera mit Kleinbildfilm, die ab 1936 als Serienmodell in Deutschland verkauft wurde. Sie gilt heute noch als Vorbild für Spiegelreflexkameras. Du siehst sie hier links.

Noch waren die Bilder schwarzweiß bzw. es war sehr aufwendig, Farbbilder zu machen. Zu Beginn des 20. Jahrhunderts entwickelten die Brüder Auguste und Louis Lumière in Frankreich ein Verfahren, bei dem sie mit einer einzigen Belichtung, ohne Filter, ein Farbfoto entstehen ließen, das sogenannte Kornrasterverfahren. Die Brüder hatten damals eine Produktion mit 300 Angestellten, in der bereits 1913 rund 6 000 Fotoplatten täglich (!) produziert wurden. Hierfür nutzten sie eine mit Klebstoff eingepinselte Glasplatte, auf der ganz viele eingefärbte Kartoffelstärkekörner hafteten. Die Körner waren orangerot, grün und violett eingefärbt und lagen nur nebeneinander, nicht aufeinander. Die Körner waren oval geformt und so winzig klein, dass zwei Körner so »dick« waren wie Frischhaltefolie. Die Zwischenräume wurden mit Holzkohle in Pulverform aufgefüllt, damit ja kein Licht hindurchkam. Eine Art Kunststoffschicht machte die Körner haltbar, bevor noch eine lichtempfindliche Schicht obenauf kam.

Als die Platten von der Glasseite aus belichtet wurden, kam auf der lichtempfindlichen Schicht nur dann Licht an, wenn das Motiv an der Stelle die gleiche Farbe hatte wie die einzelnen Körner. Bei den violetten Körnern kam also nur violettes Licht durch, das sich dann bei der Entwicklung dunkel färbte. Das Ganze basierte auf der sogenannten additiven Farbmischung, die James Clerk Maxwell erfunden hat. Der Fotograf bekam nach der Entwicklung ein Farbnegativbild, das er dann für die Belichtung einer zweiten Platte, also für ein Diapositiv, nutzte (schau mal auf die nächste Seite). So passten die Farben, wenn man die Glasplatte gegen das Licht hielt. Leider gab es einen Rückschlag bei der Belichtungszeit, da durch das Wegfiltern von Lichtanteilen viel länger belichtet werden musste. Aber auch diese Erfindung hat einen Einfluss auf die heutigen Fotos, denn der Sensor in deiner Digitalkamera bzw. deinem Smartphone funktioniert ähnlich, nur dass die eingefärbte Kartoffelstärke heutzutage vom Pixel mit Farbfilter abgelöst wurde.

Dieses Verfahren hielt sich fast 25 Jahre auf dem Markt, da zu der Zeit die Trockenplatten aus Glas weit verbreitet waren und das Verfahren relativ einfach war. Das passte sehr gut zu dem Gedanken, auch einfache Kameras zu verkaufen. Die Firma Agfa hat dann 1916 Farbplatten auf den Markt gebracht, die auf diesem Prinzip basierten, hat aber die Kartoffelstärke durch farbige Tropfen ersetzte. Diese waren viel kleiner und lückenlos, sodass eine dünnere Schicht, ohne zusätzliche »Lückenfüller«, möglich war. Die Bilder wirkten damit heller und brillanter.

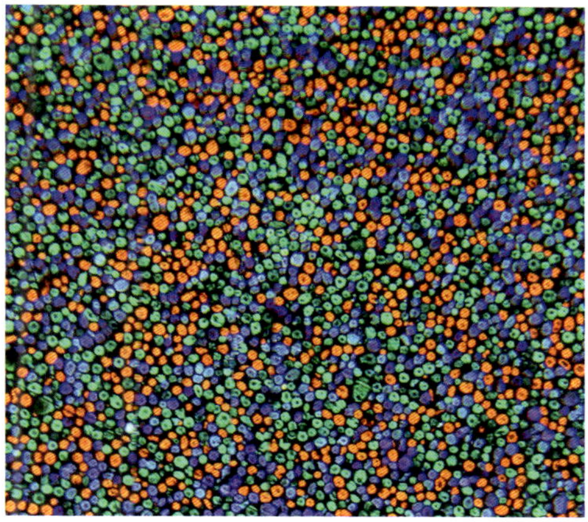

↑ **So sahen die farbigen Kartoffelstärkekörner auf den sogenannten *Autochromplatten* aus. (Bild: *https://commons.wikimedia.org/wiki/File:Mikrophoto_of_Autochrome_plate.jpg*)**

Dass die Belichtung bei diesem Verfahren im Vergleich zur Trockenplattentechnik das 60- bis 80-Fache an Zeit kostete, war allerdings ein ziemlicher Nachteil. So verlängerte sich bei sonnigem Wetter beispielsweise eine Belichtung von 1/700 Sekunde bei Schwarzweiß auf 1/10 Sekunde bei Farbe. Somit konnte bei Schwarzweißaufnahmen noch ein rennendes Kind scharf abgebildet werden, während in Farbe ein Stativ benötigt wurde und Bewegungen verwackelten. Kodak verbesserte das Filmmaterial so weit, dass nur noch die 30-fache Belichtungszeit einer Schwarzweißaufnahme benötigt wurde, aber auch das war noch sehr lang. Fotografen versuchten, Momente einzufangen, die wie »Schnappschüsse« aussehen sollten, dabei mussten die Personen aber eine gefühlte Ewigkeit stillhalten. Stell dir vor, du willst gerade einen Ball wegschießen und deine Mutter oder dein Vater lässt dich minutenlang in dieser Position verharren fürs Foto. An Lächeln wäre da nicht mehr zu denken.

↑ Links: Farbnegativfilm, rechts: das farbrichtige Foto

Es dauerte noch weitere 30 Jahre bis 1942, ehe die großen Hersteller von Filmmaterial (Eastman Kodak und Agfa) es schafften, die sehr dünnen Farbschichten nicht nur auf die Platten, sondern auch auf das flexible Filmmaterial aufzubringen. Erst jetzt konnten auch in der Farbfotografie die Glasplatten abgelöst werden. Sie entwickelten den Dreischichtfarbfilm, der zwischen 1950 und 2000 Stand der Technik war. Er besteht aus drei lichtempfindlichen Schichten, bei denen sich die eingelagerten farbigen Kristalle nur dann verändern, wenn das Licht der Farbe der Schicht (Blau, Grün und Rot) entspricht.

→ Farbfoto von Geschwistern aus dem Jahr 1970

Jahr	Personen	Material	Kameras
1903	Lumière	Glasplatte (Farbe)	
1914	Barnack	Kleinbildfilm (35 mm)	Erste Kleinbildkamera von Leitz
1925	Vierkötter	Blitzlicht mit Aluminiumfolie	»Vacublitz I« von Osram
1936			Erste Spiegelreflexkamera »Kine Exakta 1«
1950	Eastman Kodak und die Firma Agfa	Blitzlicht mit Aluminiumfolie	

Die Erfindungen der Fotografie zwischen 1903 und 1950 im Überblick – Kameras und Filme wurden kleiner.

Der Start in die digitale Welt

Digital zu fotografieren ist heutzutage das Normalste der Welt. Wenn heute ein Foto gemacht wird, fragt fast jeder: »Kann ich das Bild mal sehen?« Das ist ein großer Vorteil im Vergleich zum Film früher.

Bereits 1943 wünschte sich die Tochter des Physikers Edwin Herbert Land (1909–1991), das Bild sofort sehen zu können. In den folgenden drei Jahren arbeitete er deshalb an einem Filmmaterial, das sich nach wenigen Minuten entwickelte. 20 Jahre später gab es die Filme auch in Farbe. Die dazugehörige Kamera war die Polaroid-Sofortbildkamera. Die Fotos waren 83 × 108 mm groß und unterschieden sich von den herkömmlichen Formaten. Jedes Bild war (wieder) ein Unikat, das sich ganz ohne das Zutun des Fotografen durch die bereits im Film eingelagerte Chemie entwickelt.

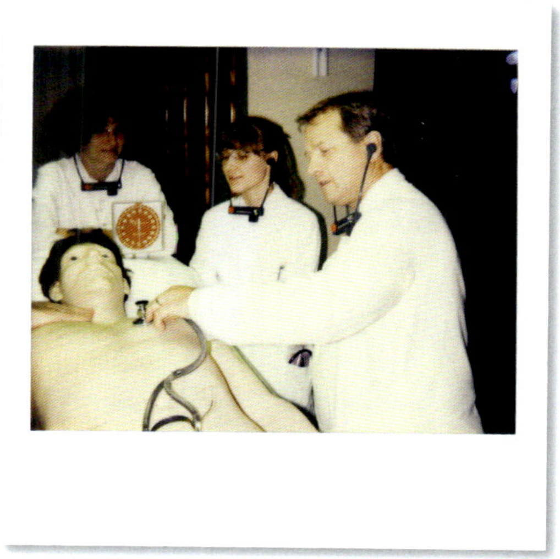

Polaroidfoto, eine Kopie war nicht möglich.

→ Links: Sofortbildkamera aus dem Jahr 1989, rechts: die erste digitale Kamera mit einer Musikkassette als Speichereinheit, 1973 (Bild: Courtesy of the Eastman Kodak Company and Courtesy of the George Eastman Museum)

Es hat rund 150 Jahre gedauert, bis die Fotografie mit der Computertechnik vereint wurde. Computer »sprechen« ihre eigene Sprache, den Maschinencode.

Was musste man dem Computer nun an Daten bereitstellen, damit ein Bild gezeigt wird? Zu Beginn wird das Bild in viele kleine Quadrate geteilt. Das Prinzip setzte Russel Kirsch (1929 geboren) bereits 1957 für Schwarzweißbilder um. 1968 wurde das erste Patent auf einen Bildsensor veröffentlicht. Der Sensor besteht unter anderem aus ganz vielen Photodioden, die wie das Filmmaterial auf Licht reagieren und dieses in elektrischen Strom umwandeln. 1973, knapp 20 Jahre nach dem ersten digitalen Bild, wurde bei Kodak von Steven J. Sasson (1950 geboren) die erste Digitalkamera konstruiert. Er war gerade 25 Jahre alt, als er im Forschungsinstitut von Kodak seine Stelle antrat. Seine Chefs wussten noch nicht so richtig etwas mit ihm anzufangen und gaben ihm die Aufgabe, dieses neue elektronische Bauteil, das Bilddaten erfassen konnte, zu begutachten.

Sassons Leidenschaft waren alte Radios, an denen er »tüftelte«. So tat er es auch bei seiner neuen Arbeit. Zusammen mit Kollegen erfand er so die erste Digitalkamera. Das Bild wurde auf einem Magnetband gespeichert, so was kennst du vielleicht von alten Musik- oder Videokassetten. Das Speichern dauerte 23 Sekunden pro Bild! Aus heutiger Sicht ist das vergleichbar mit dem Beginn der Fotografie, als jede Aufnahme noch Minuten dauerte, bis sie im Kasten war. Die Kamera wog 3,6 kg, war so groß wie ein Toaster und besaß einen 0,01-Megapixel-Sensor (ein Tausendstel einer heutigen Digitalkamera). Was das bedeutet, erkläre ich dir später. Die meisten Smartphones haben heute gut 15–20 Megapixel (kurz MP), um Welten mehr!

Zu der Zeit waren die Sensoren noch klein und unzuverlässig. Was beim Film mit der Farbe bereits erforscht war, musste für die digitale Welt noch entdeckt werden. Die allererste digitale Spiegelreflexkamera wurde von Kodak 1987 auf den Markt gebracht. Es war die Kodak DCS-100 mit 1,3 MP. Das Gehäuse der Kamera kam von Nikon. Damals versteckte sich die Elektronik nicht im Gehäuse, sondern in einem größeren, zugehörigen Kasten – nichts, womit man spazieren gehen würde.

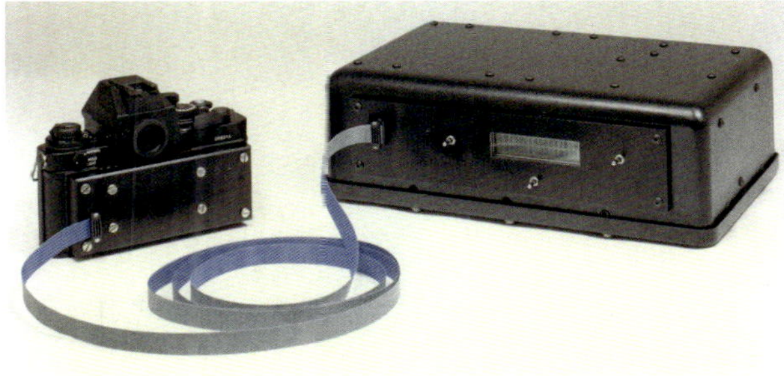

↑ Die erste Spiegelreflexkamera, eine Kodak DCS-100, aus dem Jahr 1987 (Bild: *http://eocamera.jemcgarvey.com*)

Nur etwas mehr als zehn Jahre später (2000) sah die erste ausgereifte digitale Spiegelreflexkamera aus wie eine analoge Kamera mit Film. In der Canon D30 war ein kleiner Sensor (APS-C) mit 3,1 MP verbaut. Den Platz für den Film nahm nun die Speicherkarte ein. Schon im Jahr 2003 wurden mehr Digitalkameras als Analogkameras verkauft. Die Hersteller von Filmmaterial spürten diese Veränderung sehr schnell.

Seitdem die Grundlagen der digitalen Fotografie gelegt waren, gab es immer unterschiedlichere Kameras auf dem Markt. Die Auflösung wurde immer besser und die Kameras so stark verkleinert, dass sie bereits im Jahr 2000 in Mobiltelefone integriert werden konnten. Bereits 2003 wurden mehr Kamerahandys bzw. Smartphones mit Kamera verkauft als digitale Kompakt- oder Systemkameras. Auch kleine Bildbearbeitungsprogramme für die Smartphones – du kennst sie als Apps – kamen bald auf den Markt.

↑ Eine der ersten guten digitalen Kompaktkameras aus dem Jahr 2003, die Sony DSC-V1 mit 5 MP. Das Display ist nur 3 cm breit!

Seitdem die Sensoren immer besser werden, es sogar Aufsatzlinsen und ähnliche Extras gibt, werden viel mehr Fotos mit Smartphones gemacht als mit Digitalkameras, und soziale Netzwerke heizen die Fotobegeisterung weiter an. Bei Facebook werden jeden Tag etwa 259 Millionen Bilder hochgeladen.

Jede Kamera, die es heute gibt, wäre ein absoluter Traum für jeden der hier erwähnten Erfinder gewesen, klein und unglaublich leistungsfähig. Warum ich am liebsten mit meiner Systemkamera und nicht mit meinem Smartphone Fotos mache, verrate ich dir gleich. Wie sich die Technik weiterentwickeln wird? Wir werden sehen.

NUN DU: So baust du dir eine Lochkamera

Bevor wir modern werden, sollten wir den alten Erfindern nacheifern. Es gibt viele Möglichkeiten, eine Lochkamera zu bauen. Ich habe drei verschiedene ausprobiert und zeige dir die einfache, die sich ganz leicht nachbauen lässt.

Das benötigst du für deine Lochkamera:

- einen Bogen schwarzen Zeichenkarton (DIN A4)
- zwei Toilettenpapier-Papprollen (Breite der Öffnung 4 cm)
- Transparentpapier (DIN A5)
- eine Linse mit einer Brennweite von ca. 6 cm (zum Beispiel die OM-5 von AstroMedia, *https://www.forscherladen.de/sehen-licht-und-farbe/acrylglaslinsen/opti-media-linse-nr-5-brennweite-65-mm/a-5696/*)
- Klebestreifen, Schere, Nagelschere, Tacker, Nadel, ein Küchengummiband, Zirkel, ein Papiertaschentuch

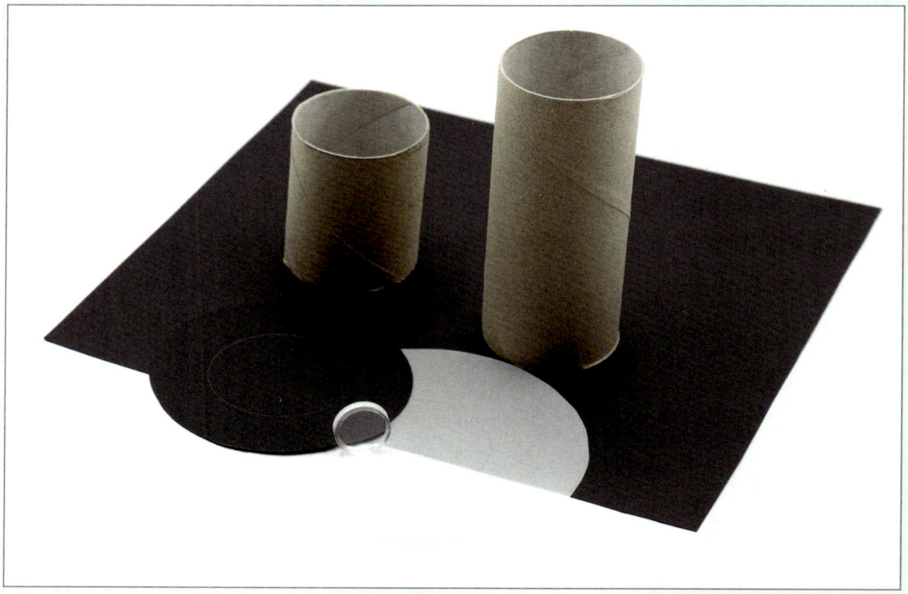

↑ **Materialien (eine Papprolle ist bereits gekürzt)**

Damit du nicht Stunden auf ein Bild warten musst und gleich genügend Licht einfängst, nutzen wir eine Linse und verzichten auf den Film.

Wissen

Schwarz macht den Unterschied

Ein »Geheimtrick« von Daguerre war schwarzer Samt an den Innenwänden des Kastens. Dieser verhinderte, dass ungewollt Licht auf den Film kam. Wenn auch du deine Kamera »aufpeppen« möchtest, kannst du die Innenseiten auch schwarz anmalen oder gleich schwarze Pappe nutzen.

Du baust zuerst die innere Rolle mit der Mattscheibe, dann die äußere Rolle, die du später mit der Linse verschiebst, um das Bild scharf zu stellen, und dann den Linsenaufsatz. Am Ende fügst du alles zusammen.

Innere Rolle mit Mattscheibe

1. Zieh mit dem Zirkel zwei Kreise mit dem gleichen Mittelpunkt auf das Transparentpapier (Radius von Kreis 1 = 2,2 cm, von Kreis 2 = 5 cm).
2. Zeichne zwischen den zwei Ringen Linien im Abstand von ungefähr 7 mm (am inneren Ring), bis es aussieht wie eine Sonne ❶ (siehe nächste Seite). Die schmalen Streifen werden später zum Spannen des Transparentpapiers benötigt.
3. Schneide den äußeren Kreis aus. Prüf mit der Papprolle, ob die Kante auf dem Kreis liegt. Wenn die Strahlen zu lang sind, schneide die Linien nicht ganz bis zum inneren Kreis ein.
4. Leg nun die »Sonne« auf die Papprolle und knick die eingeschnittenen »Sonnenstrahlen« an die Papprolle heran.
5. Passt alles? Dann leg das Transparentpapier noch mal kurz zur Seite und bring Klebstoff auf die Papprolle, wo eben noch die Streifen auflagen.
6. Leg nun erneut vorsichtig das Transparentpapier auf die Rolle (der innere Kreis liegt auf der Kante der Papprolle) und klebe einen Streifen nach dem anderen vorsichtig an der Papprolle fest ❷. Achtung: Der innere Kreis des

Transparentpapiers darf nicht gewellt sein, sondern muss ganz glatt auf dem Papprollenkreis aufliegen, da sonst in einigen Bereichen dieser Fläche später das Bild unscharf »eingefangen« wird! Im Kino wird der Film ja auch nicht auf einem gewellten Vorhang gezeigt!

7. Wenn alles getrocknet ist, klebe zur Sicherheit, damit später nichts hängen bleibt, Klebestreifen über die angeklebten Streifen.

8. Stich mit einer Nadel am Rand des gespannten Transparentpapiers ein Loch, damit dadurch später die Luft entweichen kann, wenn du den Abstand zur Linse verkleinerst, indem du die Rollen ineinanderschiebst. Der Effekt ähnelt sonst einer Luftpumpe, mit der du nicht pumpen kannst, wenn du das Loch zuhältst.

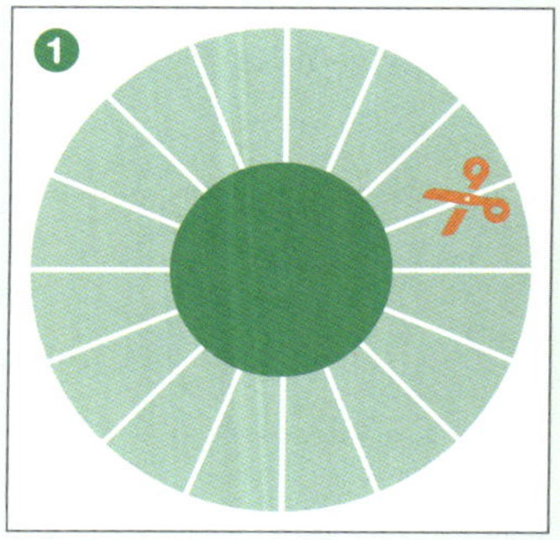

Äußere Rolle

1. Kürz nun die zweite Papprolle auf 5 cm Länge (markier den Abstand und schneide erst mal Streifen von außen bis zu der Markierung, dann geht es einfacher entlang der Rundung) ❸.

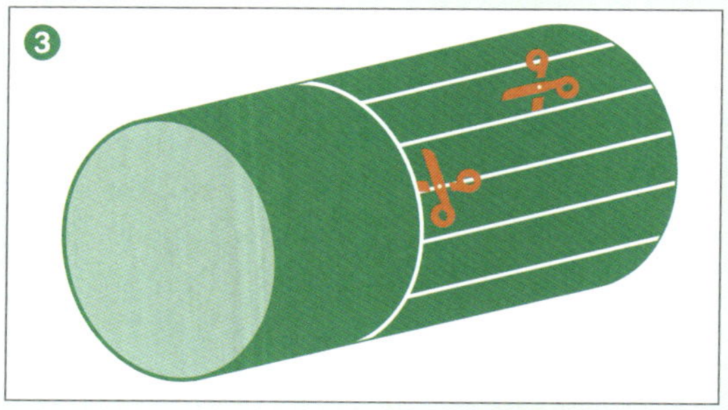

Wissen

Warum diese Maße?

Die Maße ergeben sich aus 1,5-mal den Umfang der Papprolle (13 cm) und dem maximalen Abstand von der Linse zur Mattscheibe (50 cm Abstand zum Motiv) plus etwas Puffer, damit die Rolle mit der Mattscheibe nicht herausfällt. Wenn du Dinge ganz nah betrachten möchtest, vergrößert sich der Abstand zwischen Linse und Mattscheibe. Wähl zur Sicherheit ein Rechteck mit 12 cm × 19 cm.

2. Schneide ein Rechteck aus dem schwarzen Karton (10 cm × 19 cm) 4.
3. Wickle den Karton um die Papprolle. Fixier ihn am besten mit Klebestreifen an der Papprolle 5. Prüf vorher, ob deine zweite Rolle in die Rolle des schwarzen Kartons hineinpasst. Tackere an drei Stellen am Rand der Rolle die Pappe fest (Klebstoff allein würde nicht gut halten) 6.
4. Klebe entlang der Kante einen Streifen, damit der Karton eine Rolle wird. Nimm drei lange Klebestreifen und umwickle die Rolle 7.

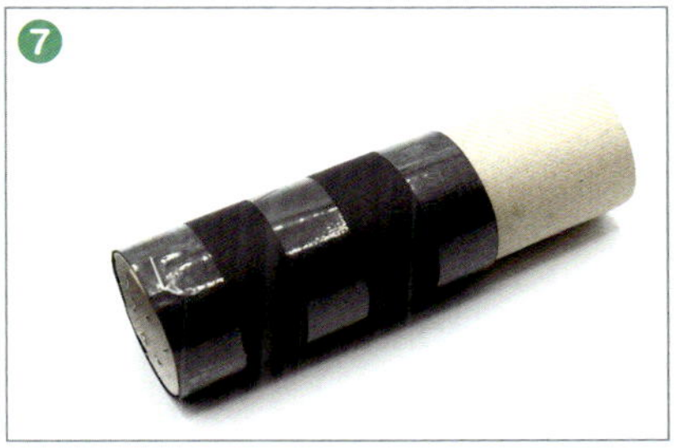

Linsenaufsatz

1. Wiederhol nun die Schritte 1 bis 3 des Abschnitts »Innere Rolle mit Mattscheibe« mit schwarzem Karton ❽.
2. Leg deine Linse in die Mitte des inneren Kreises. Zeichne mit einem feinen Bleistift den Umriss der Linse nach. Zeichne Linien in den inneren Kreis, die durch den Mittelpunkt gehen (orientiere dich an den äußeren Linien).
3. Schneide vorsichtig mit einer schmalen, dünnen Schere entlang der Linien (vom Mittelpunkt zum Kreis hin) ❾.
4. Drück nun vorsichtig die Linse durch die Öffnung. Wenn sie dafür zu eng ist, schneide die Öffnung etwas weiter ein. Merk dir, wie weit die Spitzen der kleinen Dreiecke über die Linse ragen. Leg die Linse zur Seite.
5. Kürz die überstehenden Dreiecke.
6. Falte nun die äußeren »Sonnenstrahlen« ebenfalls so, dass sie sich an die Papprolle fügen.
7. Drück die gekürzten Dreiecke wieder zur Ebene zurück, um eine dünne Schicht Klebstoff aufzubringen.
8. Leg die Linse auf ein Stück Küchenpapier oder ein altes Handtuch, damit sie nicht zerkratzt. Halt den kleinen Kreis der Pappe genau über die Linse und drück vorsichtig die Pappe auf die Küchenrolle, damit sich die Linse durch die vorgefaltete Öffnung schiebt. Wenn dir das Zielen schwerfällt, nimm die Linse in Hand und drück sie leicht durch. Warte, bis der Klebstoff getrocknet ist. Das ist wichtig, denn Klebstoff auf der Linse macht dein Bild später unscharf!

❽
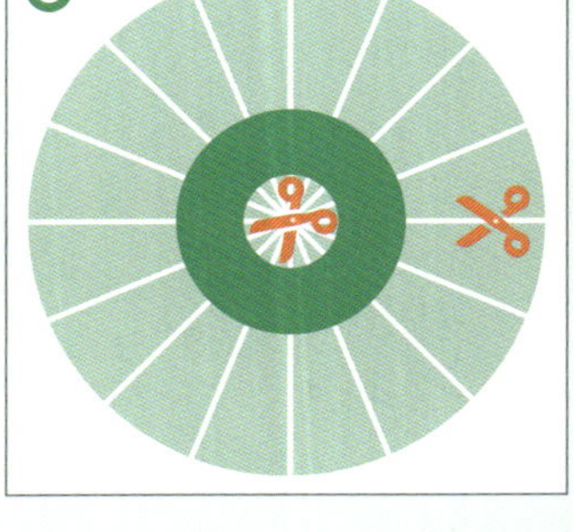

❾

Deine Lochkamera

1. Fast geschafft! Jetzt brauchst du nur noch deinen »Deckel« mit der Linse auf die schwarze Papprolle zu legen und mit einem Gummiband festzuhalten ⑩.

⑩

2. Schieb die zweite Papprolle mit der Mattscheibe zuerst in die schwarze Rolle hinein.

3. Deine Kamera ist nun fertig! Wenn du jetzt die innere Rolle mit der Mattscheibe bewegst, stellst du das Bild scharf. Beginne am besten mit einem Motiv, das mindestens 2 m entfernt ist. Je näher das Motiv ist, desto weiter ziehst du die innere Rolle heraus. Viel Spaß beim Experimentieren!

Viele dieser Schritte benötigst du, um zwei Pappröhren mit fast gleichem Durchmesser zu bekommen, die sich ineinander verschieben lassen. Ist dir das zu aufwendig, kannst du auch Verpackungen von Keksen oder anderen Dingen suchen und für deine Lochkamera nehmen. Wichtig sind immer das Loch oder die Linse vorne, die Mattscheibe innen und ausreichend Platz zwischen beiden.

Kapitel 3

Das Licht für ein Foto einfangen

Wie viel Licht braucht deine Kamera?

Wir beginnen das Thema mit einem kleinen Experiment. Ich möchte, dass du ein paar Bilder von deinem Zimmer machst. Hierbei geht es nicht um das Motiv. Du brauchst dein Zimmer also nicht vorher aufzuräumen. Wähl dir eine Ecke aus, von der du dein Foto im Dunkeln mit einer kleinen Lampe (wenig Licht!) und am Tag mit viel Tageslicht fotografierst. Am schnellsten geht das mit deinem Smartphone.

Nimm dir einen Zettel und schreib auf, was dir bei den Fotos auffällt. Wenn du deine Kamera oder dein Smartphone schon gut kennst, notier dir noch die Belichtungsdetails zu beiden Fotos. Besonders wichtig sind: dein Motiv, die Lichtquelle und wie du dein Smartphone gehalten hast. Hast du es frei in der Hand gehalten, den Arm abgestützt oder es angelehnt?

Nicht zu viel und nicht zu wenig

Das Wort »Fotografieren« stammt aus dem Altgriechischen und bedeutet »Zeichnen mit Licht«. Ein schöner Gedanke, oder? Mit jedem Foto fängst du eine bestimmte Menge Licht ein und machst es dauerhaft sichtbar. Wichtig ist nur, dass die Lichtmenge stimmt, denn sonst wird dein Bild zu hell oder zu dunkel. Wie du das in den Griff bekommst, lernst du in diesem Kapitel.

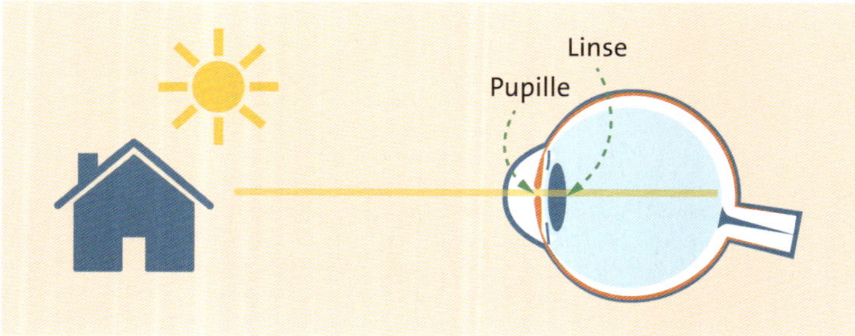

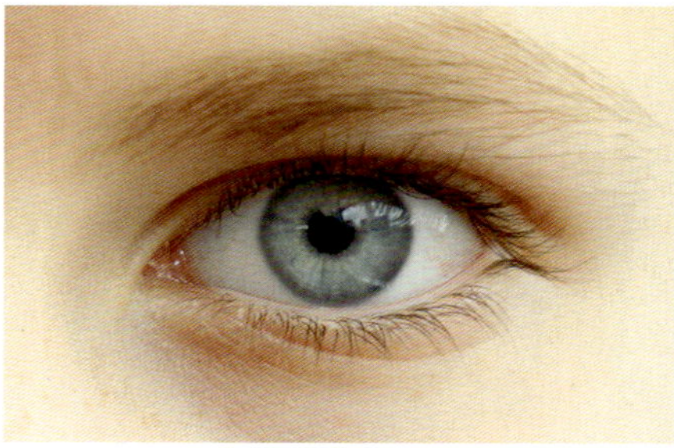

↑ **Bei Tag sind deine Pupillen nur etwas geöffnet, sonst würde zu viel Licht in die Augen gelangen und du könntest nichts mehr erkennen, weil alles zu hell wäre.**

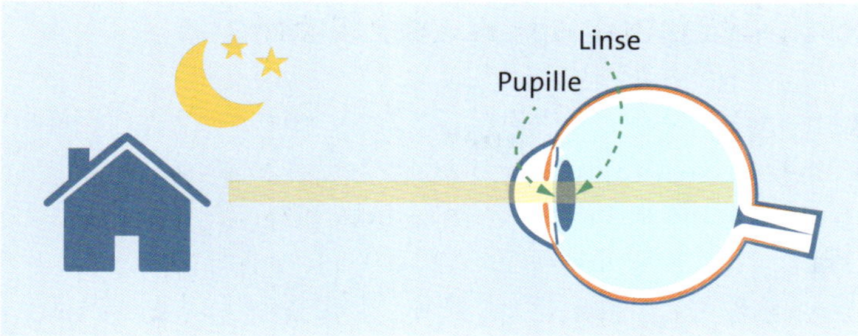

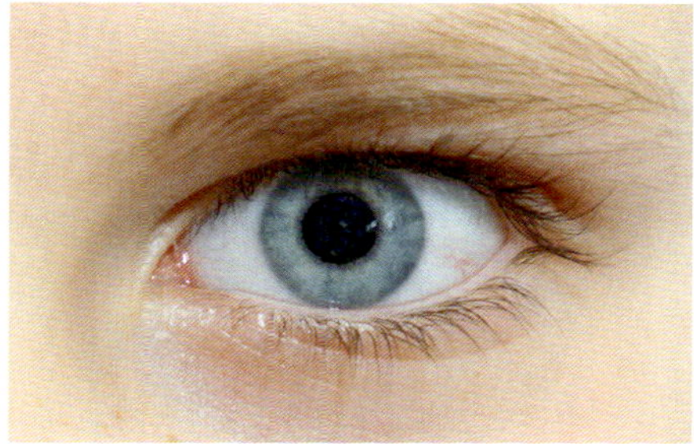

↑ **Bei Nacht gibt es viel weniger Licht, daher sind die Pupillen weit geöffnet, um so viel Licht wie möglich einzufangen.**

Auch deine Augen steuern die Lichtmenge – ganz automatisch! Betrachte mal deine Augen in einem Spiegel, wenn du bei Sonnenschein draußen bist, und am Abend, wenn es dunkel ist. Direkt verfolgen kannst du den Effekt, wenn du in einem dunkleren Raum in einen Spiegel siehst und dann ein (weiteres) Licht anschaltest. Deine Pupillen, die dunklen Öffnungen in der Mitte der farbigen Iris, ändern ihre Größe: Sie werden groß, wenn es dunkel ist, um möglichst viel Licht einzufangen. Und sie werden klein, wenn es hell ist, um die Lichtmenge zu reduzieren. Vielleicht hast du auch eine Katze, bei der du die Pupillenveränderung noch viel stärker beobachten kannst, da sich ihre Pupillen dreimal so stark dehnen können wie bei einem Menschen? Früher sollen Fotostudiobetreiber oft Katzen gehabt haben, deren Pupillenveränderung sie als eine Art Belichtungsmesser genutzt haben, um die Belichtung korrekt einstellen zu können.

↑ **Links: Schau dir mal die Augen dieser Katze an, ihre Pupillen sind linsenförmig. Rechts: Bei wenig Licht sind sie ganz groß. (Bild: shutterstock_8242604©rozbyshaka)**

Das Objektiv – das »Auge« der Kamera

Im Physikunterricht lernst du, wie Licht durch Glas umgelenkt, wie es gebrochen wird und auf der anderen Seite an einer anderen Stelle wieder austritt. Schaust du durch ein mit Wasser gefülltes Glas, wird das schnell deutlich.

Wissen

Lichtbrechung

Die Lichtstrahlen werden zum Beispiel umgelenkt, wenn sie von Luft in Wasser übergehen. Bei gewölbten Oberflächen aus Glas kann das Licht gezielt gelenkt werden.

↑ Links und Mitte: Lichtbrechung in einem mit Wasser gefüllten Glas, rechts: Lichtbrechung in einer Glaskugel

Die Lichtbrechung ist sehr praktisch, denn sie hilft dir beim Fotografieren dabei, große Dinge, wie einen Baum oder ein Haus, auf kleinster Fläche in deiner Kamera darzustellen. In deinem Auge ist das nicht anders, wobei die Linse hier nicht aus Glas ist, sondern elastisch und somit jederzeit anpassbar. Wenn du etwas liest, ist sie stärker gekrümmt als wenn du in die Ferne schaust.

Du steuerst diese Krümmung mit deiner Aufmerksamkeit auf das Motiv. An der »Rückwand« deines Auges sind ganz viele Photorezeptoren, die dafür sorgen, dass das Bild scharf ist. Passt der Abstand zur Netzhaut im Auge nicht, benötigst du eine Brille, die als zusätzliche Linse die Lichtstrahlen passend in dein Auge lenkt.

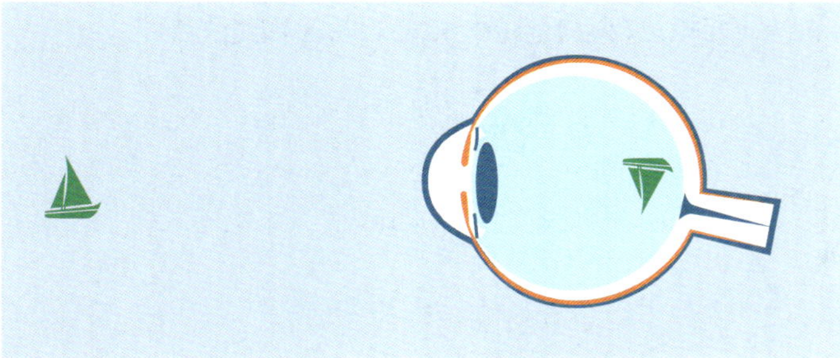

← Die Linse in deinem Auge ist schmal, wenn du Dinge in der Ferne ansiehst. Diese Dinge sind schon »klein« und die Lichtstrahlen müssen nur wenig gebrochen, also umgelenkt, werden.

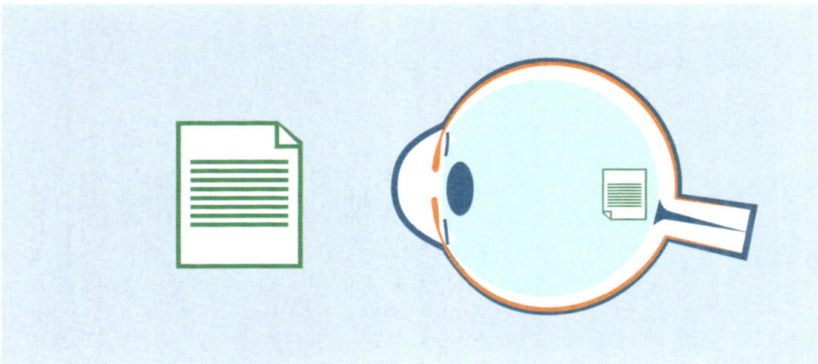

← Wenn du etwas liest, was recht groß vor deinen Augen ist, wird die Linse in deinem Auge gekrümmt, um es auf der Netzhaut im Auge »klein« abbilden zu können.

Bei einem Objektiv wird das anders gelöst, denn es hat ja harte Glaslinsen, die sich nicht mehr krümmen lassen. Je nachdem, was du fotografierst, werden die Linsen, von denen es im Objektiv mehr als eine gibt und die auch unterschiedliche Aufgaben erfüllen, daher nach vorne und hinten geschoben und die Lichtstrahlen so gelenkt, dass sie genau auf dem Sensor fokussiert ankommen.

Das Objektiv besteht aus Linsen, die die Lichtstrahlen zusammenführen, also sammeln (*konvexe Linsen* = Sammellinsen), und Linsen, die diese Linien wieder auseinanderfächern (*konkave Linsen* = Streulinsen).

Schaust du dir etwas ältere farbige Fotos mit einer Lupe an, wirst du an manchen Stellen, bei denen ein starker Kontrast zwischen heller und dunkler Fläche besteht, eine farbige Linie erkennen. Das kann auch bei neuen Fotos passieren. Im Kapitel 6 erfährst du einiges über Licht und lernst, dass weißes Licht beim Übergang von Glas zu Luft oder einem anderen, durchsichtigen Material nicht weiß bleibt, sondern in farbige Anteile von Licht aufgefächert wird. Diese Auffächerung ist nicht bei jedem Glas gleich, was geschickt ausgenutzt werden kann: Bei der Konstruktion von Objektiven werden Sammel- und Streulinsen aus unterschiedlichem Glas miteinander verbunden. So werden alle »Ausreißer« wieder eingefangen und es entstehen keine sogenannten *Farbsäume*.

Merk dir

Konvex oder konkav?

Konvexe Linsen sind nach außen gewölbt, wie das Lächeln eines Smileys aus Freude darüber, dass die Lichtstrahlen alle auf dem Sensor ankommen. Bei konkaven Linsen ist die Fläche nach innen gewölbt, sodass sie in der Mitte am dünnsten sind und die Ränder nach außen gebogen. Hier kannst du eher an ein trauriges Gesicht denken mit nach unten gebogenen Mundwinkeln, denn einige Strahlen kommen leider nicht am Sensor an.

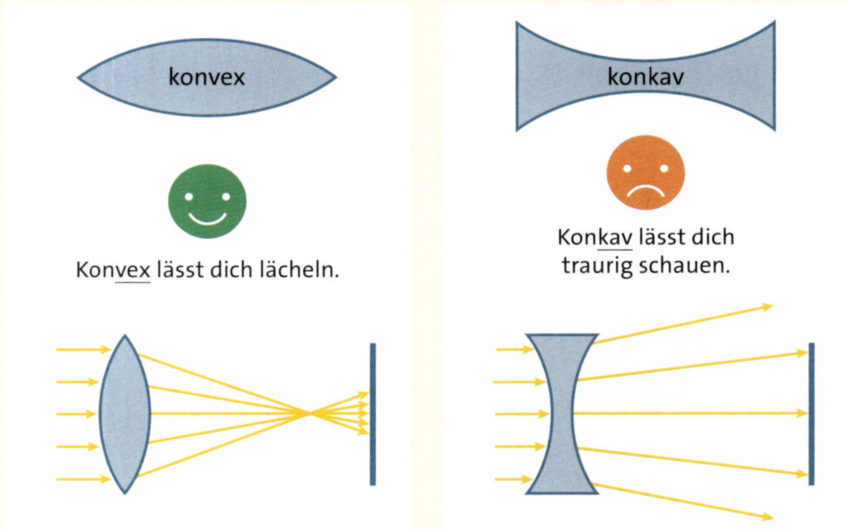

↑ Konvexe und konkave Linsen: So merkst du dir die Begriffe.

Beim *Fokussieren* verändert sich der Abstand zwischen den Linsen. Möchtest du etwas vergrößern (*zoomen*), wird der Abstand der Linsen zueinander ebenfalls verändert. Einige der Strahlen werden dann so abgelenkt, dass sie gar nicht mehr auf den Sensor treffen, und nur die Strahlen aus der Mitte kommen noch auf dem Sensor an.

Es gibt verschiedene Objektive. Wenn du flexibel sein möchtest und nach Belieben den Ausschnitt deines Fotos wählen möchtest, dann eignen sich die Objektive, bei denen sich die sogenannte *Brennweite* verändern lässt. Diese Objektive nennt man *Zoomobjektive*.

Wissen

Brennweite

Die Brennweite ist der Abstand zwischen der Linsenmitte und dem Punkt hinter der Linse, in dem sich die Lichtstrahlen durch die Umlenkung in der Linse in einem Punkt treffen. Teste das doch mal mit einer Lupe. Der Abstand zwischen dem Objekt und der Lupe, bei dem das Bild scharf ist, ist die Brennweite.

Objektive, bei denen die Brennweite unveränderbar ist, nennt man *Festbrennweite*. Was sich wie eine Einschränkung anhört, kann deine Kreativität fordern, da du nicht einfach durch Drehen am Objektiv dein Motiv näher heranholen kannst, sondern um dein Motiv herumlaufen musst, um deinen Bildausschnitt zu finden. Du zoomst dann sozusagen mit deinen Füßen.

Die Abbildung unten zeigt dir auf einen Blick noch mal die wichtigsten Begriffe, die dir im Buch immer wieder begegnen werden.

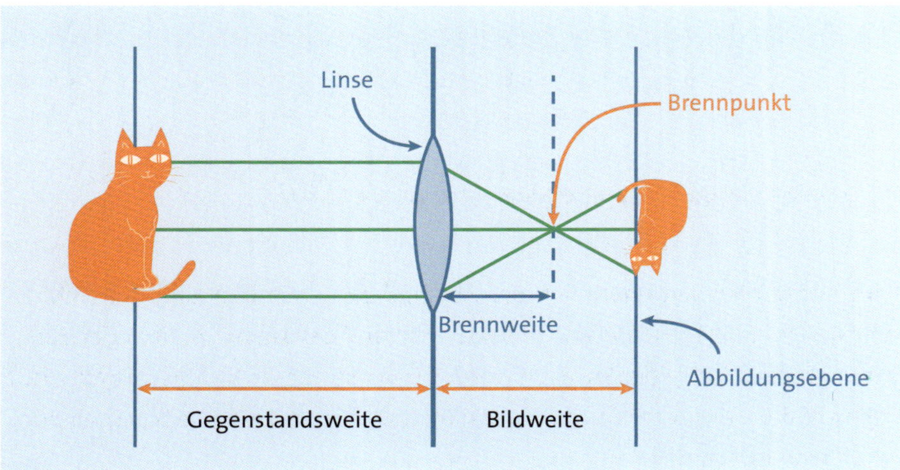

↑ Grundbegriffe der Optik

Grundbegriffe der Optik	
Gegenstandsweite	Abstand zwischen deinem Motiv und der Linse
Bildweite	Abstand zwischen der Linse und dem Sensor
Blickwinkel	Winkel zwischen dem linken und dem rechten Teil des Motivs, das du siehst, und deinem Auge (Sichtfeld)
Brennweite	Abstand zwischen der Linse und dem Schnittpunkt der Lichtstrahlen (Brennpunkt)
Abbildungsebene	Sensor, Film oder die Mattscheibe bei einer Lochkamera
Linse	Der Glaskörper, der durch seine konvexe oder konkave Form die Lichtstrahlen umlenkt.
Brennpunkt	Bei unendlich weit entfernten Objekten treffen die Lichtstrahlen parallel auf die Linse, werden gebündelt und kreuzen sich in diesem Punkt.

↑ **Grundbegriffe der Optik**

Bei weit entfernten Gegenständen trifft das Licht wie ein Bündel auf die Linse, da es den direkten Weg sucht. Trifft es nun auf eine Linse, werden die vielen Lichtstrahlen umgelenkt. Nur der, der genau durch die Mitte der Linse kommt, bleibt seinem Weg treu. Das nennt man *optische Achse*. Je nach Krümmung der Linse treffen sich nun alle Lichtstrahlen in einem bestimmten Punkt, dem *Brennpunkt*. Dort bleiben sie natürlich nicht stehen, sonst wäre unsere Katze ja nur so groß wie ein Punkt. Die Strahlen bleiben weiterhin auf ihrem Weg, bis sie auf den Sensor, also die *Abbildungsebene*, treffen. Fällt dir etwas auf? Die Katze steht nun auf dem Kopf – und das nur, weil die Strahlen umgelenkt werden. Aber dank dieser Umlenkung der Lichtstrahlen kannst du eine große Katze auf dem kleinen Sensor deiner Kamera abbilden. Die Kamera dreht das Bild automatisch um.

Man unterscheidet Objektive hauptsächlich nach Brennweiten und den damit verbundenen Eigenschaften:

- **Weitwinkelobjektive** haben einen großen *Blickwinkel* (63° bis 82°). Die Brennweite liegt zwischen 25 und 35 mm.

- **Normal- oder Standardobjektive** entsprechen in etwa dem natürlichen Bildeindruck, den du mit deinen Augen hast. Der Brennweitenbereich liegt bei 40 bis 50 mm und der Blickwinkel bei 47° bis 57°.
- **Teleobjektive** erlauben es dir, Dinge, die ganz weit weg sind, »heranzuholen« und zu fotografieren, zum Beispiel einen Vogel auf einem Baum. Der Brennweitenbereich liegt typischerweise bei 85 bis 250 mm, der Blickwinkel bei 19° bis 29°.

↑ So sieht es aus, wenn deine Kamera ein Standardobjektiv hat.

↑ Mit einem Teleobjektiv bist du deinem Motiv näher.

Merk dir

Brennweite

Je größer oder auch länger die Brennweite, desto größer wird dein Motiv abgebildet.

↑ Unterschiede in den Brennweiten

Abhängig von der Brennweite ändert sich auch der *Blickwinkel*, also der Bereich vom Motiv, der auf dem Sensor abgebildet wird. Sicher hast du das bereits bei deinen Fotos gemerkt: Bewegst du deinen Kopf etwas von links nach rechts, dann ist das der Bereich, den ein Weitwinkelobjektiv sieht. Blickst du einfach nach vorn, entspricht das dem Normalobjektiv. Teleobjektive hingegen vergrößern das Motiv.

Smartphones haben oft verschiedene Objektive für verschiedene Brennweiten. Es sind Festbrennweiten, da in den flachen Geräten (noch) kein Platz für Zoomobjektive ist. Vielleicht ist dir schon mal aufgefallen, dass du sehr nahe an eine Person herankommen musst, um ein Porträt zu machen. Das liegt an der geringen Brennweite, die einem Weitwinkelobjektiv entspricht. Die Gesichter sehen dann etwas verzerrt aus. Hat dein Smartphone mehrere Objektive, kannst du sie über die Kamera-App wählen. Oft gibt es neben dem Weitwinkel- noch ein Normal- und ein Makro- oder Teleobjektiv. Für unverzerrte Selfies bietet sich das Normal- oder Teleobjektiv an. Willst du Kleines wie ein Insekt groß herausbringen, nutzt du das Makroobjektiv.

↓ Je kürzer die Brennweite, desto weiter ist der Blickwinkel.

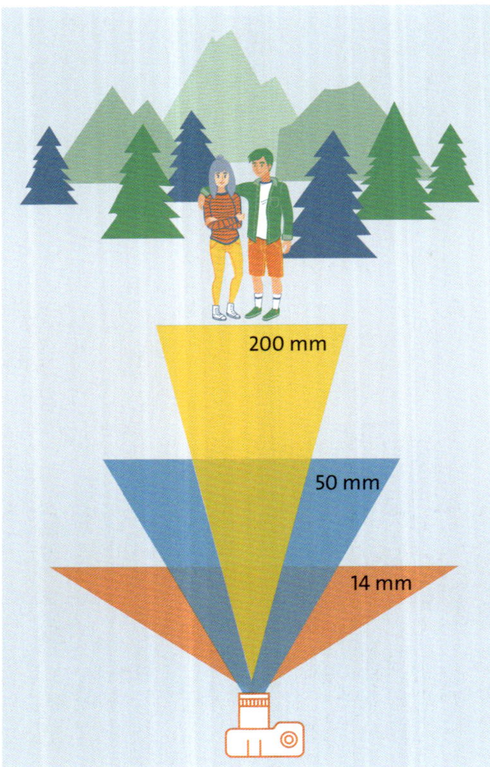

Die Qualität und Größe der Linsen bestimmen über die Bildqualität mit. Der Vergleich einer Smartphone-Kamera mit dem Objektiv einer Spiegelreflexkamera macht deutlich, wie unterschiedlich groß die Linsen beider Objektive sind (siehe rechts oben). Damit das Smartphone vergleichbar gut scharf stellen kann, benötigt es eine viel feinere Bewegung der Linsen. Der Sensor einer Smartphone-Kamera muss außerdem mit viel weniger Licht auskommen, denn der Durchmesser dieser Linsen ist im Verhältnis zum Durchmesser der Linsen einer Systemkamera so klein wie ein Schlüsselloch im Vergleich mit einer offenen Tür.

Bleiben wir bei der Sensorgröße. Wenn du nichts an der Linse änderst, ist es wie beim Zeichnen, wenn du statt einer DIN-A4-Seite eine DIN-A3-Seite nutzt. Auf ein größeres Blatt Papier kannst du um die Katze herum (Seite 63) noch viel mehr zeichnen. So ist das auch bei den Sensorgrößen. Bleibt der Weg der Lichtstrahlen, also die Brennweite, gleich, ändert sich durch verschiedene Sensorgrößen der Ausschnitt vom Motiv. Du denkst, dass du viel näher am Motiv dran bist, aber in Wirklichkeit gehen dem Sensor einfach Lichtstrahlen verloren. Darauf musst du achten, wenn du mit unterschiedlichen Kameras fotografierst.

← **Das Objektiv eines Smartphones (hintere Kamera eines Samsung Galaxy S8) im Vergleich mit einer 85-mm-Festbrennweite (Canon) für eine Spiegelreflexkamera**

Eine Brennweite von 64 mm hat nicht bei jeder Kamera die gleiche Wirkung, wenn die Sensorgröße unterschiedlich ist. Manchmal steht bei den Angaben zum Objektiv noch zum Vergleich der Brennweitenbereich des sogenannten *Kleinbildformats*, da der Sensor vieler Kameras kleiner ist. Das Kleinbildformat ist so groß wie ein analoges Negativ oder Dia und entspricht der Sensorgröße einer sogenannten *Vollformatkamera*. In dem Porträtfoto von Laura ist das der komplette Bildausschnitt. Einige Systemkameras mit Sensoren im *Four-Thirds-Format* (4/3") haben einen Cropfaktor von 2, bei dem die Diagonale des Sensors halb so lang ist, wie beim Vollformat. Hätte die Kamera oder das Smartphone das gleiche Objektiv, wäre der Ausschnitt entsprechend kleiner, und du würdest denken, dass du stärker vergrößern kannst. Leider fehlen hier nur die Pixel um den Ausschnitt. Entspricht der Ausschnitt dem der Vollformatkamera, hat das Objektiv eine entsprechend andere Brennweite.

→ **Bildausschnitt für verschiedene Sensorgrößen. Komplettes Bild: Vollformat (24 × 36 mm), grauer Rand: Four-Thirds-Format (Systemkamera, 17,3 × 13 mm), roter Rand: Smartphone-Kamera (5 × 4 mm, hier iPhone 12 Pro)**

Wissen

Cropfaktor

Der *Cropfaktor* (auch *Formatfaktor* genannt) beschreibt die »Brennweitenverlängerung« aufgrund eines kleineren Sensors. Hat eine Kompaktkamera einen Cropfaktor von 5,6, multiplizierst du die angegebene Brennweite mit diesem Faktor und erhältst die Brennweite, die ein Objektiv einer Vollformatkamera hätte, um genau den gleichen Bildausschnitt darzustellen. Auf diese Weise kannst du Kameras mit unterschiedlichen Sensorgrößen miteinander vergleichen.

Warum ist die Lichtmenge wichtig?

Du weißt jetzt, wie das Licht bis zum Sensor gelangt, aber wie bestimmst du die Lichtmenge und warum solltest du das tun? Du solltest es tun, weil du mit der Lichtmenge auch die Lichtstimmung kontrollierst. Vorausgesetzt, du willst nicht deiner Kamera die Entscheidung darüber überlassen. Deine Kamera ist ja in gewisser Hinsicht »dumm« und versucht daher immer das Gleiche, nämlich so viel Licht hineinzulassen, dass keine Informationen im Schwarz oder Weiß verloren gehen. Das Ergebnis ist immer rechnerisch ausgewogen, aber manchmal eben auch langweilig oder sogar falsch.

Wissen

Das verraten dir die Angaben zu deinem Foto

Deine Kamera speichert die Belichtungseinstellungen zu jedem Bild als *Exif*-Daten ab. An manchen Fotos im Buch findest du diese Angaben wieder.

105 mm	*f*5,6	1/800 s	ISO 1250	+2 ⅓ LW
Brennweite	Blende	Belichtungszeit	Lichtempfindlichkeit	Belichtungskorrektur (LW bzw. EV steht für Lichtwert bzw. engl. *exposure value*)

Der Himmel in der Abbildung links oben ist so hell, dass der Sensor nur noch Weiß erkennt und keine Unterschiede mehr wahrnimmt. Bei dem Foto in der Abbildung rechts oben bekam der Sensor zu wenig Licht, sodass der Vogel so dunkel ist, dass die Federn im blauen Bereich nicht mehr erkennbar sind. Dafür siehst du im Himmel jetzt Wolken und Blau. Gleicht die Kamera das richtig aus bzw. hilfst du ihr dabei, erkennst du den Himmel und den Vogel so, wie du ihn mit den Augen siehst (links unten).

↑ Links: Hier kam zu viel Licht auf den Sensor, der Himmel ist fast weiß, ohne Informationen zu den Wolken. Rechts: Hier kam zu wenig Licht auf den Sensor. Der Himmel hat nun Struktur, aber der Vogel und der Baum sind viel zu dunkel.

← Hier ist die Lichtmenge ausgewogen und der Vogel richtig belichtet. Du erkennst auch noch die Wolken im Himmel und Details vom Gefieder.

Vielleicht möchtest du aber, dass eine Aufnahme bei Nacht nicht so stark aufgehellt wird, damit es auch wie Nacht aussieht? Dann muss weniger Licht auf den Sensor fallen, als die Kamera für richtig hält, und du musst gezielt »unterbelichten«. Es kann auch sein, dass Gesichter viel zu dunkel wirken, wenn der Hintergrund sehr hell ist. Wenn die Gesichter heller sein sollen, musst du »überbelichten«. Dann wird allerdings auch der Hintergrund (noch) heller. In beiden Fällen musst du die Kamera oder dein Smartphone »überlisten«, die ja nicht wissen, wie du dir dein Bild vorstellst. Schau mal im Menü deiner Kamera nach, ob du ein Zeichen mit einem Plus und einem Minus findest. Beim Smartphone tippst du auf das Display, wo du das Motiv scharf gestellt haben möchtest, und eine Anzeige zur Belichtungskorrektur erscheint. Vielleicht ist das bei deinem Smartphone anders, aber die meisten haben diese Möglichkeit. Plus heißt mehr Licht, Minus weniger Licht. Wenn du eine dieser Einstellungen wählst, belichtet die Kamera entsprechend dunkler oder heller, als sie es normalerweise täte. Das ist die *Belichtungskorrektur* (siehe auch den Kasten auf Seite 100).

So funktioniert die Blende

Die Lichtmenge, die die Kamera auf den Sensor lässt, wird von drei Einstellungen bestimmt. Die kann ich am besten an einem Wasserglas erklären. Klingt komisch, ist aber eigentlich ganz leicht. Wenn du ein Glas mit Wasser füllen möchtest, kannst du über den Hahn den Wasserdruck ändern. Kommt nur wenig Wasser aus dem Hahn, dauert es länger, bis das Glas voll ist. Drehst du den Hahn ganz auf, geht es schnell. Mit dem Wasserhahn wird die Öffnung im Rohr über ein Ventil verändert. Wie schnell das Glas voll ist, wird also bestimmt durch:

1. die Öffnung des Ventils
2. die Zeit
3. (die dritte Einstellung ist der ISO-Wert, dazu mehr ab Seite 78)

↓ Links: Bei gleichbleibender Hahnöffnung benötigst du eine bestimmte Zeit, um das Glas zu füllen. Rechts: Bei einem weiter geöffneten Ventil gelangt die Wassermenge schneller ins Glas.

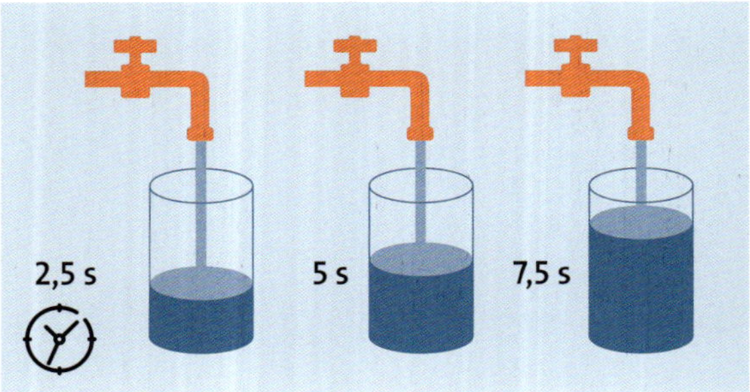

So wie das Ventil im Wasserhahn die Wassermenge regelt, so regelt die *Blende* im Objektiv die Lichtmenge.

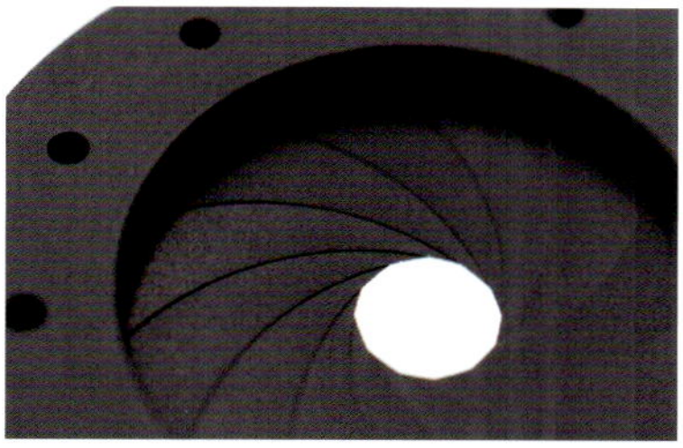

← Links: So sieht eine Blende aus. Sie besteht aus vielen kleinen Scheiben, die beim Drehen des Blendenreglers am Objektiv oder an der Kamera die Größe der Öffnung verändern. Im Bild rechts siehst du eine Ersatzblende für ein Mikroskop. Das Prinzip ist das gleiche.

Die Blende funktioniert wie eine Art Pupille, die sich aus mehreren Metallplättchen (Lamellen) zusammensetzt. Diese drehen sich gemeinsam und bilden eine Öffnung in der Mitte, durch die je nach Größe mehr oder weniger Licht kommt. Weil die Metallplättchen das Licht abblenden, haben sie ihren Namen. Die Größe der Blendenöffnung wird mit *f* bezeichnet, obwohl es korrekt eigentlich das Verhältnis der Brennweite (*focal length*) zur Öffnung der Linse darstellt Bei einer Brennweite von 60 mm ist die Öffnung bei Blende *f*4 also 1/4 so groß, wie der Durchmesser des Objektivs.

Wie groß oder klein die Öffnung ist, signalisiert die Kamera durch *Blendenstufen*, die oft vereinfacht ohne *f* oder auch ohne Bruchschreibweise angegeben sind. Je größer der Wert der Blende ist, desto stärker wird abgeblendet, desto kleiner wird also das Loch.

Der Wert der Blendenstufe beschreibt indirekt eine Fläche an durchkommendem Licht, die mit jedem Schritt entweder halbiert (größerer Blendenwert) oder verdoppelt wird. Die Reihe der *Blendenstufen* beschreibt die Verdopplung der Fläche, die abblendet, also kein Licht durchlässt. Das ist etwas verwirrend, denn größere Zahlen bedeuten weniger Licht. Wenn sich die Fläche von einem Quadrat verdoppelt, ergibt sich die Reihe der Seitenlängen eines Quadrats, die du als Blendenzahl in deiner Kamera wiederfindest: 1 (1 cm^2) – 1,4 (2 cm^2) – 2 (4 cm^2) – 2,8 (8 cm^2) – 4 (16 cm^2) – 5,6 (32 cm^2) – 8 (64 cm^2) – 11 (128 cm^2) und so weiter Deine Kamera hat noch Blendenzwischenstufen für eine feinere Einstellung.

Merk dir

Blendenzahl

große Blendenzahl = Es kommt wenig Licht in die Kamera.
kleine Blendenzahl = Es kommt viel Licht in die Kamera.

Kontrolle über die Schärfentiefe

Das Spannende an der Blende ist, dass du damit nicht nur die Lichtmenge, sondern insbesondere auch die Ausdehnung der Schärfe im Bild beeinflussen kannst. Diese Ausdehnung wird *Schärfentiefe* genannt und meint den Bereich, der vor und hinter deinem anvisierten Motiv noch scharf ist. Mit weit geöffneter Blende (kleine Blendenzahl) kannst du Personen, Blumen oder Tiere fokussieren und den Vordergrund und Hintergrund regelrecht verschwimmen lassen. An den farbigen Korken wird das gut deutlich. Siehst du den Unterschied?

↑ Links: Nur die senkrechte Reihe mit dem roten Korken ist scharf. Rechts: Alle Korken an der Wand sind scharf.

Links: 24 mm | f2,8 | 1/640 s | ISO 200
Rechts: 24 mm | f20 | 1/13 s | ISO 200

Der Grund für die unterschiedliche Schärfentiefe bei unterschiedlichen Blenden ist der Weg der Lichtstrahlen durch die Linsen und weiter bis zum Sensor. Aus jedem scharfen Punkt wird ein kleiner Kreis. Der Sensor kann aber auch nur begrenzt scharf sehen, sodass nur Kreise mit einem bestimmten Durchmesser noch scharf abgebildet werden. Diesen Kreis nennt man *Unschärfekreis*. Bei einer Vollformatkamera und einer Brennweite von 50 mm entspricht dieser Kreisdurchmesser zwei Lagen Frischhaltefolie (0,03 mm). Der Bereich, in dem die Lichtbündel also noch kleiner als dieser Durchmesser sind, entspricht der Schärfentiefe.

Da die Pupillen in deinen Augen wie Blenden funktionieren, siehst du übrigens bei Tageslicht von ganz nah bis in die Ferne scharf. Ist es bereits recht dunkel, wird der Bereich der Schärfentiefe viel kleiner, da die Pupillen weit geöffnet sind. Forme mal mit deiner Hand ein winziges Loch und schau einen Gegenstand in der Ferne an. Siehst du ihn schärfer? Das ist der Grund, warum bei einer Lochkamera – mit einem winzigen Loch – ein Großteil vom Bild scharf ist.

↑ Links: Bei diesem Porträt sind die Augen und Zähne von Adrian scharf. Der linke Ärmel ist bereits unscharf dank der recht offenen Blende. Rechts: Auch mit dem Smartphone kannst du die Schärfentiefe kontrollieren.

Links: 85 mm | f2,8 | 1/2000 s | ISO 100
Rechts: 24 mm | f1,8 | 1/50 s | ISO 100

Auch bei Nahaufnahmen von Tieren, beispielsweise im Zoo, kann die Verwendung eines Teleobjektivs nützlich sein, denn der Hintergrund wird unscharf. Mit deinem Smartphone musst du viel näher an das Motiv heran, was Tiere verschrecken kann. Mit langsamen Bewegungen gelingen aber auch Fotos, wie das vom Schmetterling im Bild hier links.

Manche Smartphones können die Blende auch ändern, aber meist sind sie nicht variabel. Immer mehr Smartphones können allerdings eine künstliche Unschärfe in das Bild hineinrechnen. Das ist beeindruckend und sieht durchaus gut aus, aber wenn du den Effekt selbst bestimmen möchtest, kommst du um eine richtige Kamera nicht herum.

← **Auch mit dem Smartphone kannst du einen ziemlich unscharfen Hintergrund bekommen, wenn dein Motiv recht nahe ist.**
25 mm | f2,4 | 1/850 s | ISO 40 (Smartphone)

Auf die Zeit kommt es an

Erinnerst du dich an die Bilder mit dem Wasserhahn? Im Abschnitt »So funktioniert die Blende« hast du gerade den Einfluss der Blendenöffnung beim Einfangen einer bestimmten Lichtmenge kennengelernt. Die Lichtmenge wird über den *Lichtwert (LW)* beschrieben und nicht nur von der Blende, sondern auch von der Belichtungszeit bestimmt, die du an deiner Kamera einstellen kannst.

Merk dir

Belichtungszeit

Die *Belichtungszeit* (auch Verschlusszeit genannt) ist die Zeit, in der das Licht auf den Sensor in der Kamera trifft und ihn somit »belichtet«.

In der Kamera befindet sich vor dem Sensor ein *Verschluss*, der sich öffnet wie der Vorhang im Theater, bevor sich bei tosendem Applaus die Künstler verbeugen. Statt aus Stoff besteht der Verschluss in einer Kamera aus einer oder mehreren Platten, die von einem Motor oder einer Mechanik blitzschnell bewegt werden. Im Smartphone wird der Verschluss elektronisch gesteuert, denn für Platten und Motor ist kein Platz.

↑ Lamellenverschluss einer analogen Spiegelreflexkamera. Bei den Digitalkameras siehst du das leider nicht mehr so einfach.

Es gibt somit für jede Lichtmenge mehrere Kombinationen aus Zeit und Blende, ohne dass dein Bild heller oder dunkler wird. Genauso wie bei der Blende verdoppelst oder halbierst du die Zeit (2 s – 1 s – 0,5 s – 0,25 s). Klingt logisch, oder?

Bei der Belichtungszeit musst du ein paar Dinge beachten. Wenn du den Auslöser deiner Kamera durchdrückst, bewegst du immer leicht die Kamera. Bei einer sehr kurzen Belichtungszeit hat diese Bewegung keinen Einfluss auf das Bild, aber bei einer langen Belichtungszeit (ab ca. 1/60 s) werden deine Bilder unscharf (verwackelt).

Wissen

Die Kehrwertregel

Ab wann ein Bild mit einem ruhigen Motiv durch deine eigene Bewegung verwackelt, errechnest du mit der *Kehrwertregel*. Die Belichtungszeit sollte nicht länger sein als der Bruch »1 über die Brennweite«. Wenn du mit einem Standardobjektiv von 50 mm fotografierst, heißt das 1 durch 50 (mm), also 1/50 s Belichtungszeit (das sind 0,02 s). Aber bei einem Teleobjektiv mit 200 mm sind es bereits 1/200 s (0,005 s). Wenn du blinzelst, ist dein Auge übrigens für 0,3 s geschlossen.

Die Belichtungszeit spielt bei einigen Fotos eine wichtige Rolle. Wenn du zum Beispiel einen Stein in den See schmeißt und das hochspritzende Wasser im Bild festhalten möchtest oder wenn jemand Schnee nach oben wirft, dann muss die Zeit sehr kurz sein, da sich sowohl Schnee als auch Wasser ja schnell bewegen.

Bei einem Wasserfall (Beispiel auf der nächsten Seite) kannst du dir überlegen, ob du die Wassertropfen »einfrieren« oder das Wasser fließend wirken lassen möchtest. Ich habe mich für die Bewegung entschieden und beim Smartphone manuell die Belichtungszeit erhöht.

↑ **Dank einer kurzen Belichtungszeit ist der nach oben fliegende Schnee hier noch gut erkennbar.**

85 mm | f6,3 | 1/1000 s | ISO 1000

↑ **Durch die lange Belichtungszeit wirkt das Wasser bei diesem Wasserfall verschwommen, und du siehst quasi die Bewegung. Merkst du, dass es ein Smartphone-Foto ist? Es ist kaum zu erkennen.**

24 mm | f1,8 | 1/20 s | ISO 50 (Smartphone)

Deine Kamera bzw. dein Smartphone stellt vergleichbare Helligkeiten der Bilder ein, auch wenn die Belichtungszeiten unterschiedlich sind, da die Kamera die gleiche Lichtmenge einfangen möchte. Wenn ich die Belichtungszeit ändere, passt die Kamera also die Blende an, um die gleiche Lichtmenge einfangen zu können. Hier gibt es eine recht einfache Regel: Veränderst du die Blende um eine Blendenstufe (also zum Beispiel von *f*11 auf *f*16), verdoppelt sich die Menge an Licht. Um die gleiche Lichtmenge beizubehalten, musst du die Belichtungszeit halbieren (hier auf 1/30 s).

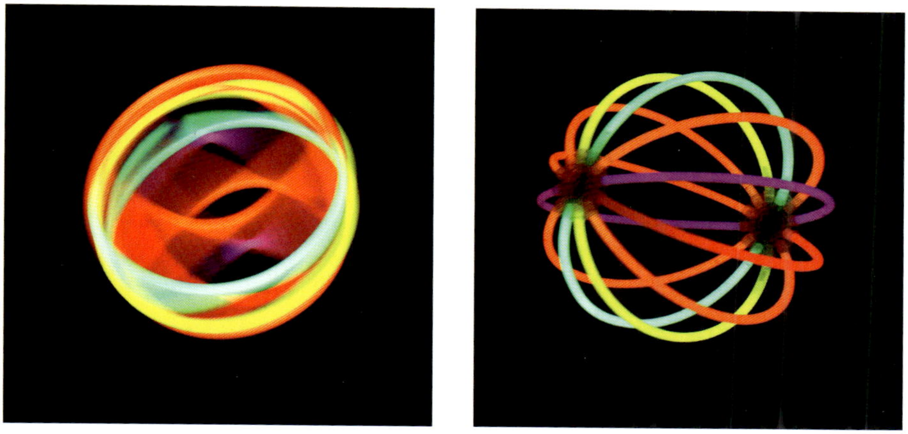

Links: Ein sich drehender Knicklichterball. Bei 1/20 s verschwimmt alles. Rechts: Bei einer Aufnahme mit 1/60 s (0,017 s) ist alles scharf, schneller dreht sich der Ball nicht. Bei noch kürzeren Belichtungszeiten sieht das Bild gleich aus.

Links: 24 mm | f5,6 | 1/20 s | ISO 6400 | –1/3 LW
Rechts: 24 mm | f4 | 1/60 s | ISO 6400 | –1/3 LW

Belichtungszeit	Blendenstufe
1/8 s	f32
1/15 s	f22
1/30 s	f16
1/60 s	f11
1/125 s	f8
1/250 s	f5,6
1/500 s	f4
1/1000 s	f2,8
1/2000 s	f2
1/4000 s	f1,4

Zusammenhänge zwischen Belichtungszeit und Blende: Die Paare in der Tabelle – wie 1/60 s und f11 – ergeben immer die gleiche Lichtmenge.

Sowohl bei der Blendenreihe als auch bei der Reihe der Belichtungszeiten gibt es zwischen den Hauptschritten, die ich dir erklärt habe, auch noch Zwischenstufen, um genauere Einstellungen vornehmen zu können.

Der »Belichtungs-Joker« – der ISO-Wert

Erinnerst du dich? Ich habe auf Seite 70 geschrieben, dass die Lichtmenge, die die Kamera auf den Sensor lässt, von drei Einstellungen bestimmt wird. Bislang hast du zwei kennengelernt: die Blende und die Belichtungszeit. Die dritte Einstellung ist der ISO-Wert.

Die Zusammenhänge zwischen der Blende und der Belichtungszeit geraten manchmal an ihre Grenzen. Gerade, wenn man in dunkleren Räumen etwas fotografieren möchte, wird das Licht schnell knapp. Manchmal ist eine dunkle Umgebung auch bewusst gewollt, so wie bei dem Knicklichterball auf Seite 77. Ohne Blitz solltest du immer die Kehrwertformel im Hinterkopf haben, um beim Auslösen das Bild nicht zu verwackeln. Fotografierst du in der Natur, beispielsweise eine Biene in einer Blume, dann kann diese sehr schnell sein. Eine sehr kurze Belichtungszeit (< 1/500 s) ist hier auf jeden Fall notwendig, um die Bewegung einzufrieren. Manchmal reicht hierfür das Umgebungslicht aber nicht mehr aus.

→ **Biene in einer Blume**
60 mm | f4,5 | 1/640 s | ISO 800 | +0,7 LW

In solchen Situationen benötigt deine Kamera Unterstützung. Die einzelnen Bildpunkte (*Pixel*) müss(t)en lichtempfindlicher werden, um das wenige Licht als ausreichend wahrzunehmen. Da sie das aber nicht können, wird stattdessen das Signal verstärkt. Stell dir das wie ein Radio vor, das du lauter drehst.

Auch die Lichtempfindlichkeit ist – wie die Blende und die Belichtungszeit – genormt, damit jeder vom Gleichen spricht. Sie wird in ISO angegeben. Findest du die Einstellung bei deiner Kamera? Mit jeder ISO-Stufe wird die Lichtempfindlichkeit verdoppelt, sodass die halbe Menge Licht bei beispielsweise ISO 200 genauso wirkt wie bei ISO 100. Die Zusammenhänge zwischen dem ISO-Wert und der Belichtungszeit sind ähnlich wie bei der Blende und der Belichtungszeit. Die eine Zahl verdoppelt sich und die andere halbiert sich.

Bei der Blende sieht es etwas anders aus. Mit der Verdopplung des ISO-Wertes verdoppelt sich auch die Blendenzahl, was jedoch eine Halbierung der Lichtmenge bedeutet, weil sich die Öffnung verkleinert.

ISO-Wert	Belichtungszeit
25	1/8 s
50	1/15 s
100	1/30 s
200	1/60 s
400	1/125 s
800	1/250 s
1600	1/500 s
3200	1/1000 s
6400	1/2000 s
12800	1/4000 s

↑ **Zusammenhang zwischen ISO-Wert und Belichtungszeit**

ISO-Wert	Blendenstufe
25	*f*1,4
50	*f*2
100	*f*2,8
200	*f*4
400	*f*5,6
800	*f*8
1600	*f*11
3200	*f*16
6400	*f*22
12800	*f*32

↑ **Zusammenhang zwischen ISO-Wert und Blendenstufe**

Als es noch keine Digitalkameras gab, bei der man für jedes Foto wieder neu die Lichtempfindlichkeit anpassen konnte, musste man sich vorab entscheiden, welche Lichtempfindlichkeit der Film für die nächsten 24 oder 36 Bilder benötigen wird. Das Filmmaterial setzte sich, genauso wie der Sensor deiner Kamera heute, aus vielen »Punkten« zusammen. Mit steigenden ISO-Werten wurden die Punkte des Filmmaterials auch größer, so wie bei feinem und grobem Schleifpapier. So konnte jeder Punkt mehr Licht auf einmal aufnehmen.

Bei digitalen Kameras funktioniert das ähnlich, nur dass die Kamera eben hier das elektronische Signal jedes Bildpunktes verstärkt. Wie das technisch funktioniert, lass ich hier mal beiseite, aber bildlich kannst du es dir recht einfach merken: Wenn du auf der Stelle hüpfst, wirst du über eine bestimmte Höhe nicht hinauskommen. Hüpfst du aber auf einem Trampolin, geht das viel höher. Das Trampolin verstärkt dein »Hüpfsignal«.

→ Die Verstärkung der Lichtempfindlichkeit des Sensors funktioniert so ähnlich, wie dich ein Trampolin höher hüpfen lässt.

Die Höhe variiert etwas, weil du bestimmt nicht exakt immer die gleiche Stelle beim Aufkommen triffst. Mal ist es etwas niedriger, mal etwas höher. Genau diesen Effekt siehst du auch auf deinen Fotos. Hier nennt man das *Rauschen*, was besonders bei dunklen Flächen sichtbar wird. Die Fotos mit höheren ISO-Werten sind nicht mehr ganz so scharf, und die Farbtöne weichen von Punkt zu Punkt etwas voneinander ab. Auf den Fotos von den Buntstiften rechts siehst du den Effekt. Ist dir das bei den zwei Fotos von deinem Zimmer bei unterschiedlichem Licht (die Aufgabe von Seite 58) auch aufgefallen?

Da bei Smartphones die Pixel noch viel kleiner sind, sieht man diesen Effekt bei wenig Licht sehr stark. Stell dir vor, es regnet draußen in Strömen und du bekommst die Aufgabe, die Wassermenge abzuschätzen, die in 1 Sekunde auf einem Quadratmeter aufkommt. Du fängst den Regen mit einem kleinen Becher (Smartphone-Pixel) und einer großen Wanne (Pixel einer Systemkamera) auf. In den kleinen Becher treffen nur ein paar Tropfen, aber die große Wanne verfehlt der Regen nicht. So kannst du mit der Wassermenge in der Wanne viel genauer die Wassermenge abschätzen.

Am Computer kann man zwar einiges wieder »geradebiegen«, aber die Unschärfe bleibt. Bevor ich aber auf ein Bild wie das mit der Biene in der Blume verzichte, nehme ich den Qualitätsverlust in Kauf, denn auf dem Smartphone oder auf gedruckten Bildern in Postkartengröße fällt das kaum auf. Die Kameras heutzutage können eben schon richtig viel!

Wenn du nun alle drei Einstellungen von Blende, Belichtungszeit und ISO-Wert kombinierst, bekommst du enorm viele Möglichkeiten, dein Foto zu gestalten. Klar, das alles kann deine Kamera auch automatisch, aber dann wird das Foto so, wie die Kamera es für richtig hält, und nicht unbedingt so, wie du es dir vorstellst.

← Stifte vor dunklem Hintergrund mit langer Belichtungszeit, dafür geringem ISO-Wert
105 mm | f16 | 1,3 s | ISO 100

← Verkürzung der Belichtungszeit, dafür extremes Rauschen und Detailverlust durch sehr hohen ISO-Wert (Maximum der Canon EOS 6D Mark II)
105 mm | f16 | 1/320 s | ISO 40 000

A
P
iAUTO
ART
AEL
AEL

Kapitel 4

Was kann (d)eine Kamera?

Wie intelligent ist dein Smartphone?

Bevor wir in die Theorie einsteigen, wird es mal wieder Zeit, etwas auszuprobieren. Fotografier folgende Motive mit deinem Smartphone und verändere dabei den Abstand (die Abstandsangaben in Klammern sind Richtwerte):

- ein aufgeschlagenes Buch von oben bei wenig Licht (50 cm, 1 m)
- eine Blume auf einer Wiese, oder das Essen auf deinem Teller (10–20 cm, 50 cm)
- eine Person (1 m, 3 m)

Kannst du parallel einen Screenshot von dem Display machen, damit du später die Einstellungen noch mal ansehen kannst? Android-Smartphones haben einen »Szenenoptimierer«, der die meisten Motive schon zuordnet und bestimmte Einstellungen vornimmt. Hat das dein Smartphone auch? Liegt es immer richtig mit der Auswahl? Du kannst diese Funktion auch deaktivieren. Vergleich mal das Ergebnis! Weißt du schon, wie du die Belichtung von deinem Motiv anpasst? Probier mal etwas herum und vergleich die Ergebnisse. Bis zum Ende des Kapitels wirst du sicher mindestens *ein* »Aha«-Erlebnis gehabt haben und die Unterschiede verstehen.

Welche Kameratypen kommen für dich infrage?

Bei der Wahl deiner Kamera kommt es unter anderem darauf an, was du gern fotografieren möchtest. Dein Blick auf die Welt und fürs Motiv ist mindestens so wichtig wie die Kamera, aber je mehr deine Kamera dich bei den Einstellungen mitbestimmen lässt, desto kreativer kannst du sein. Nachdem du jetzt weißt, welchen Einfluss die *Blende*, die *Belichtungszeit* und der *ISO-Wert* auf dein Bild haben, möchtest du diese Dinge bestimmt selbst einstellen können. Ich kann dich beruhigen – die meisten Kameras und sogar dein Smartphone lassen dir diese Möglichkeit.

↓ Eine Systemkamera kannst du immer dabeihaben, aber im Alltag ist eher dein Smartphone der tägliche Begleiter. Auch ein Smartphone bietet dir viele Möglichkeiten.

Aber das allein ist es nicht! Um mit der Kamera Spaß zu haben, sollte sie auch gut in deiner Hand liegen und nicht zu schwer sein. Kompakte Systemkameras sind sehr praktisch für den Einstieg und liefern auch sehr gute Ergebnisse. Ein großer Vorteil ist, dass sie in die Hosentasche, Jacke oder Tasche passen. Du kannst sie immer dabeihaben. Bequemer und meistens dabei ist hingegen das Smartphone, mit dem heutzutage die meisten »Alltagsfotos« gemacht werden.

Es gibt verschiedene Kameratypen auf dem Markt. Am beliebtesten sind heutzutage Smartphones oder Systemkameras. Deswegen werden andere Systeme, wie Kompakt- und Bridgekameras, in diesem Buch nicht weiter erklärt.

Diese Tabelle kann dir bei der Wahl des für dich perfekten Kameratyps helfen.

↓ Vergleich und Besonderheiten von Smartphone und Systemkamera

Worauf kommt es an?	Smartphone	Systemkamera
Preis	> 150 €	> 500 €
Gewicht	ca. 150 g	> 500 g (Gehäuse, ohne Objektiv)
Größe	klein/flach	mittel bis groß
Sensorgröße	sehr klein	groß
Wie nimmst du sie mit?	Hosentasche/Jackentasche	Rucksack/Kameratasche
Motivsuche	Display	Sucher/Display
Motivprogramme	ja	ja
Belichtungseinstellungen (Halbautomatik)	ISO-Wert und Helligkeit	ja
Video	ja	ja
Größe der Linsen im Objektiv	sehr klein	groß
Wechselobjektive	nein	ja
Unterschiedliche Brennweiten (viele Linsen im Objektiv)	ja, durch mehrere Linsen (bei manchen)	ja
Auch gut mit wenig Licht?	eher nein	ja
Zusätzlicher Blitz ansteckbar?	in der Regel nicht	in der Regel ja
Bedienung	einfach (sofort starten)	mittel (Anleitung lesen)

Smartphone

Smartphones sind wahre Alleskönner: telefonieren, chatten, Filme schauen, spielen ... und natürlich fotografieren.

Auf jedem Smartphone ist standardmäßig eine *Kamera-App* installiert. Es gibt darüber hinaus auch zahlreiche andere Kamera-Apps, die mehr Einstellungen erlauben. Selbst die Bearbeitung und das Teilen deiner Fotos kannst du mit dem Smartphone erledigen.

Es gibt aber auch Einschränkungen: Du bedienst die Kamera ausschließlich über das *Display*, was Akkuleistung kostet und bei strahlendem Sonnenschein auch mal schwierig werden kann, weil du nichts mehr erkennst. Die *Auflösung* der Bilder ist bei modernen Smartphones zwar sehr gut, die *Bildpunkte (Pixel)* sind allerdings sehr klein. Bei wenig Licht stoßen Smartphones deshalb an ihre Grenzen, und die Bilder *rauschen*, sie werden körnig oder matschig und auch etwas unscharf. Spätestens bei großen Ausdrucken fällt das dann auf. Vielleicht ist es dir bei den Fotos vom Buch aufgefallen, die ich in »Wie intelligent ist dein Smartphone?« angeregt habe.

Das Objektiv ist in der Regel ein *Weitwinkelobjektiv*. Gerade bei Selfies wirst du sehen, dass dein Gesicht etwas verzerrt ist, wenn du zu nah an der Kamera dran bist. Alles wird gestaucht, damit kleiner und breiter, vor allem an den Bildrändern. Bei den meisten von uns ist das nicht besonders attraktiv. Ist dir das bei den zwei Fotos der Person aufgefallen? Falls du sie gemacht hast. Da die Smartphones jedoch schon sehr viele Pixel haben, kannst du mit ein paar Hilfsmitteln und etwas Abstand schon sehr schöne Bilder machen, bei denen du im Nachgang noch den Ausschnitt ändern kannst. Das macht sich das Smartphone auch zunutze, wenn du das Motiv größer dargestellt haben möchtest. Abgesehen von Modellen mit mehreren Brennweiten kann nur digital »gezoomt« werden, was im Grunde ein »Wegschneiden« von Pixeln bedeutet. Wieder mit Bezug zu den Aufgaben aus »Wie intelligent ist dein Smartphone?«: Kannst du den Text im Buch bei beiden Fotos lesen oder sind die Buchstaben bei 1 m Entfernung bereits unscharf, wenn du einen Ausschnitt nimmst?

Aber wie gesagt, geht der Trend bei Smartphones eindeutig zu mehreren Objektiven – vom Weitwinkel bis zum leichten Tele. Und für die anderen Smartphones gibt es für wenig Geld kleine Vorsatzlinsen, die du vor die Linse deines Smartphones klemmen kannst. Diese erlauben dir etwas mehr Kreativität bei wahrscheinlich besserer Qualität.

Da ein Smartphone keine variable Blende hat, kannst du den Hintergrund nicht bewusst unscharf erscheinen lassen. Oder doch? Wie sieht denn der Hintergrund bei deinem Blumenbild aus? Wenn du recht nah am Motiv dran bist, wird sogar bei einem Smartphone der Hintergrund unscharf.

Kurzum, du kannst mit dem Smartphone schöne Fotos machen. Sie sind nicht immer vergleichbar mit richtigen Digitalkameras, aber du kannst sie direkt bearbeiten und ohne Umwege an Freunde schicken. Eine Kamera hast du nur gelegentlich dabei, dein Smartphone immer – perfekt für Schnappschüsse und zum Teilen! Bei allem fotografischen Anspruch: Ein Smartphone kann schon was.

Systemkamera

Findest du Freude an der Fotografie, werden deine Ansprüche im Laufe der Zeit bestimmt steigen. Vielleicht stößt deine bisherige Kamera bei geringem Licht an ihre Grenzen und das Rauschen stört dich oder der *Autofokus* schafft es nicht, beim Fußballspielen oder Tanzen deinen Freunden zu folgen. Dann wird es Zeit für eine Systemkamera. Unter Systemkameras versteht man die Kombination aus einem Kameragehäuse und einem Objektiv, das jederzeit gewechselt werden kann. Beides muss als System zusammenpassen, was nicht zwingend heißt, dass das Objektiv zum Beispiel vom gleichen Hersteller wie die Kamera kommen muss. Dadurch bist du flexibler.

Systemkameras haben größere Sensoren als Smartphones und sind daher bei Aufnahmen mit wenig Licht klar im Vorteil. Die Bilder rauschen weniger, sehen nicht so »vermatscht« aus, wie das bei Smartphones passieren kann, und es ist leichter, mit der Schärfentiefe zu spielen, also sie zu variieren.

Merk dir

Das passende Werkzeug für den passenden Job

Es kann auch gut sein, ein Gerät nur für einen Zweck zu nutzen. Mit dem Smartphone kann man »alles« machen, aber vielleicht lenkt das auch ab, wenn man einfach nur fotografieren möchte? Zudem, wir wissen es alle: der Akku ist nie voll genug. Das Smartphone hält länger durch, wenn es nicht auch dauerhaft zum Fotografieren genutzt wird.

Bei Systemkameras unterscheidet man zwischen *Spiegelreflexkameras* und *spiegellosen Kameras*. Spiegelreflexkameras besitzen einen Spiegel im Gehäuse, der dir das Bild über weitere kleine Spiegel in den Sucher lenkt. Beim Auslösen klappt der große Spiegel hinter dem Objektiv blitzschnell um, damit die Lichtstrahlen auf den Sensor gelangen.

→ Das Schwenkdisplay macht es dir leicht, Motive auch aus schwierigen Positionen zu fotografieren. Du drehst das Display in deine Richtung, egal, ob du zu den Füßen oder in den Himmel schaust. So ist das Display auch nicht dunkel, denn du schaust nicht schräg darauf.

Das Display der Systemkamera brauchst du nur zum Einstellen (wobei das auch ohne Display geht) und Anschauen der Bilder. Spiegelreflexkameras sind ziemlich schwer im Vergleich zu spiegellosen Systemkameras. Bei einer Einsteigerspiegelreflexkamera kannst du mit 500 g für das Gehäuse rechnen. Meine Vollformatkamera wiegt mit Objektiv ungefähr 1,7 kg.

Spiegellose Kameras sind die Gegenwart und Zukunft, auch wenn es Spiegelreflexkameras noch für einige Zeit geben wird. Spiegellose sind kleiner und leichter, weil viele Bauelemente ohne den Spiegel nicht gebraucht werden. (Allerdings sollten sie so groß sein, dass du sie gut bedienen kannst und sie auch mit Teleobjektiven gut in der Hand liegen.) Anstelle des Spiegels nutzt du zur Betrachtung des Motivs wie beim Smartphone ein Display. Manche Kameras haben zusätzlich noch ein »Minidisplay« im Sucher, was bei hellem Sonnenlicht sehr hilfreich ist. Ich habe mich sehr an die Betrachtung und Beurteilung über das Schwenkdisplay gewöhnt, weil ich die Kamera oft nicht auf Augenhöhe halte.

← Eine spiegellose Kamera (Olympus OM-D E-M 1 Mark II, links) sieht nicht so viel anders aus als eine Spiegelreflexkamera (Canon EOS 70D, rechts), oder?

Systemkameras gibt es für Einsteiger, ambitionierte Hobbyfotografen und Profis. Sie unterscheiden sich natürlich stark im Preis, aber auch in der Menüführung und dem Zubehör. Es kommt immer sehr auf die Sensorgröße an. Die Sensoren sind bei den Profikameras noch mal größer als bei den Einsteigermodellen. Vollformatkameras besitzen einen Sensor, der die Größe der früheren analogen Kleinbildfilme hat. Es gibt sogar noch größere Sensoren, die man Mittelformat nennt. Das macht Systemkameras – mit und ohne Spiegel – immer noch einzigartig auf dem Profimarkt.

Bevor du dich für eine Kamera entscheidest, nimm deine Favoriten mal in einem Fachmarkt oder einem Fotogeschäft in die Hand. Findest du einen Griff wie bei der Olympus hilfreich oder darf er auch fehlen? Bedienst du eine Kamera lieber über Tasten und Rädchen oder das Display? Führende Kamerahersteller sind Canon, Fujifilm, Lumix, Nikon, Olympus, Panasonic und Sony.

Egal, für welchen Typ du dich entscheidest: Wenn du die Möglichkeit hast, auch im *Raw-Format* aufzunehmen, kannst du später am Computer noch viele Dinge einstellen, die im JPEG-Format nicht mehr gehen (genauer nachlesen kannst du das Was und Wie im Kasten auf Seite 115). Systemkameras beherrschen das Raw-Format. Manche Kompaktkameras und Smartphones können das ebenso, aber eben nicht alle.

Wir schauen genauer hin – die Teile deiner Kamera

Vorbereitung

Lass uns mal gedanklich den Ablauf des Fotografierens betrachten und überlegen, was eine Systemkamera alles zu bieten hat. Als Erstes nimmst du die *Schutzkappe* vom *Objektiv* ab, falls der Objektivschutz nicht automatisch eingefahren wird, und machst die Kamera am *On/Off-Knopf* an, damit du loslegen kannst.

Die nächsten Schritte hängen davon ab, was du wie fotografieren möchtest. Oben auf dem Gehäuse befindet sich ein *Dreh- oder Einstellrad* ❿, mit dem du die Belichtungs- und eventuell auch Motivprogramme (Szenen) wählen kannst. Hast du dich hier für etwas entschieden, erscheint auf dem *Display* ❼ einiges zur Auswahl.

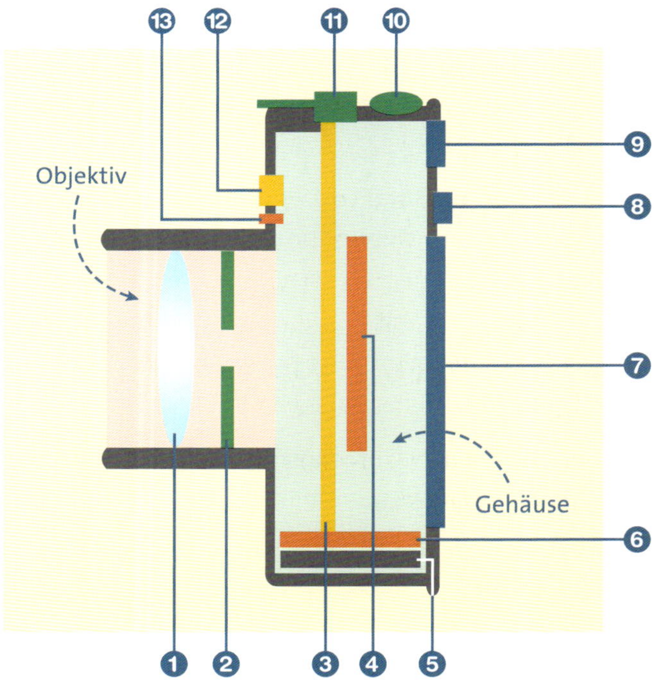

→ Die Bedienelemente einer Kamera

Rund um das Display findest du einige *Tasten* ❽, an denen du Einstellungen vornehmen kannst, wie zum Beispiel die Steuerung des Blitzes (*Blitzlichteinstell-*

taste), die Änderung der Belichtung (*Belichtungskorrektur*) und die Möglichkeit, zeitverzögert auszulösen, um eventuell auch mit auf dem Foto zu sein (*Selbstauslöser*). Diese Tasten sind bei jeder Kamera anders. Oft sind es Steuertasten, wie bei Fernbedienungen, damit du, ohne hinzuschauen, nach links, rechts, oben oder unten navigieren kannst. Drückst du vorher zum Beispiel eine Einzeltaste wie *MENU/SET*, kannst du mit den *Steuertasten* in dem Menü hin und her wandern und alles einstellen.

Fotografieren

Nun schaust du durch den *Sucher* ❾ oder auf das *Display* ❼. Du drückst den *Auslöser* ⓫ halb herunter, um das Motiv zu fokussieren. Bei wenig Licht benötigt die Kamera ein *Hilfslicht* ⓭ zum Fokussieren. Wenn du den Bildausschnitt gewählt hast, drückst du ganz durch, um den »Vorhang« (*Verschluss* ❸) zu öffnen, sodass die Lichtstrahlen von dem Objekt durch die *Linsen* ❶ im *Objektiv* an der *Blende* ❷ vorbei auf den *Sensor* ❹ treffen. Dieser besteht aus ganz vielen Pixeln (Bildpunkten), von denen jeder einzelne Punkt ermittelt, welche Farbanteile in welcher Helligkeit enthalten sind. Diese Daten werden als Bilddatei an die herausnehmbare *Speicherkarte* ❻ übertragen. Oft findest du diese in der Nähe des *Akkus* ❺, der die Kamera mit Strom versorgt und der über ein angeschlossenes Kabel am *Stecker* oder einem Ladegerät aufgeladen wird.

Solltest du feststellen, dass das Bild aufgrund von zu wenig Licht verwackelt, kannst du in das Gewinde am Boden der Kamera ein Stativ schrauben, das es auch im Hosentaschenformat gibt. Die meisten Systemkameras haben einen *Blitzschuh* an der Oberseite des Gehäuses, mit dem du auch einen zusätzlichen *Blitz* verwenden kannst. Ansonsten nimmst du den eingebauten *Blitz* ⓬, der bei manchen Kameras erst aufklappt, wenn er benötigt wird.

Übrigens, oft können Kameras auch Videos aufnehmen. Drück hierfür die *Rec-Taste* und spiel es später ab mit der *Play-Taste*.

Von der Kamera auf den Computer

Für das Betrachten der Fotos auf dem Display gibt es die *Play-Taste*. Genau wie auf der Fernbedienung des Blu-Ray-Players und der Musik-App auf deinem Smartphone ist sie mit einem nach rechts weisenden Dreieck markiert. Um zwischen den Fotos hin- und herzuwechseln, nutzt du wieder die *Steuertasten*.

Stellst du fest, dass dir ein Bild nicht gefällt, dann kannst du es gleich mit der *Papierkorb-Taste* löschen. Ansonsten behalt den Platz auf der Speicherkarte im Auge.

Zum Sichern und Weiterverarbeiten der Fotos steckst du das mitgelieferte Kabel in den dafür vorgesehenen Anschluss, oft mit *Digital* bezeichnet. Der befindet sich an der Seite und ist von einer Abdeckung geschützt.

Alternativ kannst du auch die *Speicherkarte* herausnehmen und die Daten über ein Kartenlesegerät am Computer auslesen. Manche Computer haben auch einen eingebauten Steckplatz für Speicherkarten.

Fotos mit dem Smartphone überzeugen, weil sie gleich versendet werden können. Auch das ist mit modernen Systemkameras möglich, indem du die Kamera über *WLAN* oder *Bluetooth* mit deinem Smartphone verbindest und Kopien deiner Bilder herunterlädst. Fotografierst du im *Raw-Format*, können sie beim Herunterladen auf das Smartphone gleich in *JPEG* umgewandelt und in der Größe reduziert werden.

→ **An der Seite deiner Kamera befindet sich eine Klappe zum Öffnen (bei meiner Kamera links). Hier kannst du ein USB-Kabel einstecken, um die Kamera mit dem Computer zu verbinden. Zwei weitere Klappen auf der rechten Seite verstecken hier den Akku und die Speicherkarte.**

Transport

Seitlich am Gehäuse befindet sich eine kleine Öse für eine Handschlaufe. Bei schweren Kameras gibt es sogar an beiden Seiten eine, um einen Gurt anzubringen. Nutz die Schlaufe(n) für einen Riemen, um die Kamera sicher an deinem

Handgelenk zu befestigen oder um sie dir um den Hals zu hängen. Wenn du sie gerade nicht brauchst, transportierst du sie in einer kleinen Tasche, die noch Platz für eine weitere Speicherkarte und eventuell sogar einen Akku bietet.

Was dir Sucher oder Display verraten

Mit etwas Übung erkennst du viele Einstellungen der Kamera auf dem Display. Sie werden als kleine Symbole oder Buchstaben und Zahlen angezeigt. Nutzt du das Display statt des Suchers zum Fotografieren, siehst du rund um dein Motiv alle Informationen angezeigt.

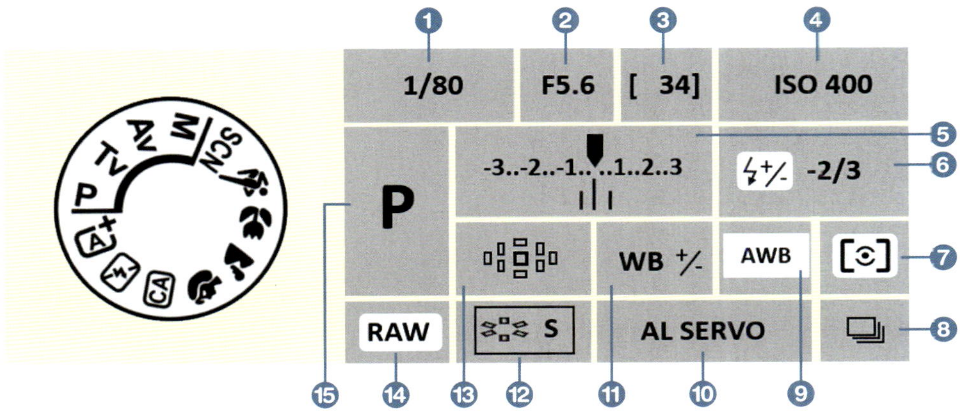

← Menübeispiel einer Canon-Spiegelreflexkamera

1. Belichtungszeit
2. Blende
3. Bildnummer
4. ISO-Wert
5. Belichtungskorrektur und »Bracketing« → Belichtungsreihenfolge
6. Blitzbelichtungskorrektur
7. Belichtungsmessung, hier Mehrfeldmessung
8. Betriebsart, hier Serienaufnahme
9. Weißabgleich
10. Autofokusmethode, hier Nachführmodus
11. Korrektur des Weißabgleichs
12. Bildstil, hier Standard
13. Fokusfeld
14. Dateiformat/Qualität, hier Raw
15. Programm, hier Programmautomatik

Ein kleiner Vergleich mit dem Smartphone

Wie sieht das Ganze nun am Smartphone aus? Auf jeden Fall gibt es sehr viel weniger Tasten. Dennoch ist vieles vergleichbar. Du entsperrst das Smartphone und startest die *Kamera-App*. Nun hast du verschiedene Menüprogramme. Wählst du den Automatikmodus oder den Profimodus? In der App veränderst du eventuell noch die Belichtung und den Weißabgleich, überlegst dir, ob du blitzt oder nicht und ob das Foto verzögert aufgenommen werden soll, zum Beispiel bei einem Selfie. Dann tippst du auf den Auslöser.

Ein wesentlicher Unterschied zwischen Kamera und Smartphone liegt in der Bedienung: tippen, wischen, tippen ... Hier geht also alles digital und nicht mehr mechanisch über einen Taster. Wobei, auslösen kann man oft auch über den Ein-/Ausschalter oder die Lautstärketasten. Auf diese Weise kannst du das Smartphone wie eine richtige Kamera halten und verwackelst weniger!

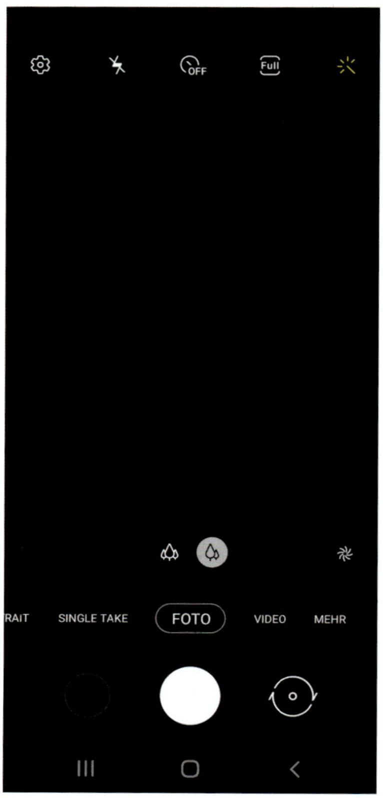

→ Fotografieren mit einem Smartphone (links die Kamera-App von Samsung auf einem M31 und rechts die von Apple auf einem iPhone 12 Pro)

Die Automatik – lass die Kamera entscheiden

Wir kommen später auf das Smartphone zurück. Beginnen möchte ich erst mal mit der Kamera. Der einfachste Einstieg mit einer neuen Kamera gelingt mit dem *Automatikmodus*.

← Ein typisches Moduswahlrad (Olympus OM-D E-M1 Mark II): P steht für Programmautomatik, damit stellt die Kamera alle wichtigen Parameter selbst ein. Die Vollautomatik (iAUTO) geht noch weiter, bei der entscheidet die Kamera zum Beispiel auch selbstständig über den Blitz.

Mit der Vollautomatik überlässt du die gesamte Steuerung deiner Kamera. Sie berechnet Blende und Belichtungszeit, aktiviert den Blitz, wenn notwendig, und variiert die Lichtempfindlichkeit, also den ISO-Wert. Wenn du gerade wenig Zeit zum Experimentieren hast, ist dieser Modus sehr praktisch. Ansonsten hast du mit der Programmautomatik schon ein wenig mehr Kontrolle.

Motivprogramme – hilf der Kamera beim Entscheiden

Bei vielen Motiven reicht die Automatik nicht aus. Da die Kamera nicht weiß, was sie wie einfangen soll – nur du weißt das –, hilft es ihr, vorab ein paar Tipps zu bekommen. Dafür gibt es sogenannte *Motivprogramme*.

Bei manchen Kameras, wie den Systemkameras, kannst du die klassischen Motivprogramme (wie Porträt, Landschaft, Makro und Sport) über das Drehrad in der Nähe des Auslösers wählen. Andere Kameras haben aus Platzgründen nur eine Einstellung für Szenen (*SCN*), die dich dann im Display zu den Optionen weiterleitet. Auch dein Smartphone bietet dir einige Optionen. Wenn es mehrere Objektive gibt, wählt die App das Objektiv passend zum Motiv. Zunächst die zwei Motivprogramme, die du vielleicht auch beim Smartphone findest …

Porträt

Möchtest du ein Porträt aufnehmen, wirkt ein verschwommener Hintergrund sehr schön. Ist der Hintergrund unscharf und keine weitere Person im Bild, nennt man das *Freistellen*. Die Kamera wählt im Porträtmodus eine große *Blendenöffnung* (kleine Werte), eine Belichtungszeit, bei der du das Bild nicht verwackeln kannst, und die Farben so, dass die Haut natürlich wirkt. Einen noch unschärferen Hintergrund bekommst du, wenn du dich weiter vom Motiv entfernst und mit einer langen Brennweite (Tele) fotografierst.

↑ Porträtmodus (Samsung M31)

Wählst du am Smartphone diesen Modus, wird das Objektiv mit der stärksten Vergrößerung gewählt, damit das Gesicht nicht so verzerrt ist. Die Blende kann hier nicht variiert werden, aber mithilfe eines weiteren Objektivs wird der Hintergrund unscharf gerechnet. Die App beeinflusst auch die Farbwirkung. Die Lichtempfindlichkeit bleibt bei manchen Kameras auf ISO 100 eingestellt, sodass viel Umgebungslicht notwendig ist oder die Kamera sich für den Blitz entscheidet. Achte darauf, dass keine weiteren Personen oder Gegenstände im Bild sind, auf die die Kamera fokussieren kann, denn in diesem Modus sind alle *Fokusfelder* aktiviert. Moderne Geräte unterstützen dich mit Augen-, Gesichts- und manchmal sogar Lächelerkennung. Bei meiner Kamera schätze ich die Augenerkennung, denn so kommt es selten vor, dass ein Bild mal an der falschen Stelle unscharf ist.

Makro

Den Makromodus nutzt du für kleine Objekte wie Blumen, Insekten oder kleine Figuren. Hier bietet dir dein Smartphone kreative Möglichkeiten zum Experimentieren. Selbst kleine Grashalme können riesig wirken. Bei der Kamera wird wie beim Porträtmodus ebenfalls eine offene Blende gewählt, um den Hintergrund unscharf darzustellen. Die *Farbsättigung* ist in diesem Modus höher als im Porträtmodus. Die Kamera löst nur aus, wenn das Motiv wirklich scharf ist, jedoch sind hier alle Fokusfelder aktiviert, was eventuell nicht zu dem Ergebnis führt, das du dir wünschst. Beispielsweise könnte bei einer Sonnenblume der Fokus auf die Blätter fallen, obwohl du auf die Mitte der Blüte fokussieren möchtest. Beim Smartphone reicht es aus, wenn du mit dem Finger auf die Stelle tippst, die scharf sein soll. Im Makromodus ist die Smartphone-Kamera nur wenige Zentimeter vom Motiv entfernt.

↑ Makromodus (Samsung M31)

Sport und Tiere

Im Sportmodus »weiß« die Kamera, dass sie schnelle Bewegungen einfangen soll, und belichtet mit einer sehr kurzen Belichtungszeit. Wie viele weitere Sportler im Fokus sind, spielt hier nur eine untergeordnete Rolle. Wenn das Licht nicht ausreicht, wird die Lichtempfindlichkeit erhöht.

Zusätzlich aktiviert die Kamera auch alle Fokusfelder und stellt permanent den Fokus nach. Beobachtest du also einen Fußballer durch den Sucher oder das Display und signalisierst der Kamera mit halbem Herunterdrücken des Auslösers, dass du ein Foto machen möchtest, hält sie den Spieler im Fokus, bis du auslöst.

Tiere verhalten sich ein wenig wie kleine Kinder oder Sportler. Sie warten meist nicht, bis du sie richtig im Bild hast. Du und deine Kamera, ihr müsst schnell sein, damit ihr sie in einem Foto einfangt. Manche Kameras haben für Tieraufnahmen einen eigenen Modus, aber der Sportmodus ist auch eine gute Wahl. Bei dieser Motivwahl stoßen viele Smartphones an ihre Grenzen. Moderne Smartphones nutzen den Trick, dass sie ein kurzes Video aufnehmen und dieses in viele Bilder teilen. Bei ausreichend viel Licht sollte eine kurze Belichtungszeit möglich sein.

↑ Sportmodus (Canon EOS 6D Mark II)

Weitere Motivprogramme

Es gibt noch viele weitere Programme – für Landschaften, Babys, für Feuerwerk, für (ganz weite) Landschaften (Panoramamodus) und für sehr kontrastreiche Motive (HDR, High Dynamic Range). Bei Panoramen und bei HDR sind die Programme nützlich, bei den anderen Motiven dagegen macht die Kamera nichts, was du mit ein bisschen nachdenken nicht auch schneller und viel besser hinbekommen kannst.

Erinnerst du dich noch an die Aufgabe zu Beginn dieses Kapitels? Was ist dir bei dem Buch, der Blume und dem Porträt aufgefallen? Hast du vor dem Lesen schon den Makro- oder Porträtmodus genutzt? Vielleicht hat dein Smartphone erkannt, dass es sich um einen Text oder ein Porträt handelt.

Von halb bis voll manuell – du bist der Boss

Fotografieren heißt, kreativ zu sein und zu experimentieren, und das ist gar nicht kompliziert! Was machen die Motivprogramme schon? Die entscheiden für dich vor allem, was scharf und was unscharf ist, wie groß die Schärfentiefe ist und welche Farbtemperatur (der Farbeindruck von Licht) und welche Sättigung (Knallfarben oder blasser) die Bilder haben.

Schärfe und Schärfentiefe sind wichtig, das willst du vielleicht lieber selbst bestimmen. Dazu gleich mehr. Die Einstellung der Farbtemperatur kannst du der Kamera überlassen, oder auch selbst einstellen. Die Sättigung ist locker nachträglich am Computer einzustellen. Hier ist weniger gerne mehr. Zu viel Sättigung ist im JPEG-Format eventuell schwierig zu reduzieren.

Sollte deine Kamera *Halbautomatik*programme bieten, findest du sie am Einstellrad oder im Menü, dort, wo du auch die *Motivprogramme* oder den Szenemodus einstellst. Bei der Halbautomatik bestimmst du einiges selbst und überlässt anderes, das dir weniger wichtig ist, der Kamera.

Wähle die Belichtungszeit mit Tv oder S

Für die Motive, bei denen die Belichtungszeit wichtig ist, wählst du das Programm der *Blendenautomatik* (auch *Zeitvorwahl* genannt), denn es bestimmt automatisch die Blendenzahl passend zu der von dir ausgewählten Zeit.

Merk dir

Blendenautomatik

Du wählst die Belichtungszeit, während die Kamera die Blende berechnet. Änderst du beim Smartphone die Belichtungszeit, wird die Lichtempfindlichkeit (ISO) angepasst.

Die Bezeichnungen sind Abkürzungen der englischen Begriffe und können – je nach Hersteller – unterschiedlich lauten. *Tv* steht für *Time Value* (dt. Zeitwert) und *S* steht für *Shutter Speed* (dt. Verschlusszeit oder Belichtungszeit).

Auch wenn es hier um die Belichtungszeit geht, solltest du die Blende nicht aus den Augen verlieren. Denn wenn das Licht nicht reicht, wählt die Kamera die größte Blendenöffnung, und die Schärfentiefe wird sehr gering. Möchtest du mehr Schärfentiefe, kannst du die Lichtempfindlichkeit erhöhen. Teste mal aus, bis zu welcher Lichtempfindlichkeit du das Rauschen des Sensors noch okay findest. In manchen Situationen, wie bei Sport in der Turnhalle, ist das Rauschen der Kompromiss, um keinen Blitz zu verwenden.

Warum keinen Blitz? Weil der das Motiv gar nicht erst erreichen würde, entweder reicht er nicht weit genug (denk auch an Landschaftsaufnahmen) oder blitzt an die Stelle, an der der Sportler schon gar nicht mehr ist. Außerdem könnte der Blitz die Sportler stören. Dann also lieber etwas mehr Rauschen durch einen höheren ISO-Wert. Am Ende gilt immer: Besser ein schlechtes Bild, als gar kein Bild.

Übrigens: Auch Blumen bewegen sich im Wind. Bei Nahaufnahmen sollte es windstill sein, da die Schärfentiefe extrem gering ist. Hilfsmittel, wie Klammern, helfen, das Motiv zu fixieren.

Szene	Typische Belichtungszeit
schnelle Bewegung (Auto)	1/500 bis 1/1000 s
Sport (Fahrrad, Inliner)	1/250 bis 1/500 s
Straßencafé	1/60 bis 1/100 s
Tierfotos	1/50 bis 1/400 s

← Richtwerte für die Belichtungszeit in ausgewählten Situationen

Wissen

Belichtungskorrektur

Manchmal kann sich die Kamera mit ihrer Messung auch »irren«. Dann kannst du die Belichtung korrigieren, indem du die Blenden- oder Belichtungszeitstufe erhöhst, oder reduzierst. Auch dies geht entweder über das Display, kombiniert mit dem Einstellrad, oder über ein separates Einstellrad für die *Belichtungskorrektur*, auf dem du die Anzeige »+1, +2, +3« oder »–1, –2, –3« findest. Mit jeder ganzen Zahl verdoppelt bzw. halbiert sich die Lichtmenge. Da diese Korrektur manchmal zu stark ist, gibt es Zwischenstufen, die du in der Kamera vorher einstellen kannst. Wählst du die Einstellungen komplett manuell, siehst du, ob das Bild zu hell oder zu dunkel wird. Beim Smartphone tippst du auf das Display, und (je nach Hersteller) erscheint z. B. eine Sonne, die die Belichtung symbolisiert. Mit dem Finger kannst du den Regler bewegen, damit das Bild heller oder dunkler wird.

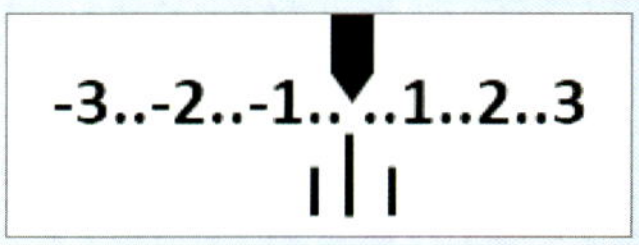

↑ **Belichtungskorrektur in Stufen (Belichtungswaage)**

Wähle die Blendenöffnung mit Av oder A

Im Halbautomatikmodus *Av* oder *A* bestimmst du die Schärfentiefe über die Wahl der Blende, während die Kamera automatisch die Zeit berechnet. Daher heißt dieses Belichtungsprogramm auch *Zeitautomatik* oder *Blendenvorwahl* und ist vor allem bei Porträts oder Makroaufnahmen wichtig. Die Zeit sollte so kurz sein, dass du das Bild nicht verwackelst. *Av* steht hier für *Aperture Value* und heißt übersetzt Blendenöffnung.

Auch hier kannst du natürlich eine Belichtungskorrektur vornehmen, damit die Lichtmenge reduziert oder vergrößert wird. Falls die Belichtungszeit zu lang ist (Achtung, Verwacklungsgefahr!), kannst du sie verkürzen, indem du die Lichtempfindlichkeit erhöhst.

Merk dir

Zeitautomatik

Du wählst die Blende, während die Kamera die Belichtungszeit berechnet. Beim Smartphone ist das nicht möglich, da du die Blende nicht verändern kannst.

Szene	Typische Belichtungszeit
Porträt (Achte auf den Fokus!)	*f*2,8 bis *f*5,6
Gruppenfoto	*f*6,3 bis *f*8
Landschaft	*f*8 bis *f*16

Richtwerte für die Blende in ausgewählten Situationen

Kontrolliere alles manuell mit M

Der voll manuelle Modus *M* war früher das Normale, als es die Automatiken noch nicht gab. Hier musst oder darfst du alles selbst einstellen, vor allem Blende und Belichtungszeit, und die Kamera mischt sich nicht ein. Die *Belichtungswaage* zeigt dir an, ob die von dir eingestellte Kombination passt oder zu einem unter- oder überbelichteten Bild führt. Belichtung, Schärfe und Schärfentiefe – hier hast du alles in deiner Hand, und dank der Kontrolle auf dem Display funktioniert das ganz gut.

Fotografierst du mit einem intelligenten Blitz, der das fehlende Licht berechnet, stimmt die Belichtung in den meisten Fällen. Du entscheidest mit den Einstellungen über die Stimmung im Bild.

Bei einigen Smartphone-Apps kannst du auch die Belichtungszeit variieren, aber da es keine Blende gibt, muss du die Lichtmenge über den *ISO-Wert* anpassen. Das Ergebnis siehst du direkt am Display.

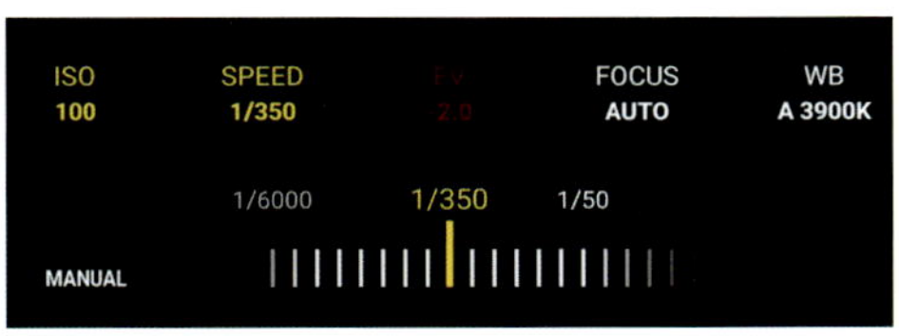

Die Belichtungszeit manuell auf einem Smartphone (Android) einstellen

Belichtungsmessung

Du hast bereits gelernt, dass die Kamera immer versucht, eine bestimmte Menge Licht für den Sensor bereitzustellen. Nicht bei jeder Situation ist das eine einfache Aufgabe für die Kamera. Wenn eine weiße Katze vor einem dunklen Haus entlangschleicht, ist dir das Haus doch eher egal, oder? Fotografierst du einen Freund gegen das Sonnenlicht, ist entweder dein Freund eher ein dunkler Schatten oder das Gesicht richtig belichtet und der Hintergrund sehr hell. In solchen Situationen kannst du deiner Kamera helfen, indem du ihr »sagst«, auf was es dir ankommt.

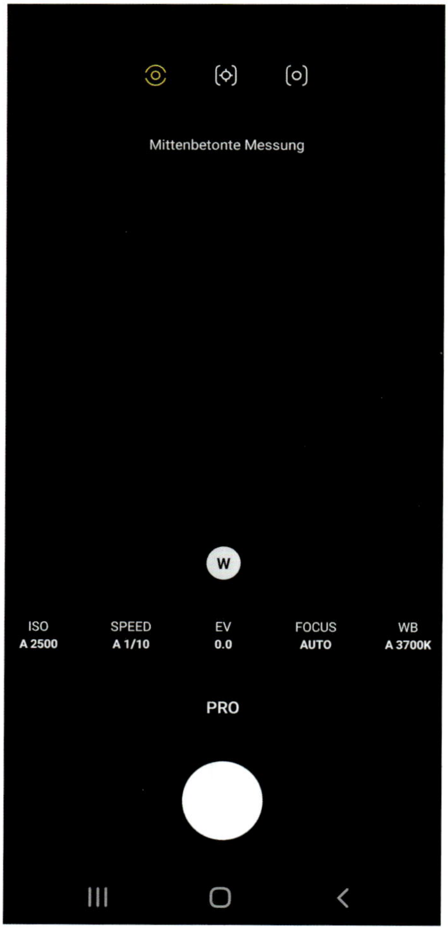

Sicher fragst du dich, wie die Kamera eigentlich erkennt, was denn eine »richtige« Belichtung ist? Sie ist entsprechend programmiert: Die Kamera wandelt das Bild von dir unbemerkt in ein Schwarzweißbild um, mischt alle Grautöne und vergleicht diese mit einem Grau, das die programmierte »richtige« Helligkeit hat. Dieses Grau ist ein 18-%-Grau, wie es ungefähr Straßenasphalt hat. Merkt die Kamera, dass das entstandene Grau dunkler als 18 % ist, bekommt der Sensor mehr Licht und umgekehrt. Das funktioniert in der Regel sehr gut, aber bei extremen Werten wie einer schwarzen Katze oder einer weißen Schneelandschaft nicht mehr. Sowohl die Katze als auch die Schneelandschaft werden dann eher grau. Du musst der Kamera dann helfen und eine schwarze Katze extra unterbelichten und die weiße Schneelandschaft extra überbelichten, damit sie schwarz oder weiß sind.

Üblicherweise gibt es drei verschiedene Einstellungen, wie die Kamera die Belichtung in deinem Bild misst. Diese drei stehen in manchen Smartphone-Apps im »Pro«-Modus (Android) auch zur Auswahl. Ich stell sie dir hier vor.

← **Belichtungseinstellungen beim Smartphone (Android)**

↑ Eiskristalle im Schnee, wie sie die Kamera ohne Korrektur aufgenommen hat (links) und mit angepasster Belichtung (rechts)

Mehrfeldmessung

Die übliche Einstellung ist die *Mehrfeld- oder Matrixmessung*, bei der die Kamera das ganze Bild »ansieht« und eine ausgewogene Belichtung erzielen möchte. Die Kamera arbeitet bei dieser Messung am meisten, denn alle Sensoren senden Informationen über Helligkeit, Farben und das ausgewählte Fokusfeld. Sobald die Fokusfelder bestimmt haben, wo scharf gestellt wird, berechnet die Kamera auch an dieser Stelle die richtige Belichtung passend zum Hintergrund, der mit bewertet wird. Gerade bei bewegten Motiven spielt das eine wichtige Rolle, da die Auswahl der Fokusfelder für die Belichtung über den Sensor wandert. Echt clever! Das sollte deine Standardeinstellung für die Kamera sein.

↑ Mehrfeld- oder Matrixmessung

← Mehrfeldmessung: Die Kamera hat die Belichtung so eingestellt, dass weder die Tastatur zu dunkel, noch die Maus zu hell ist. Bei extremen Kontrasten wie in diesem Bild kann eine andere Methode besser passen. Probier es aus!

Mittenbetonte Messung

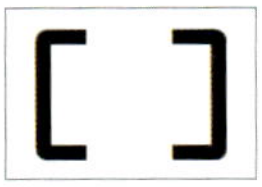

↑ Mittenbetonte Messung

Bei der *mittenbetonten Messung* werden die Mitte des Bildes und ihre Umgebung bewertet. Die mittenbetonte Messung arbeitet ähnlich wie die Mehrfeldmessung, geht aber davon aus, dass dein Motiv im mittleren Bereich liegt. Steht deine Freundin mittig vor einem dunklen Hintergrund, wird das Gesicht die Belichtung bestimmen, und das ist gut. Die mittenbetone Messung wird dir bei diesem Beispiel eine ähnliche Belichtung liefern wie die Mehrfeldmessung. Deine Freundin darf sich nur nicht aus dem mittleren Bereich bewegen. Dann stimmt die Belichtung nicht mehr.

→ Mittenbetonte Messung: Deine Kamera bestimmt die Belichtung im mittleren Bereich, also im Bereich der Maus, aber lässt den Hintergrund noch etwas bei der Berechnung der Helligkeit mit einfließen. Dieses Bild wirkt etwas zu dunkel.

Spotmessung

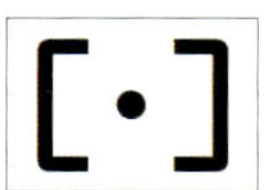

↑ Spotmessung

Ein noch engeres Messfeld nutzt die *Spotmessung*, bei der nur ein sehr kleiner Bereich in der Mitte des Bildes bewertet wird. Entscheidend ist hier das gewählte Fokusfeld oder der Punkt, den du mit dem Finger auf deinem Smartphonedisplay berührst. Die Methoden der Fokussierung und Helligkeitsmessung sind jedoch nicht zwingend gekoppelt. Du kannst auch gerne die Kamera entscheiden lassen, wo sie den Fokus setzt. Ganz schön schlau diese Technik! Wenn es dir beispielsweise bei einem Porträt darauf ankommt, dass die Belichtung für die Haut passt und der Hintergrund egal ist, dann eignet sich diese Methode sehr gut. Der wichtige Bereich sollte jedoch die gleiche Helligkeit haben wie der kleine Messbereich. Ein dunkelroter Lippenstift kann die Messung also stören. Dunkle Haare außerhalb des Bereichs können die Messung nicht täuschen. Sehr praktisch! Teilst du das Bild in 100 gleiche Teile, entspricht der Messbereich der

Spotmessung lediglich drei dieser 100 Teile oder sogar weniger. Deine Kamera zeigt dir bei diesem Messverfahren einen kleinen Kreis in der Mitte des Bildes. In manchen Fällen kann das gut funktionieren, aber du musst dir sicher sein, dass genau dieser Punkt in der Mitte ausreicht, um die Belichtung zu berechnen.

← Spotmessung: Hier »schaut« die Kamera nur auf einen kleinen Teil in der Mitte, der die mittlere Helligkeit haben soll. Hier ist es genau die schwarze Taste auf der Maus, die nicht zu dunkel sein soll. Deswegen ist die weiße Maus heller.

Wie stellt deine Kamera den Fokus ein?

Es gibt verschiedene Wege, das Bild scharf einzustellen. Am häufigsten kommen der Kontrast-AF und der Phasen-AF zum Einsatz.

Kontrast-AF

Beim Kontrast-AF wird über die Helligkeitsunterschiede benachbarter Bildpunkte, also über den Kontrast, scharf gestellt. Die Kamera kann auf der gesamten Sensorfläche nach den Kontrastunterschieden suchen.

Am Beispiel des Bildes mit dem Haus auf der nächsten Seite lässt sich der Kontrast-AF sehr gut erklären. Schaltest du die Kamera ein, sind für den Sensor die Kanten des Hauses unscharf. Zwischen zwei benachbarten Bildpunkten ist nur ein geringer Kontrast zu erkennen, da die Farben fließend ineinander übergehen. Jetzt bewegen sich die Linsen in eine Richtung, bis das Haus immer schärfer wird. An dem Fenster des Hauses beispielsweise ist der Kontrast zwischen der weißen Farbe und dem Holz sehr hoch. Es kann sein, dass die Richtung, in die sich die Linsen bewegen, zu Beginn die falsche ist. Dann bewegen sich die Linsen in die andere Richtung. Sobald der Kontrast der Kanten gegeben ist, stoppt die Bewegung aber nicht, denn es könnte ja noch schärfer werden. Die Linsen bewegen sich weiter, bis das Motiv wieder »spürbar« unschärfer wird. Somit »weiß« der Sensor nun, wo es am schärfsten war, und kehrt dahin zurück.

→ Prinzip des Kontrast-AFs. Bild links: Die Übergänge zwischen dem Holz und der weißen Farbe sind verschwommen mit geringem Kontrast. Bild rechts: Dieses Haus ist fokussiert. Die farblichen Übergänge, wie zum Beispiel am Fenster, zeigen von einem Bildpunkt zum nächsten einen hohen Kontrast.

Da diese Art der Messung zwischen den Bildpunkten (also Pixeln) stattfindet, kann die Kamera den kompletten Sensor zum Scharfstellen nutzen. Im Vergleich zum Phasen-AF ist dies ein großer Vorteil, denn du brauchst das Motiv nicht in einen bestimmten Bereich zu rücken, damit das Scharfstellen funktioniert. Im Sucher oder auch auf dem Display siehst du ein Rechteck, auf das die Kamera fokussiert. Das muss nicht immer die Mitte des Bildes sein. Auch hier kommt es darauf an, was du fotografieren möchtest und welchen Szenemodus (Porträt, Sport, Makro, Landschaft) du eingestellt hast. Übrigens, das Smartphone nutzt auch den Kontrast-AF. Tippst du mit dem Finger auf die Stelle, die scharf abgebildet sein soll, hilfst du etwas nach.

Phasen-AF

Bei einer Spiegelreflexkamera kann der Sensor, auf dem das Bild abgebildet wird, nicht zur Scharfstellung genutzt werden, denn vor dem Auslösen ist der Spiegel im Weg, der erst beim Auslösen hochklappt. Deswegen haben diese Kameras einen zusätzlichen Sensor unterhalb des Bildsensors (im Kameraboden), der speziell für die Fokusmessung da ist.

Sicher fragst du dich, wie denn das Licht auf diesen Sensor kommt, wenn es doch mit dem schrägen Spiegel hoch zum Sucher gelenkt wird? Tatsächlich kommt nur etwas mehr als die Hälfte des Lichts im Sucher an. Der andere Teil »schummelt« sich durch den Spiegel durch und wird mithilfe eines zweiten Spiegels zum Fokussensor gelenkt.

Dieser Sensor für die Schärfe hat zwei »Minikameras« eingebaut, die wie bei 3D-Bildern das gleiche Motiv nebeneinander aufnehmen. Wie bei zwei nebeneinanderstehenden Personen betrachten sie das Motiv aus einem leicht anderen Winkel. Mithilfe dieser zwei Bilder, die also einen etwas anderen Betrachtungswinkel haben, kann die Kamera den Abstand und den Winkel zum Motiv berechnen. Wenn du und dein Freund nebeneinanderstehend jeweils durch eine Papprolle einen Baum betrachten, müsst ihr euch etwas zueinanderdrehen, damit sich die Verlängerungen der Papprollen beim Baum treffen. Dieser Winkel ist gemeint.

Das komplette Bild wird also in zwei Hälften geteilt, sodass die eine Hälfte in der linken Minikamera und die andere Hälfte in der rechten Kamera erscheint. Jetzt werden die Daten der zwei Minikameras verglichen. Wenn der Fokus nicht stimmt, passen diese beiden Hälften nicht zusammen und sind sozusagen gegeneinander verschoben. Die Blüte einer Sonnenblume wäre halbiert und verschoben.

↑ Links: Darstellung einer geteilten Sonnenblume, die nicht im Fokus ist. Die Sonnenblume ist auf dem Sensor scharf dargestellt, aber das Bild wird geteilt, solange es noch nicht im Fokus ist. Rechts: So passt der Fokus!

Von der Kamera erhält der Motor im Objektiv nun die Informationen, was passieren muss, damit beide Bilder gleich aussehen, und bewegt die Linsen, bis es passt. Diese Berechnungen machen das Fokussieren schneller als mit dem Kontrast-AF, da kein Weg »umsonst« abgefahren wird. Möchtest du beispielsweise einen Hund fotografieren, der auf dich zu rennt, dann muss die Kamera ganz schnell nachfokussieren.

Im Beispiel mit den Papprollen und dem Baum: Würde ich deinem Freund zum Beispiel sagen, geh zwei Schritte nach rechts, und dir, dreh dich ein kleines bisschen in die Richtung deines Freundes, dann schaut beide zu dem Baum vor euch. Mit ein paar Formeln aus der Mathematik könnte ich euch nun genau sagen, wie weit es zu dem Baum ist. Du würdest sicher staunen und nachmessen wollen, oder?

Bei der Spiegelreflexkamera gibt es sehr viele Messfelder, aber dennoch nicht so viele wie bei spiegellosen Kameras, und oft sind sie eher in der Bildmitte konzentriert. Bei spiegellosen Kameras kann das Licht nicht über den Spiegel umgelenkt werden. Das Prinzip ist jedoch dasselbe. Hier werden auf dem Sensor einige Pixel dafür genutzt, die nötigen Informationen aufzunehmen. Diese Kameras haben sogar den Vorteil, dass sie automatisch entscheiden, ob der Kontrast- oder Phasen-AF für das Bild optimal ist. Das Beste aus beiden Welten.

Die Autofokusfelder auswählen

Du kannst die Wahl der Fokusfelder komplett der Kamera überlassen oder sie auch manuell wählen. Darüber hinaus kannst du auch einstellen, ob die Kamera einmal scharf stellt und dann nichts mehr macht (Einzel-AF) oder immer weiter scharf stellt (kontinuierlicher AF). Letzteres ist hilfreich, wenn sich dein Motiv während der Aufnahme bewegt, etwa ein Sportler oder ein Vogel.

Du hast folgende Möglichkeiten für den Autofokus:

- Spotmessung (kleines Feld, standardmäßig in der Mitte, aber auch verschiebbar)
- alle Messfelder (fast flächendeckend zum Bildsensor, Kamera wählt das Feld, das den geringsten Abstand zum Motiv hat)
- Verfolgung (alle Felder sind aktiviert und messen permanent)
- Gesichtserkennung (manchmal auch mit Augen- und Lächelerkennung)

Schau mal nach, ob deine Kamera eine Gesichtserkennung hat und vielleicht sogar nur dann auslöst, wenn die Person lächelt. Das kleine Rechteck für das Autofokusfeld liegt dann automatisch auf dem Gesicht.

Mit dem halben Herunterdrücken des Auslösers forderst du die Kamera auf, aktiv zu werden. Wenn deine Motivwahl nicht zu schwer ist, wie es zum Beispiel ein kleiner Vogel vor blauem Himmel wäre, geht das Ganze blitzschnell und endet mit einem Signal im Sucher oder Display und einem kurzen Ton (wenn du das eingestellt hast). Danach kannst du den Auslöser durchdrücken, um das Foto zu machen.

Ob Kontrast- oder Phasen-AF, in der Regel kannst du wählen, wie viele und welche Autofokusfelder aktiv sein sollen. Warum kannst du dann aber nicht einfach die Automatik entscheiden lassen? Ganz einfach, sie kann deine Gedanken nicht lesen! Ein Gruppenbild ist hier das perfekte Beispiel: Hast du nur den mittleren Fokuspunkt aktiviert und steht gerade da keiner, fokussiert die Kamera auf irgendetwas im Hintergrund.

↑ Links: Nur der mittlere Fokuspunkt ist aktiviert und trifft auf das Fenster. Rechts: Alle Fokuspunkte sind aktiviert, sodass auch welche auf den Figuren liegen. Die Kamera erkennt, dass die Fokuspunkte auf den Figuren schneller scharf sind als die anderen, dass die Figuren also weiter vorne stehen als das Haus. Deshalb wird auf sie fokussiert.

Um die Personen scharf zu stellen, kannst du zum Beispiel alle Fokusfelder aktivieren. Der Fokus wird von dem Fokusfeld bestimmt, das der Kamera am nächsten ist. Wenn du ein einzelnes Fokusfeld wählst, richtest du es auf ein Gesicht, das du scharf haben möchtest, drückst den Auslöser zum Fokussieren halb herunter und wählst vor dem Auslösen den Bildausschnitt. Alternativ kannst du auch ein einzelnes Fokusfeld wählen, das auf dem Gesicht einer Person liegt. Diese Person darf sich dann aber nicht nach links oder rechts bewegen.

Manuell scharf stellen – wann und wie?

Auch beim Scharfstellen gibt es ein paar Situationen, in denen es für die Kamera schwierig ist zu wissen, auf was es dir ankommt. Manchmal interessiert dich nicht das, was ganz vorne ist, sondern eine Stelle weiter hinten. Ein schönes Beispiel sind Papageien im Zoo, die in einem großen Käfig untergebracht sind, denn hier möchte deine Kamera auf den Käfig fokussieren, der näher an ihr dran ist. In so einem Fall ist es gut, wenn du manuell scharf stellen kannst. Beim Smartphone ist das schwierig. Hier hilft nur, mit dem Smartphone durch das Gitter hindurch zu fotografieren. Bei Systemkameras musst du einen Schalter an der Kamera oder am Objektiv von *AF* (Autofokus) auf *MF* (manueller Fokus) umstellen, damit du durch Drehen am Objektiv manuell fokussieren kannst.

→ Bei diesem Bild eines Papageis siehst du das Gitter erst auf den zweiten oder dritten Blick, weil ich die Kamera mit dem manuellen Scharfstellen überlistet habe.

→ Fotografierst du durch eine Glaskugel, ist die Kamera eventuell irritiert. Du möchtest ja nicht die Kugel fokussiert haben, sondern das, was in der Kugel zu sehen ist. In so einem Fall solltest du die Kamera manuell einstellen.

Merk dir

Ein paar Beispiele, bei denen du manuelle Einstellungen gut nutzen kannst

- Du nutzt ein Stativ und möchtest eine Nachtaufnahme von beleuchteten Häusern machen. Mit ISO 100 sind die Bilder nicht so stark verrauscht. Der manuelle Weißabgleich verbessert die warmen Farben der Lichter.
- Beim Zeichnen mit einer farbigen Taschenlampe oder Wunderkerze ist die Umgebung sehr dunkel. Fokussier vorher und stell um auf manuellen Fokus. Eine geschlossene Blende gibt dir eine große Schärfentiefe.
- Du fotografierst eine dunkle Katze auf einem weißen Kissen. Hier hilft die mittenbetonte Belichtungsmessung.
- Beim Strandurlaub fotografierst du das Meer. Die eingeblendeten Hilfslinien (auch Raster genannt) helfen dir beim Bildaufbau. Um den Horizont gerade auszurichten und auf das obere oder untere Bilddrittel zu platzieren, damit es spannender wirkt. Diese Grundregel der Bildgestaltung nennt man Drittelregel. Mehr Informationen zu dieser Regel und zur Bildgestaltung allgemein findest du in Kapitel 7, »Auf deinen Blick kommt es an«.
- Bei einem Gruppenbild nutzt du die Serienaufnahme, falls man jemand die Augen zu hat, oder die Auslöseverzögerung von 10 Sekunden, damit du auch mit auf dem Bild bist. Deine Kamera oder dein Smartphone sollten auf einer stabilen Unterlage wie zum Beispiel einer Mauer liegen oder stehen!

Kapitel 5

Der Sensor – das Herz deiner Kamera

Teste deine Kamera oder dein Smartphone

Hat deine Kamera oder dein Smartphone einen optischen Zoom? Manche Dinge erscheinen im Smartphone sehr weit weg, da es in der Regel ein Weitwinkelobjektiv hat. Such dir mal einen Gegenstand aus, der ca. 5 m von dir entfernt ist (beispielsweise ein Blatt an einem Baum). Fotografier einmal ohne Vergrößerung, einmal mit Vergrößerung (digitaler Zoom) und mache eine Detailaufnahme von ganz nah dran. Wenn du Kamera und Smartphone hast, nutze beides parallel. Wenn du dir nun die Details deiner Bilder am Computer ansiehst, was fällt dir auf? Nach diesem Kapitel kannst du dir einige Dinge besser erklären.

Wie kommt das Bild auf die Speicherkarte?

Du machst also ein Bild. Aber wie funktioniert das eigentlich genau, dass das, was du durch die Kamera siehst, auf einer Speicherkarte landet und von dir später wieder angeschaut werden kann?

Fotografierst du beispielsweise einen Pfau, dann gelangen die Lichtstrahlen, die von diesem Pfau reflektiert werden, durch das Objektiv in das Innere der Kamera. Dort treffen sie auf den Sensor, der das Bild in viele kleine Bildpunkte zerlegt, wie bei einem Mosaik. Diese Bildpunkte nennt man *Pixel*.

→ **Ein Pfau, der ein farbenprächtiges Rad schlägt. Im Ausschnitt siehst du die Vergrößerung eines Pfauenauges, damit du die einzelnen Pixel erkennst, aus denen sich das digitale Bild zusammensetzt.**

Jedes einzelne Pixel hat die Aufgabe, »seine« Informationen zu Farbe und Helligkeit (also Lichtmenge) aufzunehmen und dem kleinen Computer in der Kamera zu senden, der dann die Daten aller Pixel zusammenpuzzelt und das Bild berechnet, das du auf dem Display siehst.

Wissen

Das JPEG- und das Raw-Format

JPEG wurde für die Komprimierung der Daten von Fotos entwickelt. Stell dir das wie eine Vorlage für das Malen nach Zahlen vor, bei der gleiche Farben zu Flächen zusammengefasst werden. So ist es auch bei Fotos, wenn du beispielsweise viel Himmel auf deinem Foto hast. Im Raw-Format speichert deine Kamera für jedes Pixel die gleiche Information ab und erzeugt somit viele Daten. Speicherst du das Bild im JPEG-Format, wie es die meisten Smartphones machen, fasst der Sensor die Fläche mit der gleichen Farbe zusammen und speichert die Informationen einmal für eine Fläche von sagen wir 20 Pixeln. Man nennt das *Komprimieren*. Manchmal kannst du wählen, wie stark benachbarte Pixel zusammengefasst werden sollen. Bei einer starken Komprimierung gehen Details verloren, weil leichte Farbabweichungen ignoriert werden.

Alle Änderungen, die du später am Computer an einer JPEG-Datei vornimmst, verändern die bereits verarbeiteten Daten. Dinge wie der Weißabgleich lassen sich kaum noch ohne Qualitätsverlust ändern. Und bei jedem Speichern leidet die Qualität. Passt alles, weil du es gut fotografiert hast, ist das JPEG-Format kein Problem. Du kannst es direkt teilen und da es kleiner ist, passen viel mehr Fotos auf deine Speicherkarte.

Bei Aufnahmen im *Raw-Format* werden die Daten der einzelnen Pixel nicht in der Kamera fertig verarbeitet, sondern als »rohe« (englisch *raw*) Daten gespeichert. Du kannst und musst sie auf dem Computer oder mobil auf dem Smartphone bearbeiten, bevor du sie beispielsweise an Freunde schicken oder im Internet zeigen kannst. Das klingt umständlicher, gibt dir aber die Möglichkeit, viele Einstellungen erst nachträglich vorzunehmen und somit mehr aus deinen Fotos herausholen. Es ist dann zum Beispiel egal, welcher Weißabgleich bei der Aufnahme eingestellt war. Du kannst ihn nachträglich einfach nach Belieben anpassen. Dein Foto enthält also sehr viele Informationen und braucht daher auch mehr Speicherplatz. Eine JPEG-Datei aus meiner Kamera hat zum Beispiel eine Größe von 5 MB, das gleiche Bild als Raw-Datei ist 32 MB groß.

Überleg dir also vorher, ob du den Platz hast und auch die Lust und Zeit, am Computer noch etwas an dem Foto zu machen, bevor du es benutzen kannst. Wichtig ist auch die Frage, was du mit dem Bild machen willst: Eine Bildqualität, die für das Internet ausreichend ist, reicht vielleicht nicht, wenn du einen großen Fotoabzug an die Wand hängen möchtest.

Für die, die es genau wissen wollen – Pixel und Sensoren

Wir vergleichen moderne Kameras und Smartphones anhand ihrer Pixelzahl und meinen, die reine Anzahl wäre hier ausschlaggebend – je mehr Pixel, desto besser. Das ist grundsätzlich richtig, aber dennoch fotografieren Profis immer noch mit großen, schweren Kameras und nicht mit Smartphones. Das liegt auch daran, dass Pixel nicht gleich Pixel ist und auch die Objektive grundverschiedene Möglichkeiten bieten.

Wissen

Was bedeutet ein Megapixel?

Die Anzahl der Pixel auf dem Sensor deiner Kamera wird in Megapixeln (abgekürzt MP) angegeben und ist ein wichtiges Maß deiner Kamera. 1 MP bedeutet, dass der Sensor in 1 Million Pixel eingeteilt ist. Kompaktkameras haben üblicherweise zwischen 12 und 18 MP, also bis zu 18 000 000 Pixel, Smartphones mittlerweile sogar zwischen 8 und 108 (!) MP. Kaum vorstellbar! Mit unseren Augen können wir da keine einzelnen Bildpunkte mehr erkennen.

Der Sensor hat den früheren Film ersetzt und wird beim Fotografieren (immer wieder neu) belichtet. Früher waren es die kleinen Körnchen des Films, die sich durch das Licht verändert haben. In der digitalen Welt ist der Sensor, wie eben beschrieben, in viele kleine Quadrate, eben die Pixel, unterteilt, die ihre Eigenschaften mit Lichteinwirkung verändern und alle Informationen sammeln.

→ Die rötliche Fläche in dem silbernen Kreis (dem sogenannten *Bajonett*, an dem das Objektiv befestigt wird), ist der *Sensor*.

Was passiert nun, wenn Licht auf einen Bildpunkt, also ein Pixel auf dem Sensor, trifft? Es werden kleine Elektronen (wie beim Strom in der Steckdose) in diesem winzig kleinen elektronischen Bauteil gelöst und in einem Speicher gesammelt. Es wäre an dieser Stelle zu kompliziert, zu erklären, was Elektronen sind, deswegen erkläre ich es dir etwas bildlicher. Wenn du eine rechteckige Schüssel mithilfe einer Gießkanne mit Wasser füllst, kannst du die Menge mit einer Waage messen. Dieses Maß wäre beim Pixel ein Maß für die Helligkeit. Stell dir nun vor, die Schüssel läuft über. Dann kannst du nur das messen, was in die Schüssel passt. Bei dem Pixel wird das mit einem Zahlenwert zwischen 0 (Eimer leer) und 255 (Eimer »voll« mit Licht) angegeben. Bei strahlendem Weiß ist es 255 und bei Schwarz 0.

Der Sensor ist leider farbenblind und nimmt nur Helligkeitswerte auf. Wie entsteht nun aber ein Farbfoto? Die Pixel wissen nicht, ob das Licht von einem roten Apfel oder dem blauen Himmel zurückgestrahlt, also reflektiert, wird. Das Licht sagt dem Pixel natürlich nicht: »Hey, ich bin helles Grün!« Woher weiß der Sensor also, welche Farbe das Pixel hat? Hier hilft er sich mit Filtern, die nur eine der drei Farben durchlassen und von diesem durchgelassenen Anteil die Helligkeit bestimmen. Wie bei geheimen Bildern, die rote und blaue Schrift enthalten und nur mit einer roten oder blauen Folie erkennbar sind, weiß der Sensor nun, dass diese Helligkeit Teil der bestimmten Farbe ist. Jedes Pixel hat nur eine Aufgabe und nimmt nur eine Farbe auf.

Zur gleichen Zeit haben die Nachbarpixel jeweils die Aufgabe, die Helligkeit von einer dieser drei Farben aufzunehmen, denn nur mit der Information der Nachbarn kann die Kamera die Farbe berechnen. Auf dem Sensor sieht das dann aus wie ein Schachbrett, nur mit drei Farben statt zwei.

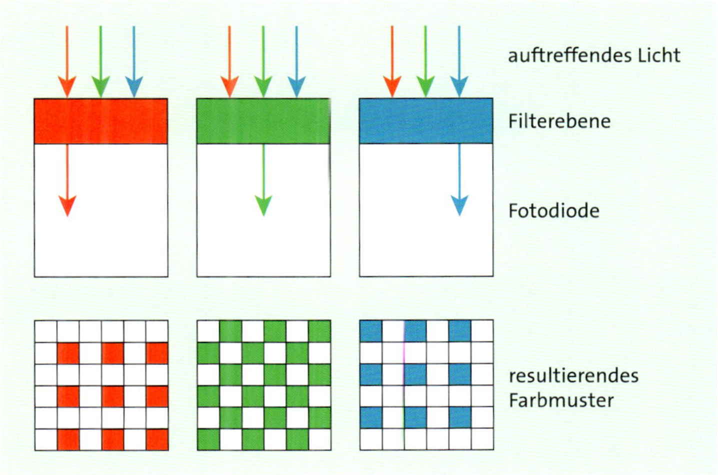

→ **Jedes Pixel lässt nur eine der drei Grundfarben (Rot, Grün und Blau) durch.**

Fällt dir an dem Schema etwas auf? Die Hälfte der Quadrate ist grün, die andere Hälfte setzt sich aus Rot und Blau zusammen. Man hätte die drei Farben sicherlich auch in gleichen Teilen systematisch anordnen können, aber die Idee eines Herrn Bayer war es, dem Sehvermögen unserer Augen so nah wie möglich zu kommen, da wir mit der Fotografie unsere Eindrücke festhalten möchten. Bereits 1975 hat er sich überlegt, wie ein Sensor am besten funktionieren sollte, und entwickelte die sogenannte *Bayer-Matrix*.

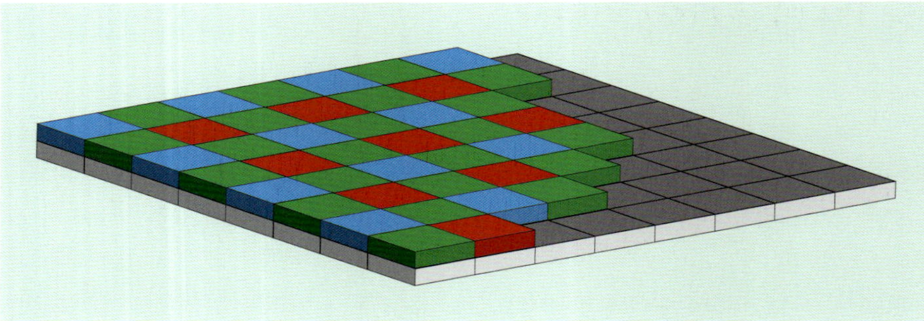

→ Schema einer Bayer-Matrix. Die Hälfte der Quadrate ist grün, um die Eigenschaft des menschlichen Auges nachzubilden.

Unsere Augen haben sogenannte *Stäbchen* und *Zapfen*. Die Stäbchen sind dafür da, die Lichtmenge aufzunehmen, wie die Pixel. Aber nur mit den Zapfen kannst du scharf sehen und die drei Grundfarben (Rot, Grün und Blau) wahrnehmen. Ist nicht genügend Licht vorhanden (wie in der Dämmerung), siehst du schwarzweiß und leider auch unscharf. Die Zapfen entsprechen also den drei verschiedenen Filtern über den Pixeln. Interessanterweise ist beim Auge der Anteil der »grünen« Stäbchen besonders wichtig für die Helligkeits- und Kontrastwahrnehmung, da es aus dieser Wellenlänge vom Licht die meisten Informationen bekommt. Deswegen besteht die Bayer-Matrix über dem Sensor zur Hälfte aus grünen Flächen, denn der Sensor soll die Farben, die Helligkeiten und den Kontrast vergleichbar dem menschlichen Auge aufnehmen.

Aus den Daten wird als Erstes ein Schwarzweißbild mit den Helligkeitswerten berechnet. Danach rechnet die Kamera jeden Grauwert in den zugeordneten Rot-, Blau- oder Grünwert um. Jetzt siehst du ein Bild mit sehr vielen grünen Bereichen, da jedes Pixel, das etwas Grün erkannt hat, sich hier zu erkennen gibt. Hast du ein Bild, bei dem nur wenig Grün den Farben beigemischt ist, bekommen diese Pixel nur wenige Informationen ab, was eine leichte Steigerung der Helligkeitswerte von Schwarz zu Grau bedeutet. Bei Grün entspricht das der Hälfte der Pixel, wie du gelernt hast. Im nächsten Schritt mischt jedes Pixel seinen Farbwert mit den zwei anderen Grundfarben der linken und rechten Nachbarpixel. Dies ist ein sehr komplizierter Schritt, der am Ende die Qualität des Bildes bestimmt. Hier steckt viel Wissen eines jeden Kameraherstellers drin. Wie das genau funktioniert, bleibt deren Geheimnis, damit es nicht jeder nachmachen kann.

Ist Pixel gleich Pixel?

Die Frage »Wie viele Pixel hat meine (neue) Kamera oder mein Smartphone?« ist sicher wichtig, aber nicht allein entscheidend. Denn wichtig ist nicht nur die Menge.

Pixelgröße und -dichte

Neben der Menge der Pixel ist auch deren Größe wichtig. Und das geht auch mit der Größe der Sensoren (und natürlich der Linsen) einher. Sicher kannst du dir vorstellen, dass ein großes Quadrat viel mehr Informationen aufnehmen kann als ein winzig kleines.

Ist so ein Pixel nun sehr klein, muss es sich enorm »anstrengen«, um bei wenig Licht noch Farben und Kontraste zu erkennen. Deswegen benötigt es Verstärkung, was mit der Erhöhung der »Lichtempfindlichkeit« über den ISO-Wert ermöglicht wird. Wie du über die Grundlagen der Belichtung im Kapitel über Licht lesen konntest, hat diese Signalverstärkung aber einen entscheidenden Nachteil: Die Bilder werden verrauscht und unschärfer. Reicht das immer noch nicht aus, wird die Belichtungszeit noch verlängert, sodass das Bild unter Umständen verwackelt.

Sensorgröße

Was ich gerade beschrieben habe, kann zu einem Problem werden. Beispielsweise bei einem Smartphone, bei dem mit vielen Pixeln geworben wird, bei dem aber der Sensor so klein ist, dass die Bilder nur bei ausreichend viel Licht gut werden. Auch bei Systemkameras ist es sinnvoller, wenn die Pixelgröße realistisch zur Sensorgröße gewählt wird und dafür auch in schwierigen Situationen das Licht gut einfängt. Von daher muss eine Systemkamera nicht zwingend riesige Pixelwerte haben. Denn im Grunde benötigst du nur dann viele Pixel, wenn du Fotos sehr groß ausdrucken möchtest. Jede aktuelle Kamera hat mehr als genug Pixel!

Bei der üblichen Sensorgröße von Systemkamera (APS-C) haben die Pixel eine Fläche von ca. 15 × 22 mm zur Verfügung. Vollformatkameras haben hingegen eine Sensorgröße, die der Größe des Kleinbildfilms (24 × 36 mm) entspricht.

Wissen

Auflösung

Die Auflösung gibt die Anzahl der Pixel auf der Sensorfläche an. Für die Vergleichbarkeit bei unterschiedlichen Pixelgrößen gibt es die Pixeldichte, die dir sagt, wie viele Pixel auf einer Länge von 1 Inch (= 25,4 mm) Platz haben. Inch ist eine US-amerikanische Längeneinheit.

Der 40 MP-Sensor eines Huawei P30 Pro hat mit 5,7 × 7,6 mm eine beachtliche Größe, dafür ist er jedoch auf 5 368 × 7 728 Pixel geteilt. Ein Pixel hat somit bei diesem Sensor eine Breite von 0,001 mm. Deine Haare auf dem Kopf sind so dick, wie 120 solcher Pixel nebeneinander (0,12 mm)! Die Pixel auf dem Sensor der Canon EOS 6D Mark II (Vollformat) sind mit 0,0058 mm Größe fast sechsmal breiter, also 36-mal größer als die des Smartphones.

Cropfaktor

In Kapitel 3, »Das Licht für ein Foto einfangen«, hast du bereits einiges über Objektive und Sensorgrößen lesen können. Erinnerst du dich daran, was mit den Lichtstrahlen passiert, wenn der Sensor kleiner wird? Hier kommt der sogenannte *Cropfaktor* ins Spiel. Du denkst dann, das Motiv wäre näher an der Kamera, aber in Wirklichkeit wurde von dem Foto wie mit einer Schere rundherum etwas abgeschnitten. Die Bildausschnitte sind bei gleicher Brennweite, aber unterschiedlichen Sensorgrößen verschieden, wie du in dem folgenden Bild noch mal sehen kannst.

Die Brennweite ist eine physikalische Größe und beschreibt lediglich die Linseneigenschaft. Oft findest du bei den Angaben zu einem Bild auch die Angabe, wie die Brennweite bei einer Vollformatkamera sein würde. Bei meinem Smartphone entspricht die Brennweite von 5,2 mm einem Objektiv an einer Vollformatkamera mit 24 mm. Somit ist der Cropfaktor ca. 4,6 (5,2 × 4,6 = 23,92).

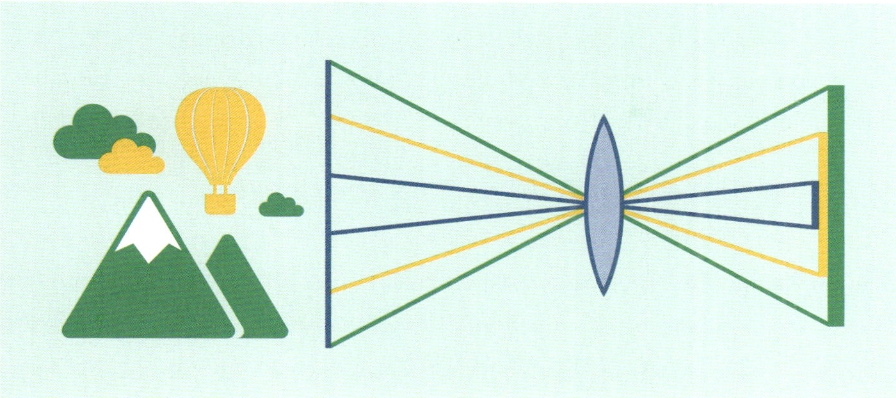

↑ **Der Blickwinkel ist abhängig von der Sensorgröße. Bei gleicher Brennweite und somit gleichem Abstand der Linse zum Sensor verkleinert sich der Blickwinkel. Mit einem Smartphone (blau) füllt die Wolke das Bild, bei einer Systemkamera mit APS-C-Sensor (gelb) fängst du den Ballon ein, und mit einer Vollformatkamera (grün) siehst du sogar noch die Berge dazu. Dadurch erscheint das Bild bei kleinerem Sensor vergrößert.**

Wie viele Pixel brauchst du wirklich?

Die Frage ist immer, was du mit den Fotos machen möchtest. Stell dir vor, dass die Pixel keine einzelnen Quadrate sind, sondern kleine Kugeln in einem Netz. Je nachdem, auf welche Größe du das Bild nun vergrößern möchtest (Postkartengröße oder Poster), wird dieses Netz bei gleichbleibender Anzahl der Kugeln aufgespannt und der Abstand von Kugelmitte zu Kugelmitte größer. Die Kugeln liegen dann nicht mehr so dicht, da die Dichte über die Anzahl der Kugeln auf der Fläche beschrieben wird.

In der Fachsprache nennt man das dann *Punktdichte* (da es ja Bildpunkte sind). Diese gibt an, wie viele Punkte bezogen auf eine Längeneinheit benötigt werden. Da die Bezeichnung der Punktdichte aus der englischen Sprache kommt, nennt man dies *dpi (dots per inch)*. In der digitalen Welt, in der die Pixel quadratisch sind, spricht man eher von *ppi (pixel per inch)*, was im Grunde aber das Gleiche ist.

Merk dir einfach, dass ein Drucker keine quadratischen Tropfen druckt und daher in der »analogen« Welt von Punkten gesproch wird. Monitore, Displays und Sensoren haben Pixel und gehören in die »digitale« Welt.

→ Links: Geringe ppi-Zahl erklärt an Mosaiksteinen. Die lange Rahmenkante entspricht 1 Inch (2,54 cm). Rechts: Hohe ppi-Zahl. Mit vielen Pixeln hat das Bild viel mehr Details.

Reichen die Bildpunkte nicht aus, wird das Bild unscharf, da Informationen fehlen. Für die Lücken zwischen den Bildpunkten (hier Schokolinsen) berechnet der Computer dann, welche Farbe dort wohl wäre. Das ist aber letztlich »geraten«.

↑ Die Bildpunkte reichen nicht für die Fläche (zum Beispiel ein Poster, das du drucken möchtest).

↑ Über die Fläche gespannt, sind es zu wenige Bildpunkte. Es fehlen Informationen zwischen den Punkten. Dein Poster würde unscharf, obwohl es auf dem Display richtig gut aussah.

Möchtest du deine Bilder an einem Monitor ansehen, wird das Netz der Pixel nur 72 dpi schaffen. Hat der Monitor eine Breite von 53 cm (umgerechnet 21,26 Inch), passen 72 Pixel auf jedes Inch, also 1531 (21,26 Inch × 72 Pixel) auf die Breite. Dafür reicht eine 2-MP-Kamera (1600 × 1200 Pixel)! Du kannst dir das so vorstellen, dass die Mosaiksteine in dem Rahmen recht groß sind und du daher weniger Steine im Rahmen zählst.

Möchtest du aber deine Fotos ausdrucken, sollten die Fotos 300 dpi haben, da Drucker viel feiner arbeiten können. Rechnest du die 1600 Pixel der langen Seite deines Fotos nun um, reicht es nicht einmal für eine Postkarte.

Übrigens entsprechen 300 dpi ungefähr der Fähigkeit deiner Augen, die noch ein feines Haar erkennen. Höhere dpi-Werte sind dann wichtig, wenn kleine Buchstaben dargestellt werden sollen, wie auf Landkarten. Der dpi-Wert bestimmt also, was du mit den Pixeln deines Bildes machen kannst. Ausschlaggebend für die Qualität ist die Anzahl der einzelnen Pixel. Nimmst du kleine Mosaiksteine, erhältst du auf der gleichen Fläche viel mehr Informationen, oder?

Merk dir

ppi

Noch eine Eselsbrücke: Wenn du 250 g Plätzchenteig hast, kannst du viele dünne oder wenige dicke Plätzchen daraus backen. Die Menge an Teig bleibt die gleiche.

Hast du also ein Foto mit 18 MP Auflösung, kannst du dieses in beispielsweise sechs gleich große Bilder teilen und als Postkarten drucken (nett als Puzzle für Freunde), oder du nutzt diese vielen Pixel und druckst dir ein großes Poster, das sechsmal so groß wie eine Postkarte ist.

In der Tabelle findest du ein paar wichtige Vergleiche, wenn du lieber mit der Einheit cm rechnest oder berechnen möchtest, ob die Pixel von deinem Bild ausreichen.

Darstellung	Auflösung/Pixeldichte	
Monitor	72 dpi	28 ppcm
Drucker	300 dpi	118 ppcm
Fotos auf Fotopapier	300–400 dpi	118–157 ppcm
Fotobuch (Digitaldruck)	300 dpi	118 ppcm
Landkarten	1 200 dpi	472 ppcm

← Zusammenhang zwischen Auflösung und Pixeldichte (dpi = Bildpunkte auf 2,54 cm, ppcm = Bildpunkte auf 1 cm)

Kennst du nun die Bildgröße deiner Kamera, kannst du ganz einfach die maximale Druckgröße berechnen, indem du die Anzahl der Pixel von einer Seite des Rechtecks durch die benötigte Anzahl der Pixel für den Druck teilst.

Wissen

So rechnest du Pixel in cm um

Hat das Bild deiner Kamera also 4 243 × 2 828 Pixel Auflösung, rechnest du:

- Druckgröße lange Seite = 4 243 Pixel/118 Pixel pro cm = 36 cm
- Druckgröße kurze Seite = 2 828 Pixel/118 Pixel pro cm = 24 cm

Somit kann das Bild gut auf 20 × 30 cm Papier gedruckt werden.

(Der Schrägstrich bedeutet »geteilt durch«.)

Jede halbwegs moderne Kamera hat also mehr als genug Pixel. Manchmal kommt es aber gar nicht auf die perfekte Schärfe, sondern auf den eingefangenen Augenblick an. Und übrigens: Wenn du dich direkt vor ein Poster stellst, zum Beispiel ein Werbeplakat, siehst du jeden einzelnen Punkt. Aus größerem Abstand fällt dir das gar nicht mehr auf! Je größer das Bild, aus desto größerem Abstand betrachtet man es.

Eine kleine Übung hilft dir beim Verstehen: Zeichne ein Rechteck mit der Größe 6,5 × 4,6 cm und fülle es mit Schokolinsen. (Die Farbe ist egal.) Zähle die Anzahl entlang der kurzen und der langen Rechteckkante; teile die Anzahl der Schokolinsen insgesamt durch die Anzahl auf der langen Seite. Das ist die Punktdichte auf einen Zentimeter bezogen. Rechnest du die Zentimeter vorher in Inch um, indem du den Wert durch 2,54 teilst, erhälst du die Punktdichte in dpi.

Wenn du jetzt ein Rechteck mit der Größe 14,5 × 9,5 cm hast und die Schokolinsen aus dem kleinen Rechteck dafür zur Verfügung hast, wie verändert sich die Dichte? Würdest du beim Naschen mehr im Bauch haben, wenn du Riesenschokolinsen genommen hättest? Klar! Große Pixel haben ja auch mehr Informationen als kleine.

NUN DU: Was tun, wenn die Pixel fehlen? Errate, was es ist!

Nach diesem Kapitel hast du verstanden, dass du für den Druck deiner Lieblingsfotos ausreichend Pixel benötigst. Im Internet findest du aber Fotos, die du unbedingt ausgedruckt in dein Zimmer hängen möchtest. Du druckst sie aus und siehst alles ganz unscharf, da die Bilder viel zu wenig Pixel hatten. Erkennst du, was auf den Bildern zu sehen ist? Kleiner Tipp – wenn du das Buch aufmerksam gelesen hast, kommen dir manche Bilder vielleicht bekannt vor.

Übrigens, wenn du auch mal solche Bilder erzeugen möchtest, wählst du den Mosaikfilter zur Vergröberung in der Bearbeitungssoftware (sofern dieser zur Auswahl steht).

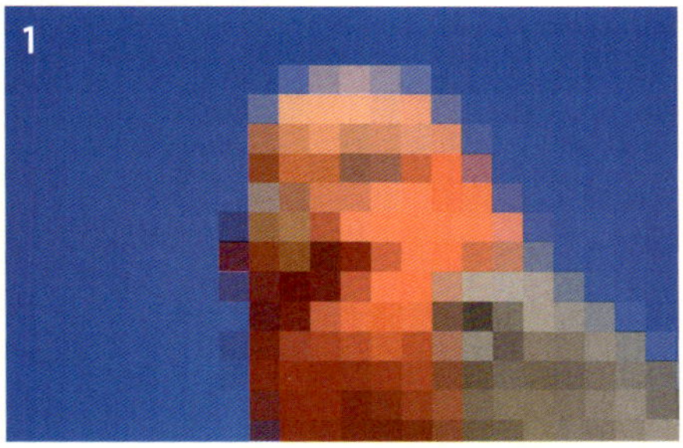

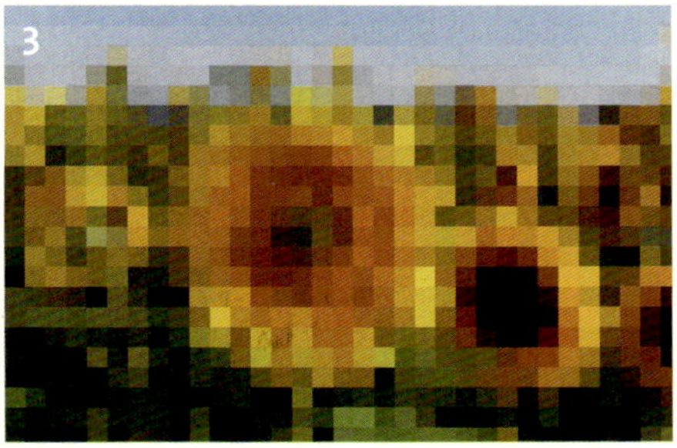

Kapitel 6

Die Welt ist farbig – warum?

Was ist Licht?

Licht hat ein Geheimnis, das wir nur mit einem Trick sichtbar machen können: Das weiße oder unsichtbare Licht ist eine »Familie« aus farbigem Licht. Jedes »Familienmitglied« ist andersfarbig und hat eine andere Energie. Die Farben im Regenbogen offenbaren das Geheimnis. Weißt du, welche Farben der Regenbogen hat? Falls du dir unsicher bist, prüf es doch einfach mal nach, indem du mit einem Wasserstrahl einen Regenbogen erzeugst. Die Sonne muss dafür in deinem Rücken sein. Wenn dir jemand hilft, kannst du den Regenbogen in einem Foto festhalten. Welche Farben siehst du?

Ein Regenbogen hat von innen nach außen die folgenden Farben: Rot, Orange, Gelb, Grün, Blau und Violett. Diese Farben des Lichts kannst du auch mit einem *Prisma* sichtbar machen. Das ist ein Glaskörper, der wie ein Dreieck geformt ist oder aus zwei dreieckigen Teilen einen Würfel bildet wie auf dem rechten Foto.

↑ Links: Regenbogen an einem Wasserfall. Rechts: Dieser Würfel besteht aus mehreren Prismen, die aneinandergeklebt wurden. An den äußeren Kanten teilt sich das weiße Licht auf.

Licht hat viele Eigenschaften, aber ganz besonders faszinierend finde ich, dass es sich nicht in Schritten, sondern in Wellen bewegt. Wirfst du einen Stein in einen See, breiten sich im Wasser Wellen aus, je nach Größe und Gewicht des Steins mehr oder weniger stark. Bei einer Welle ist das Maß der Bewegung also nicht die Schrittlänge, sondern die sogenannte *Wellenlänge*, die den Weg beschreibt, den zum Beispiel ein Papierschiffchen für einen »Wellenberg« und ein »Wellental« benötigt. Von der Seite sieht das aus wie ein liegendes »S«.

← Eine Wellenlänge besteht aus einem Wellenberg und einem Wellental.

Stell dir vor, du stehst mit fünf Freunden an einem See – jeder von euch sechs steht für eine Farbe des Regenbogens. Das Wasser ist ruhig, und jeder hat einen Stein in der Hand, von ganz groß bis ganz klein. Ohne Schwung (das ist wichtig) lasst ihr die Steine nacheinander ins Wasser fallen. Was beobachtest du? Die Wellen auf dem Wasser sind je nach Größe und Schwere des Steins unterschiedlich groß. Würde jetzt ein kleines Papierschiffchen auf dem Wasser treiben, käme es in unterschiedlicher Geschwindigkeit am anderen Ufer an, weil die Länge der Wellen – je nach Steingröße – unterschiedlich ist. So, wie die unterschiedlichen Steingrößen zu unterschiedlichen Wellenlängen auf dem Wasser führen, haben die Farben des Lichts auch unterschiedliche Energien und damit Wellenlängen.

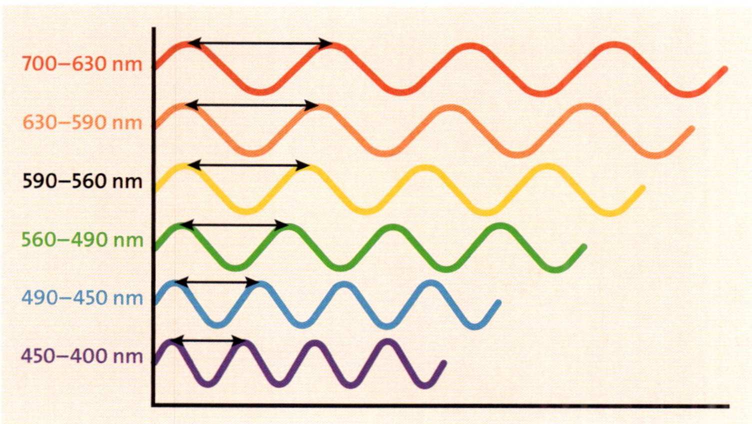

← Wellenlängen der einzelnen Bestandteile von Licht. Die Einheit »nm« steht für Nanometer. 1 nm sind 0,000001 mm.

Jede Lichtfarbe hat eine andere Energie. Das violette Licht hat mit der kleinsten Wellenlänge die meiste Energie und das rote die geringste, aber dafür die größte Wellenlänge.

Merk dir

Energie der Wellen

Kinder machen zwar viel kleinere Schritte als Erwachsene, haben dafür aber viel mehr Energie. Ein Kind im Kindergartenalter hat vielleicht die Energie von violettem Licht, du die des grünen Lichts, und ein alter Mensch läuft mit ruhigen, langen Schritten hinterher, weil er nicht mehr so viel Energie hat, genau wie das rote Licht.

Wie entsteht ein Regenbogen?

Trifft das Licht mit den unterschiedlichen Wellenlängen seiner Farbanteile nun zum Beispiel auf ein Prisma, kommen die einzelnen Wellen zu unterschiedlichen Zeiten und unter einem anderen Winkel an der »Wand« des Prismas an und ändern beim Übergang an die Luft ihre Richtung, die abhängig von dem Winkel ist, mit dem die Welle an der Wand ankommt. Du weißt inzwischen, dass das *Lichtbrechung* heißt. Bildlich kannst du dir das vorstellen wie den Ball, der beim Tischtennisspielen von der Platte wieder hochspringt – flach bleibt flach und ein fast senkrecht herunterfallender Ball wird sicher nicht auf der anderen Hälfte der Platte ankommen. Da also jede Farbe eine andere Richtung einschlägt, fächert sich der ursprünglich weiße Lichtstrahl in seine *Spektralfarben* auf, also in Rot, Orange, Gelb, Grün, Blau und Violett. Die Reihenfolge ist immer die gleiche! Dieses Phänomen wurde bereits 1666 von dem Wissenschaftler Isaac Newton (1643–1727) entdeckt, der ebenfalls beobachtete, dass aus der Mischung aller Spektralfarben wieder Weiß entsteht.

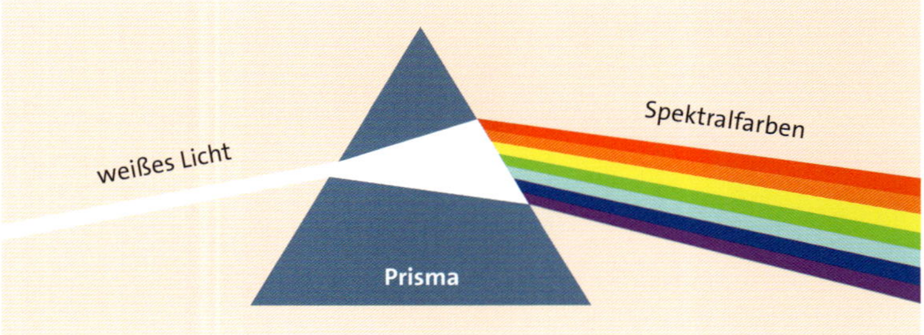

→ Lichtbrechung an einem Prisma

Bei einem Regenbogen passiert genau das Gleiche, nur, dass der Lichtstrahl in dem runden Tropfen nicht an der gegenüberliegenden Seite des Tropfens austritt, sondern an der runden Innenwand reflektiert wird wie bei einem Spiegel. Somit wird er in deine Richtung umgelenkt und fächert sich zu dir hin auf, sodass du ihn in voller Farbenpracht sehen kannst. Manchmal erscheint sogar ein zweiter Regenbogen, etwas schwächer, bei dem das Licht zweimal im Tropfen reflektiert wird, bevor er als Farbfächer austritt. Die Farben eines solchen »Nebenregenbogens« oder doppelten Regenbogens sind genau umgedreht.

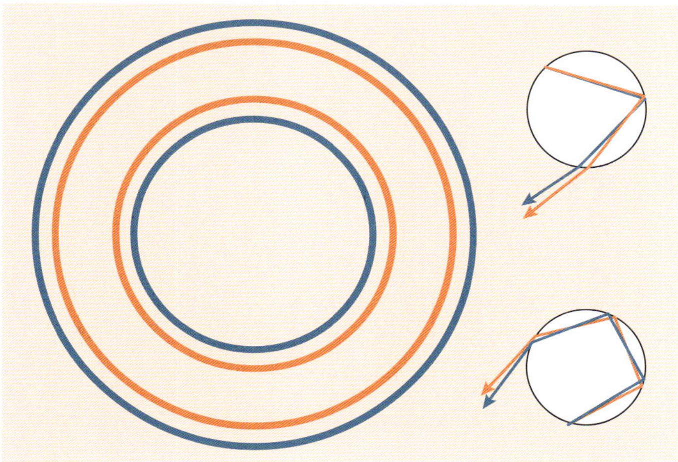

← Strahlengang bei einem doppelten Regenbogen

Gut 100 Jahre nach dieser Entdeckung durch Newton fand ein Arzt namens Thomas Young heraus, dass man diese Spektralfarben auf die drei Grundfarben Rot, Grün und Blau (*Primärfarben*) reduzieren kann, während die anderen Farben des Lichts durch Mischen dieser Primärfarben entstehen. Deshalb nennt man sie *Sekundärfarben*.

Additive Farbmischung

Farben werden über zwei verschiedene Systeme erklärt; je nachdem, ob du Licht mischst oder Farbe auf Papier, spricht man von *additiver* oder *subtraktiver Farbmischung*.

Merk dir

Das additive Farbenmischen (Licht)

Beim Mischen der *Primärfarben* des Lichts Rot, Grün und Blau ergibt sich Weiß. Die Mischfarben Magenta (Pink), Cyan (Hellblau) und Gelb nennt man *Sekundärfarben*, weil sie erst in einem zweiten Schritt entstehen. Ohne Farbe und damit ohne Licht ist alles schwarz. Da die einzelnen Farben übereinanderlagern, also addiert werden, nennt man dieses Mischen »additiv«.

Ein helles Blau (Cyan) entsteht so durch das Mischen von Grün und Blau. Gelb setzt sich zusammen aus Anteilen von Rot und Grün. Mit Rot und Blau erhältst du Magenta.

- Rot + Grün = Gelb
- Grün + Blau = Cyan (Blaugrün)
- Rot + Blau = Magenta
- Rot + Grün + Blau = Weiß

Mischen sich alle drei Lichtfarben mit voller Intensität zu gleichen Teilen zusammen, siehst du sie als Weiß.

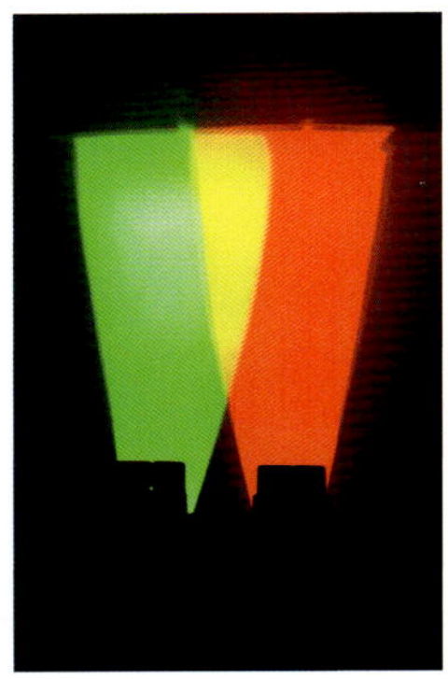

→ **Links: Additive Farbmischung. Mitte: Additive Farbmischung mit farbigen Taschenlampen. Rechts: Additive Farbmischung mit grünem und rotem Licht. Gemischt ergeben sie Gelb.**

Du kannst die einzelnen Farben nun in ganz viele Stufen verschiedener Intensität und Helligkeit teilen und somit einen bunten Fächer an Farben erzeugen. Der Sensor deiner Kamera kann die drei Grundfarben in jeweils 256 Helligkeitsstufen (Tonwerten) messen. Beim Mischen der drei Farben gibt es somit 256 × 256 × 256 mögliche einzelne Farbabstufungen. Damit kann eine Digitalkamera also 16,7 Millionen (16 700 000) Farben erkennen! Für jedes Pixel, also jeden Bildpunkt, ermittelt deine Kamera den *RGB-Wert*. Das ist der exakte Tonwert, der sich aus den jeweiligen Anteilen der Grundfarben **R**ot, **G**rün und **B**lau ergibt, zum Beispiel R 245, G 89 und B 38 für ein Pixel aus dem roten Bereich der Mango, die du auf Seite 135 abgebildet findest – sehr viel Rot, etwas Grün und noch weniger Blau.

Subtraktive Farbmischung

Anders als beim Licht, im Grunde genau umgekehrt, ist es, wenn du zum Beispiel mit Wassermalfarben malst oder einen Farbdrucker benutzt. Hier spricht man vom *subtraktiven Mischen* der drei Grundfarben, in diesem Fall Cyan (Hellblau), Magenta (Pink) und Gelb. Hast du nun also ein Bild gemalt, das du bei Tageslicht anschaust, werden Anteile des Lichts von den Pigmenten (feste Teilchen, die farbig sind) der Wasserfarben absorbiert und damit vom Licht subtrahiert. Die Farbe, die du dann wahrnimmst, ist die Überlagerung der restlichen Farbanteile, also eine Mischfarbe. Theoretisch ergibt das Mischen aller Farben Schwarz. Versuchst du das auf Papier mit Farben nachzumachen, funktioniert das aber nicht so ganz, weil man nicht alle Farbanteile so exakt erwischt. Deswegen haben Drucker auch noch »echtes« Schwarz als eigene Tinte oder eigenen Toner neben den Grundfarben mit an Bord.

Beim Buchdruck, wie bei diesem Buch hier, nutzt man ebenfalls die drei Grundfarben **C**yan, **M**agenta, Gelb (**Y**ellow) plus Schwarz (**K**ey), abgekürzt wird dieses System mit *CMYK*. Und so werden hier die Farben gemischt:

- Gelb + Magenta = Rot
- Gelb + Cyan = Grün
- Cyan + Magenta = Blau
- Gelb + Magenta + Cyan = Dunkelbraun/Schwarz

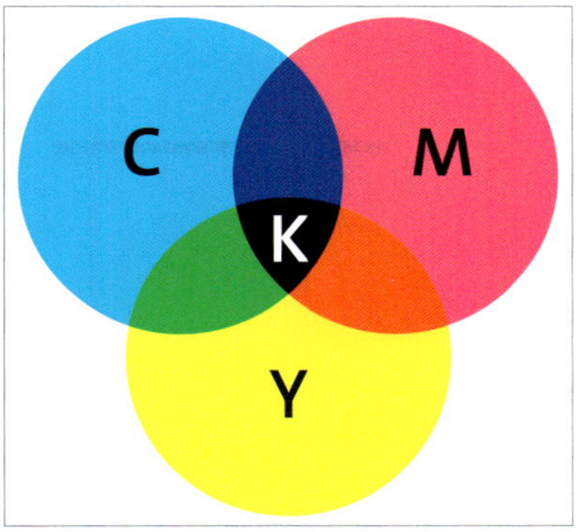

← Subtraktive Farbmischung

Merk dir

Das subtraktive Farbenmischen (Papier)

Beim Mischen der Grundfarben Cyan, Magenta und Gelb im Drucker oder auf einem gemalten Bild ergibt sich ein Dunkelbraun (theoretisch Schwarz). Die kleinen farbigen Stoffe in der Tinte, im Toner oder den Malfarben werden *Pigmente* genannt. Malst du mit Rot, werden der blaue und der grüne Anteil vom Licht »geschluckt« (absorbiert) und der rote Anteil wird von der weißen Papieroberfläche reflektiert wie bei einem Spiegel. Somit wird das Licht immer mehr reduziert, also subtrahiert – daher der Name »subtraktiv«. Damit die Bilder auch ein sauberes Schwarz enthalten, haben Drucker noch zusätzlich schwarze Tinte/schwarzen Toner.

Warum sind Blätter grün?

Bei der Wahrnehmung von Farben kannst du eher an das subtraktive Farbenmischen denken, denn das Licht, das auf eine Oberfläche trifft, wird nicht vollständig an deine Augen weitergeleitet. Ähnlich wie bei der Druckertinte/dem Druckertoner werden alle Wellenlängen außer denen der eigenen Farbe »geschluckt« (absorbiert), also aufgenommen, und nur die Wellenlänge der eigenen Farbe reflektiert. Du fotografierst also immer gefiltertes Licht, das von deinem Motiv reflektiert wird. Fotografierst du die grünen Blätter der Bäume »verschlingen« die Blätter quasi alle Wellenlängen des Lichts – bis auf den grünen Anteil, der in deiner Kamera ankommt.

Merk dir

Absorbieren

Absorbieren bedeutet das Aufnehmen von bestimmten Wellen. Richtig übersetzt heißt es »aufsaugen«, was du dir vielleicht noch besser merken kannst.

Die Mango unten reflektiert verschiedene Wellenlängen. Das Beispiel ist spannend, denn die Anteile des Lichts setzen sich bei den Farben nicht ganz so zusammen, wie du es vielleicht erwarten würdest.

Mit einer Bildbearbeitungssoftware kannst du dir die RGB-Werte einzelner Punkte eines Bildes anzeigen lassen. Jeder Anteil kann maximal 255 Punkte haben (R = 255 bedeutet maximaler Rotanteil). Mit dem Farbmodell der additiven Farbmischung setzt sich das Licht, das von der Mango reflektiert wird, aus den Anteilen von Rot (R), Grün (G) und Blau (B) zusammen. Ist der Wert für den blauen Anteil beispielsweise 38, wird der Rest (255 − 38 = 217) von der Mango »geschluckt«, also absorbiert. Jeder kleine Punkt auf der Frucht ist etwas anders, daher siehst du hier die Werte für einen Punkt. Beim roten Bereich mischt sich das Licht aus viel Rot, aber auch Grün und etwas Blau. Das Gelb reflektiert zu vergleichbar großen Teilen Rot und Grün. Bei Grün bist du sicherlich erstaunt, dass Rot und Grün zu gleichen Teilen mit etwas Blau enthalten sind. Schaust du genau hin, ist das Grün eher Olivgrün. Dieses Beispiel zeigt dir, dass du selten ganz reine Farben findest. Würdest du die Mango malen, müsstest du auch mehrere Farben mischen.

↓ Anteile des Lichts für den roten, gelben und grünen Bereich der Mango

Warum haben Farben eine Temperatur?

Schau dich mal in deinem Zimmer um. Wie viele Lampen siehst du? Wie wirken sie? Jede Lichtquelle strahlt Licht mit einer ganz bestimmten »Familie« von Wellenlängen aus. Nur das Sonnenlicht erscheint uns weiß oder sagen wir eher farblos, weil es diesen großen Bereich der Wellenlängen abdeckt.

Das Tageslicht verändert sich über den Tag kontinuierlich, weil Wellenlängen herausgefiltert werden. Unser Gehirn gleicht das aus, ohne dass du es merkst, denn du sammelst dein Leben lang Erfahrungen, die dein Gehirn abspeichert. Du würdest zum Beispiel nie den Himmel grün sehen, da du weißt, dass er eher blau ist. Ganz so schlau ist deine Kamera nicht, denn auf den Sensor wirken die Anteile des Lichts ein und werden als Farbe berechnet. Deine Kamera sucht sich in dem Motiv eine große Fläche wie den Himmel und definiert diese als Weiß oder Grau. An diesem sogenannten *Weißabgleich* orientiert sich die Kamera und stellt alle Farben automatisch ein. In der Regel funktioniert das sehr gut, aber manchmal passt es nicht. Es ist dann ärgerlich, wenn du die Farben mit den Augen ganz anders wahrnimmst. Stell dir vor, du hast farbige LED-Streifen an der Wand und möchtest deinen Freunden die tolle Farbwirkung zeigen, das Licht ist aber eher gelb. Du kannst deiner Kamera bei der Berechnung der Farben helfen, wenn du ihr einen kleinen Tipp gibst, welche Art von Lichtquelle im Raum ist (oder was im Bild wirklich weiß ist).

Die Beschreibung der Lichtquellen wurde standardisiert, damit jeder von der gleichen Farbwirkung spricht. Wie bei einem Lineal, das dir die Zentimeter als Maß angibt, wurde für das Licht eine *Farbtemperatur* gewählt, die in Kelvin angegeben ist.

Wissen

Kelvin, die Einheit der Farbtemperatur

Kelvin (K) ist die weltweite Einheit für die Temperatur. In Europa nutzt man eher Grad Celsius (°C). 273 K entsprechen 0°C.

Komische Vorstellung, Licht mit einer Temperatur zu beschreiben. Aber im Grunde hat man sich überlegt, wie ein schwarzer Körper (stell dir eine Eisenstange vor) beim Glühen seine Farbe abhängig von der Temperatur verändert. Erst glüht er rötlich, dann wird er gelb und später sogar blau, je heißer es wird.

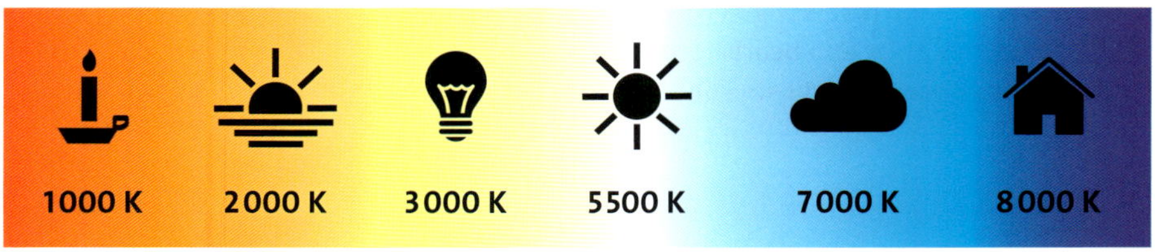

→ Farbwirkung der einzelnen Lichtquellen

Sagst du nun deiner Kamera, dass du in einem Raum bei Kerzenlicht fotografierst, versucht sie nicht, die (vermutlich weißen) Wände weiß, sondern gelblich wirken zu lassen. Das Foto hat damit die Farbwirkung, die du mit deinen Augen wahrnimmst. Denn das ist zunächst das Ziel beim Fotografieren: das Motiv so einzufangen, wie du es mit deinen Augen siehst.

Die meisten Kameras und auch Smartphones haben im Menü ein paar Einstellungen für unterschiedliche Lichtquellen zur Auswahl. Meistens kannst du wählen zwischen Tageslicht (Sonnensymbol), Wolken (Wolkensymbol), Schatten (Haus mit angedeutetem Schatten), Blitz und Glühlampe (Glühlampensymbol). Viele haben auch die Möglichkeit, einen Kelvin-Wert auszuwählen.

Mit dieser Einstellung weiß deine Kamera, dass das Foto eigentlich einen Farbstich hätte (Rot bei Kerzenlicht, Blau bei Tageslicht), und wirkt dem entgegen. So wird der Rotstich mit einer Verstärkung der Signale von Blau ausgeglichen. Sagst du der Kamera also, das Foto wird bei Kerzenschein aufgenommen, obwohl deine Lichtquelle Tageslicht ist, dann verstärkt deine Kamera das Blau. Das ist etwas irreführend, aber an den Bildern der Kletterwand auf der nächsten Seite schön zu erkennen.

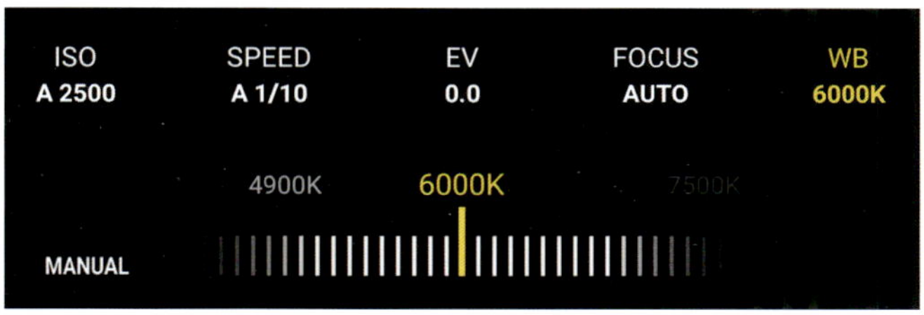

↑ Manuelle Korrektur der Farbtemperatur im PRO-Modus der Android-Kamera-App (Samsung M31). Bei iOS kannst du die Bilder hinterher mit einer App bearbeiten. Für die Einstellung der Farbtemperatur benötigst du eine alternative Kamera-App.

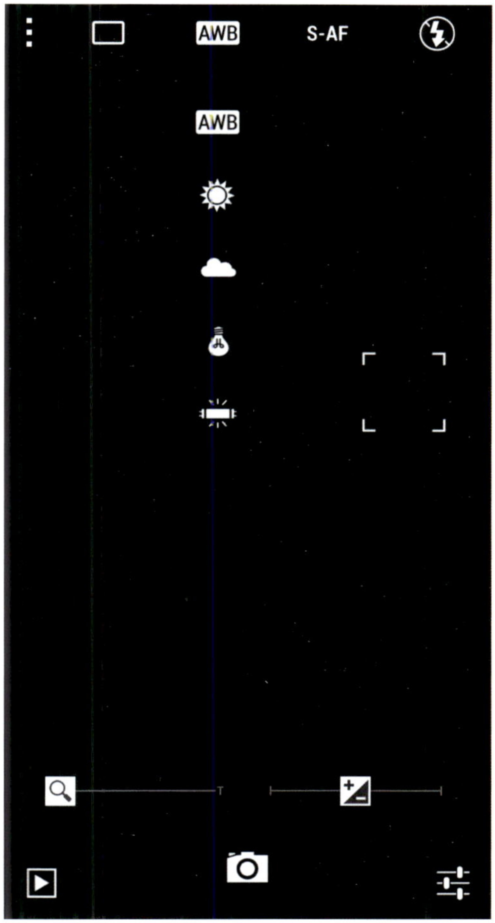

↑ Einstellungen für den Weißabgleich in der DSLR-Kamera-App (wenn du auch am Smartphone einen Teil der Einstellungen einer Systemkamera haben möchtest)

Merk dir

Kein Stress mit dem Weißabgleich beim Raw-Format

Solltest du im *Raw-Format* fotografieren, kannst du den *Weißabgleich* auch nachträglich am Computer beliebig ändern. Hast du aber im *JPEG-Format* fotografiert, ist der Weißabgleich fest in das Bild gerechnet und lässt sich nachträglich nur ganz schlecht ändern.

↑ Links: Einstellung Kerzenlicht, rechts: Einstellung Tageslicht

Die Fotos der gemalten Lichtkunst zeigen sehr deutlich, wie du die Einstellung des Weißabgleichs künstlerisch nutzen kannst. Hier habe ich die Farbtemperatur des im Raw-Format aufgenommenen Fotos später am Computer eingestellt. Du siehst, man kann Bilder richtig verfremden, wenn die falsche Farbtemperatur eingestellt ist, und das kann auch Spaß machen! Du solltest immer mit dem »passenden« Weißabgleich anfangen, aber vielleicht wirkt ein Bild mit einem angepassten Weißabgleich noch besser.

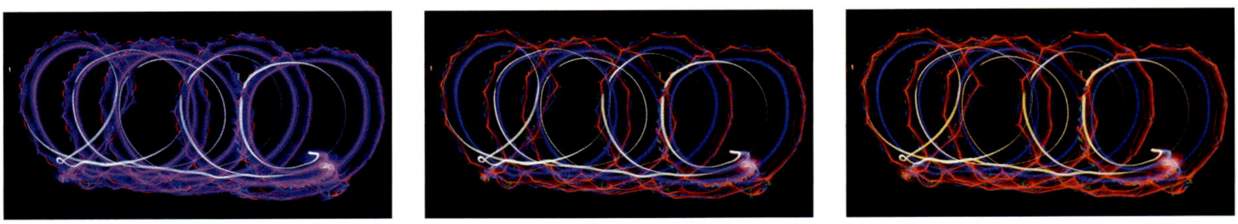

↑ Lichtkunst – links: 2000 K, Mitte: 5700 K, rechts: 50 000 K

Ohne Farbe – Schwarzweißbilder

Verzichtest du bewusst auf die Farben, kann eine ganz andere Wirkung entstehen. Das, was früher normal war, keine Farbe, kommt heute aber eher bei besonderen Fotos zum Einsatz. Bei Schwarzweißbildern nutzt du den Kontrast unterschiedlicher Graustufen, um dem Bild Wirkung zu geben.

Einem bunten Schmetterling solltest du vielleicht nicht seine beeindruckende Farbenpracht nehmen, aber andere Motive können in Schwarzweiß viel interessanter wirken. Nehmen wir einen Baum im Winter: Kräftige Farben wirst du hier nicht so leicht finden, aber Äste, die von Schnee umgeben sind, können in Schwarzweiß sehr interessant in Szene gesetzt werden, wie bei diesem Winterwald.

↑ Ein Winterwald in Schwarzweiß. Der Kontrast zwischen den Ästen und dem Schnee macht das Bild interessant; Farben würden hier nur ablenken.

Auch Personen wirken in Schwarzweiß oft anders als in Farbe. Manchmal bietet es sich auch an, die Farbe herauszunehmen, wenn dir zum Beispiel die Farbe der Kleidung in den Augen »sticht« oder nicht zum Umfeld passt. Auch Bilder mit einem nicht passenden Weißabgleich können in Schwarzweiß noch »gerettet« werden.

Merk dir

Schwarzweißfotos

Schwarzweißfotos verleihen deinem Bild mehr Struktur und Kontrast bzw. Struktur und Kontrast sind wichtig in Schwarzweißfotos. Flächen und Formen werden so betont.

Wie entsteht ein Schwarzweißbild? Jede Farbe hat einen bestimmten Grauton. Auch wenn die Farben ganz unterschiedlich auf dich wirken, können sie dennoch bei ähnlicher Helligkeit im Grauton vergleichbar sein. Es kommt also auf die Kontraste der einzelnen Farben an, die ich dir am einfachsten wieder an dem bekannten Farbkreis oder dem Modell der additiven Farbmischung (vereinfachter Farbkreis) erkläre. Den stärksten Kontrast haben die *Komplementärfarben*, die sich im Farbkreis gegenüberliegen. Du siehst sehr gut an den Bildern unten, dass die Mischfarben (kleine Flächen) viel heller sind als die Grundfarben gegenüber.

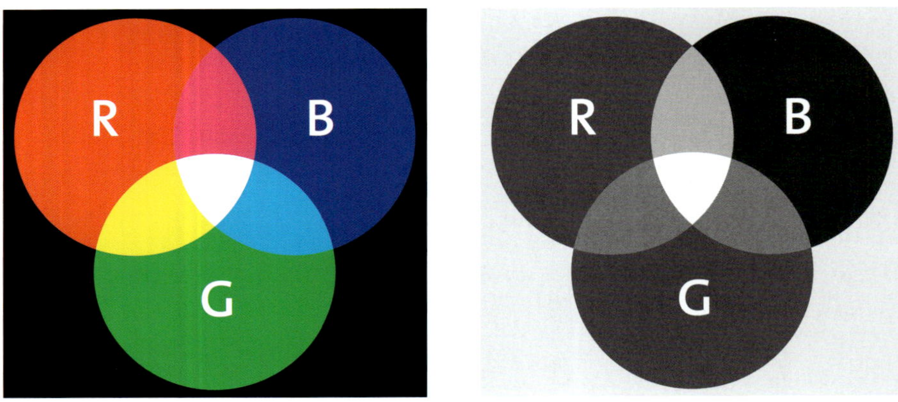

↑ **Additives Farbmodell in Farbe und in Schwarzweiß. Siehst du, dass Rot und Grün den gleichen Grauwert haben? Ebenso ist es bei Gelb und Cyan.**

Merk dir

Komplementärfarben

Die Komplementärfarbe einer Grundfarbe ist die Mischfarbe zwischen den zwei Grundfarben gegenüber im Farbkreis. Für Rot ist es Cyan (Hellblau), für Blau ist es Gelb und für Grün Magenta (Violett).

↑ Eine Pusteblume in Farbe oder in Schwarzweiß? Ich finde es in Schwarzweiß interessanter, weil die Strukturen betont werden! Das meint man, wenn man von der grafischen Wirkung eines Bildes spricht.

Manche Fotos haben in Farbe eine starke Wirkung, sind aber in Schwarzweiß kontrastarm, mit weniger Wirkung in den Grautönen. Hier kannst du etwas tricksen, indem du die einzelnen Farben – Rot, Grün und Blau – in ihrer Helligkeit beeinflusst! Dafür kannst du sogenannte *Farbfilter* in den drei Grundfarben nutzen, die nur die Wellenlänge der eigenen Farbe durchlassen. Vor allem für analoge Kameras gibt es dafür Filter, die man vor das Objektiv schrauben kann. Bei Digitalkameras lässt sich der Sensor entsprechend beeinflussen. Schau mal, ob deine Kamera einen Schwarzweißmodus hat und was du dort einstellen kannst.

Ein Rotfilter, lässt also nur die Farbe Rot durch. Somit wird die eigene Farbe (Rot) heller und die Komplementärfarbe (Grün) dunkler.

↑ Oben links: Rosakakadu in Farbe, oben rechts: Schwarzweißfoto ohne Farbfilter, unten links: Schwarzweißfoto mit einem Rotfilter, unten rechts: Schwarzweißfoto mit einem Blaufilter

Das Schwarzweißfoto hat ohne Filter kaum Kontraste. Mit einem Rotfilter wirkt der Himmel viel dunkler und das Gefieder heller. Und jetzt betrachte das Bild mit einem Blaufilter. Eine komplett andere Wirkung, oder?

↑ Orange- und Blaufilter für die Schwarzweißfotografie kann man an das Objektiv schrauben.

NUN DU: Sieh die Welt schwarzweiß

Nicht jedes Motiv eignet sich für Schwarzweißfotos. Mit etwas Übung bekommst du ein Gefühl dafür, welche Farbkombinationen gute Kontraste in den Grautönen haben. Das kannst du direkt beim Fotografieren üben, oder du fotografierst im Raw-Format und experimentierst am Computer. Das gibt dir mehr Gestaltungsmöglichkeiten.

Beginne mit der Suche im Menü deiner Kamera. Such danach, wie du Schwarzweißfotos einstellen kannst. Schau mal in den Motivprogrammen oder im Kreativmodus, wenn deine Kamera so etwas hat. Sollte es mit der Kamera nicht möglich sein, kannst du die Bilder auch am Computer in Schwarzweiß umwandeln.

Am besten fotografierst du deine Motive immer in Farbe und in Schwarzweiß, dann hast du alle Möglichkeiten. Motive gibt es ganz viele! Blumen im Garten oder Park, Freunde, die sich als Modell anbieten, Gegenstände bei dir zu Hause oder Urlaubsbilder.

↑ Blüten eignen sich sehr gut zum Ausprobieren. Diese Kirschblüten wirken in Farbe und in Schwarzweiß mit einem Rotfilter ganz unterschiedlich.

Manche Smartphone-Kamera-Apps bieten dir bereits passende Filtermöglichkeiten beim Fotografieren. Alternativ kannst du den Effekt auch in der Bildbearbeitung, beispielsweise mit der App Snapseed, ausprobieren.

→ Versuch dich auch an Porträts in Schwarzweiß. Oft wirken diese Bilder interessanter und künstlerischer. Sieht halt nach mehr aus als nach einem einfachen Schnappschuss.

NUN DU: Ein Foto malerisch ergänzen

Jetzt hast du viel über Farben, Licht und das Mischen der Farben gelernt. Mach dich zum Ausgleich daran, selbst etwas kreativ zu werden und ein Gefühl für das Mischen von Farben zu bekommen, indem du ein Foto mit Wasserfarben oder Buntstiften erweiterst:

1. Such dir ein Motiv, das du leicht nachmalen bzw. um Malerei ergänzen kannst.
2. Fotografier es mit verschiedenen Einstellungen für den Weißabgleich und such dir die schönste Version heraus.
3. Druck es in Farbe auf die Größe einer halben DIN-A4-Seite und leg es auf ein weißes Blatt Papier.
4. Nun kannst du das Bild mit Wasserfarben oder Stiften erweitern.
5. Versuch, die Farben ähnlich zu treffen.

Wenn dir die Vorstellung schwerfällt, dann druck das Bild zweimal in DIN A4 (21 × 29,7 cm) aus, schneide bei einem rundherum etwa 5 cm weg und male es nach. Der zweite Ausdruck hilft dir dabei.

Unten siehst du eine Idee.

← **Beispiel für eine Malvorlage**

Kapitel 7

Auf deinen Blick kommt es an

Entdecke die Einzigartigkeit

Komm, starten wir mit einem Experiment! Bitte mal ein paar Freunde, mit dir eine kleine Fototour zu machen. Dafür reichen eure Smartphones aus und der Ort, in dem ihr wohnt. Macht einen kleinen Spaziergang, sucht euch ein paar Motive aus und fotografiert sie. Wichtig ist, dass jeder die eigenen Ideen umsetzt und sich nicht von den anderen reinreden lässt.

Ihr könnt das Experiment auch mit Porträtfotos machen. Gib dabei nichts vor! Wenn ihr ein paar Motive fotografiert habt, setzt euch zusammen und vergleicht die Bilder auf euren Smartphones.

Was fällt euch auf? Ihr ward am gleich Ort, aber sehen die Bilder alle gleich aus? Wahrscheinlich nicht. Notiert die generellen Unterschiede und tauscht euch darüber aus, was wem wichtig war und wie die Fotos auf euch wirken.

Wenn du das Kapitel gelesen hast, wirst du die Bilder mit anderen Augen ansehen.

Wie Bilder wirken

Fotografie zeigt *deinen* Blick fürs Motiv und *deinen* Blick auf die Welt. Bilder, die dir gefallen, müssen nicht deinen Freunden gefallen und umgekehrt. Lass dich davon nicht abschrecken. Die Kamera ist ein Werkzeug, aber nicht das, was Fotografie ausmacht. Mit einer teuren Kamera entstehen nicht automatisch bessere Bilder, auch mit einer einfachen Kamera oder dem Smartphone kannst du tolle Bilder machen. Wichtiger als alle Technik ist dein Blick fürs Motiv. Und dieser Blick wird mit der Zeit und auch mit Übung besser!

In diesem Kapitel lernst du ein paar Tricks und Hintergründe abseits der Kameratechnik, die deine Fotos noch besser wirken lassen. Dazu gehören auch die Regeln der Bildgestaltung. Mit Regeln ist das in der Fotografie so eine Sache: Es ist gut, sie zu kennen und zu verstehen. Aber manchmal ist es auch wichtig, sie zu ignorieren und etwas anders zu machen. Mach Bilder ruhig auf die eine und auch auf die andere Weise und schau, was funktioniert und dir gefällt.

← **Ein Heißluftballon, den man so auch nicht alle Tage sieht. Es kommt auf deinen Blick an!**

Eine ganz grundlegende Frage ist die nach dem Format. Es ist eckig, klar, aber du kannst dich entscheiden, ob du im Querformat oder im Hochformat fotografieren möchtest. (Manchmal kannst du an der Kamera auch einstellen, dass das Bild quadratisch sein soll.) Im Zweifelsfall probierst du einfach beides aus. Machst du ein Bild im Hochformat, wird der Blick eher von unten nach oben wandern und nicht von links nach rechts. Viele Porträts sind eher Hochformataufnahmen, während Landschaften gerne im Querformat fotografiert werden. Passt ja auch zum Motiv.

Schau dir mal die zugewachsene Hausfassade auf der nächsten Seite oben an. Links im Bild ist ein großer Ast zu sehen. Im Querformat spielt der Ast eine eher untergeordnete Rolle, da der Blick über das breite Format zu dem grünen Laub auf der rechten Seite wandert. Im Hochformat bleibt unser Blick »gefangen«, und der senkrecht in das Bild ragende Ast wird betont. Wir schauen eher auf den Ast als auf das Fenster, obwohl es das hellste Element im Bild ist, was üblicherweise den Blick anzieht.

Das Spannende an der Fotografie ist, dass jede und jeder einen ganz eigenen Blick hat, obwohl alle das Gleiche sehen. War das bei dem Experiment mit deinen Freunden auch so?

↑ **Eine wild bewachsene Hausfassade mit Ast und Fenster einmal im Quer- und einmal im Hochformat. Die Wirkung ist jeweils eine ganz andere.**

Bei den Beispielfotos im Weinberg, die du hier unten und auf der nächsten Seite oben siehst, wird deutlich, dass Weinreben aus zahlreichen *Betrachtungswinkeln* fotografiert werden können. Das wohl häufigste Foto ist der Überblick aus der Ferne, denn das ist schnell gemacht und erfüllt seinen Zweck: Man sieht den Weinberg.

Nimmst du dir etwas mehr Zeit, kannst du dir überlegen, ob dich die Trauben interessieren oder ob dir eher die Zweige ins Auge fallen. In jedem Fall musst du näher heran. Und natürlich kannst du dich auch hier zwischen Quer- und Hochformat entscheiden. Es ist immer ein ähnliches Motiv, aber es können dabei ganz unterschiedliche Fotos entstehen.

→ Überblicksbild mitten im Weinberg

↑ Ein einzelner Rebstock

↑ Näher dran. Erkennst du, dass es ein Rebstock ist?

Ähnliche Gedanken hatte ich in Berlin, als ich den dortigen Fernsehturm fotografiert habe. Natürlich bietet sich hier das Hochformat an. Aber wie bekomme ich den Eindruck der Höhe ansprechend eingefangen, wenn ich ganz in seiner Nähe stehe? Hätte ich aus größerer Entfernung fotografieren können, vielleicht vom Dach eines anderen Hauses, hätte ich die Größe des Turms durch den Vergleich mit den Häusern im Umfeld zeigen können. Aber nun stand ich eben direkt vor dem Fernsehturm.

← Der Berliner Fernsehturm – links einfach gerade fotografiert, nicht wirklich überzeugend; rechts schon deutlich besser, schräg und dynamisch

Bei meinem ersten Bild links habe ich einfach gerade nach oben geschaut und den Fernsehturm so fotografiert. Das Problem ist dabei, dass der Turm durch die Perspektive etwas schräg zur Bildkante verläuft. Mich stört das.

Wenn der Turm schon so ein wenig schräg wirkt, warum dann nicht gleich ganz schräg? In der Diagonale kann der Turm noch etwas länger sein, und das rechte Bild wirkt auch gleich dynamischer. Schon beim Anschauen wird einem schwindlig.

Durch das Drehen des Bildes kannst du gerade stehende Menschen an einer schrägen Wand kippen lassen, schiefe Türme sind plötzlich senkrecht, aber die Umgebung schräg, oder du hängst an der Decke eines umgedrehten Hauses.

Ein paar grundlegende Tipps

Menschen malen und gestalten seit Urzeiten. In all der Zeit haben sie gelernt, dass Bilder bei einer bestimmten Anordnung der Motive ansprechender wirken. Abgeguckt haben sie sich das auch von der Natur, zum Beispiel von Pflanzen oder Schneckenhäusern. Diese Anordnung ist nicht nur in der Fotografie interessant, sondern zum Beispiel auch in der Malerei, Bildhauerei oder Architektur.

Die Drittelregel

Eine wichtige Gestaltungsregel ist die *Drittelregel*. Das ist eine Bildaufteilung von einem Drittel zu zwei Dritteln, die von uns als angenehm empfunden wird. Hier musst du das Bild nur (gedanklich) der Länge und Breite nach in drei gleiche Abschnitte teilen. Dann hast du neun gleich große Rechtecke, und hier platzierst du dein Motiv auf einem der Schnittpunkte oder einer der Linien (zum Beispiel den Horizont). Dieses Raster können fast alle Kameras und Smartphones einblenden, um es dir noch leichter zu machen.

Merk dir

Raster in Bildbearbeitungsprogrammen einblenden

Auch in Bildbearbeitungsprogrammen kannst du dir verschiedene Raster einblenden lassen, wenn du erst am Computer deine Bilder entsprechend beschneiden möchtest.

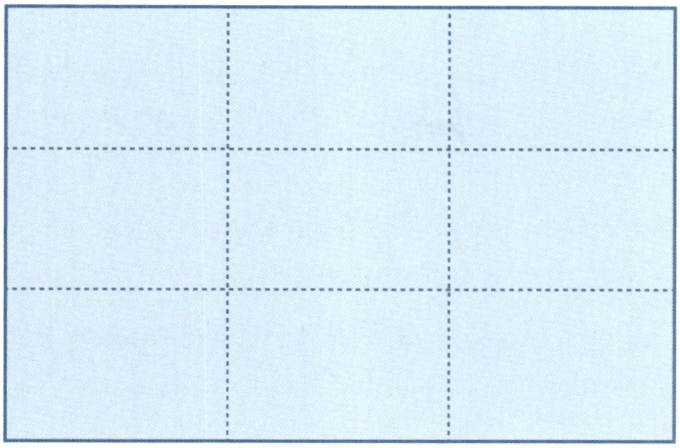

↑ Das Schneckenhaus und der Ast sind hier gemäß der Drittelregel platziert. Das Bild wirkt so spannender, und das Schneckenhaus kommt besser zur Geltung, wenn es nicht einfach in der Mitte platziert ist.

Wissen

Goldener Schnitt oder Drittelregel?

Beide Regeln teilen dein Bild in drei Teile, das Hauptmotiv sollte auf einer der Linien oder auf dem Schnittpunkt zweier Linien liegen. Der Goldene Schnitt hat die Aufteilung 1 : 1,6 von einem Teil zu den zwei anderen Teilen. Die Drittelregel vereinfacht dies, indem alle drei Teile gleich groß sind.

↑ Das Bild nun mit dem eingezeichneten Raster für den Goldenen Schnitt. Gar nicht so viel anders, oder?

Dein Standpunkt

Die Wirkung eines Bildes kannst du sehr einfach ändern, indem du deinen Standpunkt veränderst. Lauf einfach mal etwas nach links und rechts oder geh etwas näher ran an dein Motiv. Durch diesen einfachen Trick »wächst« deinem Modell keine Laterne mehr aus dem Kopf, und auch andere störende Objekte im Hinter- oder Vordergrund fallen weniger auf oder verschwinden ganz aus der Sicht.

Die Fotos unten zeigen dir, wie unterschiedlich Steinböcke wirken können. Aus der Ferne wirken sie als Gruppe. Die Nahaufnahme, also das Porträt eines Steinbocks, blendet förmlich die Umgebung aus. Hier zeigen sich die Vorteile einer Systemkamera, denn mit dem Smartphone müsstest du sehr nahe an den Steinbock heran, um ein Porträt fotografieren zu können. Ich konnte dieses Foto mit gewissem »Sicherheitsabstand« und einem Teleobjektiv entspannt machen.

Weil der Standpunkt für ein gelungenes Foto sehr wichtig ist, erkennst du gute Fotografen unter anderem daran, dass sie immer in Bewegung sind und auch schon mal auf dem Bauch liegen oder auf einer Leiter stehen, um ihr Motiv einzufangen. Das ist nicht albern, sondern zeigt, dass sie sich mit dem Motiv auseinandersetzen und versuchen, das beste Bild zu machen.

↑ In welchem Bild kommt der Steinbock am besten zur Geltung?

Der Bildausschnitt

Mit dem Bildausschnitt bestimmst du, was im Bild zu sehen ist und was nicht. Und das ist wichtig, wie du an dem Steinbockbild siehst. Hier bin ich nur wenige

Meter gelaufen, und schon konnte ich den Steinbock aus einem ganz anderen Blickwinkel sehen! Änderst du also den Standpunkt, ändert sich natürlich auch dein Bildausschnitt.

Bei dem nächsten Beispiel könnte man meinen, dass Lukas mit einem Teleobjektiv fotografiert wurde, während er an einer Felswand klettert. In Wirklichkeit sind seine Füße nur knapp über dem Boden. Ich brauchte auch kein Teleobjektiv, denn ich bin einfach ein paar Schritte näher herangegangen und habe von Hochformat auf Querformat gewechselt. So bekommt das Motiv eine ganz andere Wirkung.

↑ Auf welchem Foto wirkt Lukas waghalsiger? Links im Hochformat mit gut erkennbarem Boden oder rechts im Querformat nach oben fotografiert?

Wenn du kein Teleobjektiv hast, kannst du das Bild später auch am Computer oder Smartphone entsprechend zuschneiden, was aufgrund der Auflösung moderner Kameras leicht möglich ist. Also auch am Bildschirm lohnt es sich noch, den Bildausschnitt zu verändern. Denn vielleicht fällt dir erst hier bei längerer Betrachtung oder Ausschnittvergrößerung dein Idealbild auf.

Überleg dir das mal so: Wenn du etwas malst, beginnst du mit einem leeren Blatt und malst nach und nach, was du willst. Wenn du etwas fotografierst, ist es umgekehrt. Dein »Blatt« ist schon voll, wahrscheinlich auch mit vielen unwichtigen Dingen. Jetzt ist dein Job, durch den Standpunkt und den Bildausschnitt wegzunehmen, was nicht wichtig ist.

Schneide keine Füße oder Köpfe an

So wichtig der Ausschnitt auch ist, solltest du doch darauf achten, nichts Bildwichtiges abzuschneiden. Das ist in der Regel nicht gut, oder magst du Bilder von dir, bei denen Hände oder Füße abgeschnitten sind? Das passiert leicht, weil man sich gerne auf das Gesicht oder die Gesichter konzentriert. Instinktiv setzen wir die Köpfe in die Mitte des Bildes.

Insbesondere bei Gruppenfotos achtet man da schon mal nicht darauf, weil die Personen schnell ungeduldig werden. Dadurch bekommt der Hintergrund, der die Hälfte des Bildes bestimmt, mehr Gewicht und das Bild verliert an Wirkung.

↑ Links: Ein (ungewöhnliches) Gruppenfoto mit abgeschnittenen Füßen. Rechts: So sieht das Gruppenbild besser aus!

Bei solchen Aufnahmen ist es gut, wenn du um die Gruppe herum noch Platz lässt und das Bild erst später zuschneidest. Mehr Platz ist auch gut, wenn du das Bild als Fotoabzug in verschiedenen Formaten nutzen möchtest. Dann kann es sein, dass seitlich oder oben und unten etwas weggeschnitten wird.

Und noch ein Tipp: Stell deine Kamera für Gruppenfotos auf *Serienbildaufnahme*. Denn in der Regel hat immer gerade jemand die Augen geschlossen oder guckt irgendwie komisch. Wenn du mehrere Bilder nacheinander machst, ist die Chance größer, dass eines dabei ist, auf dem alle mit offenen Augen in die Kamera lächeln. Ein paar Fotos mehr schaden also nicht.

Bei Fotos von anderen Kindern oder Jugendlichen kann es schnell passieren, dass die Köpfe der Eltern abgeschnitten werden, wenn sie mit auf dem Bild sind. Betrachte immer alles in deinem Sucher, und wähl auch hier lieber einen etwas größeren Bildausschnitt, wenn du dir unsicher bist.

Setz dein Motiv geschickt in Szene

Kombinier die Regeln, bis du mit deinem Bild zufrieden bist. Beginne mit der einfachen Drittelregel für den Bildaufbau.

Die Drittelregel in Aktion

Die Drittelregel kannst du auch gut an Porträtfotos üben. Klar, bei Passbildern ist der Kopf mittig, weil nicht viel Platz für mehr Details erlaubt ist. Fotografierst du jedoch hochkant, also im *Porträtformat*, wirkt es gut, wenn die Augen auf Höhe der Drittellinie liegen.

Im Querformat (auch *Landschaftsformat* genannt) verschiebst du den Kopf entweder nach links oder nach rechts. Die Augen liegen dann auf der oberen Drittellinie der langen Bildkante, und der Hals sitzt auf einer der kurzen Drittellinien, die von oben nach unten durchs Bild verlaufen. Achte auf den Blick der Person: Schaut sie nach links, lass sie »ins Bild« schauen, indem der Kopf am rechten Bildrand platziert ist, und andersherum. Das machst du auch hier wieder, um nichts abzuschneiden, in diesem Fall den Blick der porträtierten Person.

↑ **Ein Porträt im Querformat: Eylüls Nase liegt ungefähr auf der Linie des Goldenen Schnitts, also etwas mittiger als die Drittellinie. Sie schaut direkt in die Kamera, aber die Blickrichtung an sich geht in den offenen Raum.**

Ältere Systemkameras haben nur wenige Autofokusfelder, die häufig im mittleren Bereich des Bildes liegen. Das verleitet dazu, das Motiv in die Bildmitte zu setzen. In dem Fall kannst du erst scharf stellen, den Auslöser halb gedrückt halten und den Bildausschnitt dann verändern. Sobald er dir gefällt, drückst du durch und machst das Bild. Moderne Kameras bieten dir eine Vielzahl an Autofokusfeldern, die du vorab auswählen kannst. Manche haben sogar eine Augenerkennung. Diese nutze ich sehr oft, denn leichte Bewegungen können bei sehr geringer Schärfentiefe bereits das Ohr anstelle des Auges fokussieren. Mit der Augenerkennung kannst du dich eher auf das Modell und den richtigen Moment als auf das Scharfstellen konzentrieren. Bei Smartphones kannst du durch einen Fingertipp überall im Bild scharf stellen.

Die Drittelregel funktioniert natürlich auch bei Landschaftsaufnahmen. Fotografierst du das Meer, setzt du den Horizont entweder auf die obere oder auf die untere Linie. In den Bergen oder an einem See wirkt es schön, wenn du im Vordergrund, im unteren Schnittpunkt von einer waagerechten und einer horizontalen Linie, eine Blume, einen Stein oder eine Person platzierst. Das gibt dem Bild mehr Räumlichkeit.

↑ Dein Blick startet bei dem großen Stein rechts vorne, dann wandert er nach links zum See und landet schließlich bei der Bergkette im Hintergrund.

Linien, die deinen Blick führen

Nicht immer lässt sich die Drittelregel sinnvoll anwenden. Aber es wäre ja auch langweilig, wenn jedes Bild nach der gleichen Regel fotografiert werden würde. Eine wesentliche Idee bei der Bildgestaltung ist es ja, den Blick zu lenken. Was soll jemand sehen, der sich dein Bild anschaut? Mit Linien kannst du den Blick führen. Und das Tolle ist, dass diese Linien auf vielerlei Weise entstehen können. Oft denkt man gar nicht bewusst, dass es Linien sind, weil sie nur »gedacht« sind.

Fangen wir bei den Linien an, die genau in die Mitte eines Bildes führen. Man spricht dann davon, dass sie den *Fluchtpunkt* in der Mitte haben. Diese Bilder wirken sehr symmetrisch und haben eine starke Tiefenwirkung, wie du an dem Gang und dem Baumfoto gut erkennen kannst. Dein Blick wandert automatisch auf das dunkle Tor oder die Baumkrone in der Mitte zu.

Merk dir

Fluchtpunkt in der Mitte

Ein Fluchtpunkt in der Bildmitte gibt dem Bild Symmetrie und Tiefe.

↑ Ein langer und etwas unheimlicher Gang auf einer Burg. Der Fluchtpunkt liegt in der Mitte.

↑ Auch bei diesem Baum liegt der Fluchtpunkt in der Mitte. (Bild: Constanze Trzebin)

Geschwungene Linien wirken sehr harmonisch. Diese Bilder empfinden wir als schön und nehmen uns gern mehr Zeit, sie zu betrachten. Das kann zum Beispiel auch ein Schwanen- oder Pelikanhals sein.

➔ Links: Der Körper dieses Pelikans formt ein »S«. Rechts: Bei diesem Koala wandert dein Blick C-förmig vom Kopf zum Fuß.

Merk dir

Geschwungene Linien

Geschwungene Linien vermitteln ein Gefühl von Ruhe und Schönheit.

Als ich im Wald spazieren ging, habe ich instinktiv nach oben geschaut. Die hohen Bäume wirkten dynamisch und kraftvoll. Das ist die Wirkung von vertikalen Linien, die dir auch bei hohen Zäunen, Strommasten, Hochhäusern oder Fernsehtürmen begegnen.

➔ Links: Die Baumstämme führen deinen Blick von unten nach oben. Rechts: Schon bevor sich dieser Farn ausrollt, wirkt er kraftvoll.

Merk dir

Horizontale und vertikale Linien

Während horizontale (waagerechte) Linien Ruhe und Stabilität vermitteln, wirken vertikale (senkrechte) Linien dynamisch und kraftvoll.

Das beeindruckende Gefieder des Pfaus bereichert das Bild um viele Linien, die aus dem Bild herausführen und wie Sonnenstrahlen wirken. Da unser Blick vom Körper des Pfaus diagonal in die Höhe gezogen wird, denken wir an Größe und Eleganz oder etwas in der Art.

← Der Körper des Pfaus ist nach der Drittelregel platziert. Das Gefieder bereichert das Bild aber um zahlreiche Linien, die es komplett ausfüllen und darüber hinausweisen. Das wirkt so, als wäre das Gefieder noch deutlich größer, weil du die Linien im Kopf weiterführst.

Merk dir

Aus dem Bild herausführende Linien

Aus dem Bild herausführende Linien vermitteln den Eindruck von Größe, aber nicht von Tiefe.

Auch das Foto aus dem Wald auf der nächsten Seite entspricht der Drittelregel. Dies allein ist jedoch nicht der Grund für seine Wirkung, denn die Linien entlang des Weges geben dir ein Gefühl von Tiefe, da sie zur Mitte gerichtet sind. Du bekommst schnell einen Zugang zum Motiv, als würdest du selbst auf dem Weg laufen, weil diese Linien ins Bild hineinführen.

→ Dieser Wald lädt zum Spazieren ein. Die Linien führen in die Bildmitte und lassen dich »im Wald stehen«.

Den entgegengesetzten Effekt hat das nächste Bild. Der Zug fährt genau auf dich zu (die Linie führt von links oben zur unteren Mitte) und in Gedanken fühlst du die Bewegung und Weite, denn die Schienen geben dem Bild eine enorme Tiefe.

→ Dieser Zug kam auf Johannes zu gefahren. Die kurvigen Bahnschienen geben dem Bild Weite.

Merk dir

In das Bild führende Linien

Führen Linien in ein Bild hinein, vermitteln sie dir das Gefühl, mitten im Geschehen zu sein.

← Die »Linie« des Stadionmasts zeigt in die rechte obere Ecke. Automatisch wandert dein Blick von links unten nach rechts oben.

Rahme dein Motiv ein

Oft findest du in der Nähe deines Motivs Objekte, die einen natürlichen Rahmen bilden können. Diese können den Fokus auf dein Motiv verstärken. Diesen Effekt kannst du gut in der Stadt erzielen, wenn eine schmale Gasse durch einen Torbogen führt. In der Natur können das Äste von Bäumen sein, die die Landschaft dahinter umrahmen. Diese Wirkung erzielen auch wenige Gräser, wenn du eine einzelne Blume fotografierst, wie auf dem Foto von Johannes hier unten. Es stört auch nicht, dass der Horizont mittig ist, da der »Rahmen« das Gleichgewicht im Bild wiederherstellt.

← Die Mohnblume in der Mitte, umrahmt von Gräsern. Auch hier darf der Horizont gerne mittig sein.

Nutz Symmetrien

Es gibt Strukturen, die sich immer wiederholen, wie Heidelbeeren in einer Schüssel oder ein Korb voller Bälle. Symmetrien findest du auch in einzelnen Objekten, die dir täglich begegnen. Achte mal auf die Strukturen von aufgeschnittenen Äpfeln, Orangen, Kakis oder Kiwis. Das können spannende Fotomotive sein, ebenso wie Blumen, Federn und Blätter! Mit der Makrofunktion deines Smartphones kannst du spannende Aufnahmen machen. Probier es mal aus!

→ Eine Blutorange und eine Kaki – wie sieht das bei anderem Obst oder Gemüse aus?

Menschen mögen Wiederholungen, also Symmetrien, weil sie so leicht begreifbar sind und so aufgeräumt aussehen. Sie wirken damit harmonisch. Im Alltag begegnen sie uns oft, halt mal nach ihnen Ausschau.

→ Der Blick in einen Heißluftballon

Fang deine Welt mit Hilfsmitteln ein

Wie wäre es, wenn du mit Fotos Dinge ganz anders darstellst, als du sie gewöhnlich siehst? Du kannst beim Fotografieren viele Mittel verwenden, die dir dabei helfen.

Du könntest dir zum Beispiel eine Glaskugel besorgen. Nicht, um hellzusehen, sondern um deine Welt ganz anders einzufangen. Du stellst dann auf dein Motiv in der Glaskugel scharf und variierst die Schärfe des Hintergrundes über die Blende oder die Motivprogramme (Landschaft = viel Schärfe, Porträt = wenig Schärfe). So entsteht ein Bild im Bild. Ein kleiner Hinweis am Rande: Die Sonnenstrahlen werden in der Kugel zusammengeführt und können Wärme erzeugen. Wenn du sie in der Hand hältst, kann es sehr warm werden, vor allem kann sich aber auch trockenes Gras entzünden! Also Vorsicht!

Versuch immer wieder, dein Umfeld mit anderen Augen zu sehen. Wenn du gelangweilt im Restaurant auf deine Eltern wartest, schau mal durch ein Wasserglas. Wie verändert sich die Umgebung?

Auf dem Bild rechts liegt Timon »kopfüber« Bei vielen Motiven muss man somit genau hinsehen, einen »Kopfstand« machen oder das Bild entzerren.

Damit die Kugel nicht wegrollt und kaputtgeht, solltest du eine Halterung nehmen. Das kann ein Metallring aus der Küche sein, etwas eingedrücktes Styropor, ein Flaschendeckel oder eine Holzplatte mit Vertiefung. Es gibt sogar kleine Saugfüße mit Gewinde für das Stativ. Vergiss auch nicht, die Kugel vorher mit einem weichen Tuch zu putzen, damit das Bild keinen »Schleier« bekommt.

Für derartige Fotos brauchst du manchmal etwas Geduld, aber das Ergebnis bietet sicher einen »Wow-Effekt«. Das ist kein Schnappschuss, das ist Kunst!

↑ Ein Porträt in einer Glaskugel. Timon liegt »kopfüber«.

Beachte die Perspektive

Weißt du, was genau der Begriff *Perspektive* praktisch bedeutet? Damit ist gemeint, dass du eine Sache von unterschiedlichen Standorten aus betrachten kannst. Du kannst einfach von oben herab dein Motiv fotografieren oder dich eben um das Motiv herumbewegen, auf Augenhöhe oder noch tiefer gehen.

Da du beim Fotografieren dreidimensionale Objekte auf einem zweidimensionalen Foto darstellen möchtest, kannst du die Perspektive auch nutzen, um ein Foto »tiefer« oder räumlicher wirken zu lassen, als könnte man hineingreifen ins Bild. Das kannst du gut an dem E-Bike hier unten sehen. Schaust du es leicht von oben und mit Abstand an, wirkt es gar nicht so groß. Bückst du dich, um mit der oberen Kante vom Rad auf Augenhöhe zu sein, wirkt es richtig groß. Ein Foto von oben hingegen lässt es förmlich »schrumpfen« und wie ein Kinderfahrrad aussehen.

←↑ Ein E-Bike aus unterschiedlichen Perspektiven. So wie links oben sieht es aus dem Stand (leicht von oben) mit etwas Abstand aus. Es wirkt kleiner als es ist, aber nicht so gestaucht wie von oben aus der Nähe (rechts oben). Viel größer wirkt es, wenn duch dich kniest und leicht von unten nach oben fotografierst.

Merk dir

Perspektive

Die Perspektive beschreibt die Räumlichkeit abhängig von deinem Standort zu dem Objekt, das du fotografierst.

Fotografier die Welt, wie du sie siehst – die Zentralperspektive

Es gibt verschiedene Möglichkeiten der Perspektive. Beginnen wir mit der üblichen, der *Zentralperspektive* (*Normalsicht*), bei der sich dein Objekt vor dir befindet. Das Objekt wird auf dem Foto so dargestellt, wie du es mit deinen Augen siehst. Schaust du den Zug etwas von der Seite, aber auf Augenhöhe an, verlaufen die seitlichen Kanten nicht mehr parallel, sondern würden sich am Horizont treffen, wenn du die Linien verlängerst, im sogenannten *Fluchtpunkt*. Die senkrechten Linien verändern sich dabei nicht. Achte mal darauf, wie die Türen und Fenster entlang einer Straße immer kleiner werden.

Bei Landschaftsfotos vermittelst du den Betrachtern ein Gefühl von Entfernung, wenn die Bäume und die Abstände zwischen ihnen immer kleiner werden.

← **Der Zug wirkt durch die Perspektive so, als ob er nach rechts immer kleiner würde.**

→ Die Bäume und die Abstände zwischen ihnen wirken immer kleiner, je weiter weg sie sind.

Dadurch, dass Dinge in der Ferne kleiner sind, kannst du auch deine Freunde zu Miniaturen werden lassen, indem du beispielsweise eine Schüssel wenige Meter entfernt vor dich stellst, während dein Freund oder deine Freundin viel weiter entfernt ist. Verändere die Höhe der Kamera so, dass Schüssel und Mensch zueinanderpassen. Damit keiner deinen Trick durchschaut, wählst du eine große Blendenzahl, auf diese Weise ist die Schärfentiefe groß. So kannst du auch Freunde auf einem Seil balancieren lassen oder die Sonne in deiner Hand halten.

↑ Nutz die Perspektive für optische Täuschungen. Durch den großen Abstand ist das hintere Motiv viel kleiner und kann optisch auf die Höhe des vorderen Motivs »gezaubert« werden.

Merk dir

Zentralperspektive

Bei der Zentralperspektive stehst du frontal zum Objekt. Senkrechte Linien bleiben senkrecht. Waagerechte Linien treffen sich in ihrer Verlängerung an einem sogenannten *Fluchtpunkt* am Horizont und werden verzerrt, daher nennt man das *perspektivische Verzerrung*.

Kleine Menschen, große Menschen – die Froschperspektive

Manche Dinge kannst du viel besser in Szene setzen, wenn du sie von unten, sozusagen aus der Sicht eines Frosches, fotografierst. Diese Perspektive nennt man daher *Froschperspektive*.

In deinem Umfeld und in der Natur findest du viele Objekte, die von unten betrachtet riesig wirken. So bekommen Pilze, kleine Blümchen oder auch dein Haustier eine riesige, zumindest aber ungewöhnliche Wirkung.

Diesen Trick kannst du auch bei Personen anwenden. Begeben sich Erwachsene tiefer als Augenhöhe von Kindern, wirken die Kinder viel größer. Bei Porträts kann dieser Effekt eine positive Wirkung haben, wenn du nicht übertreibst.

Fotografierst du einen Freund von unten nach oben, erscheint er wie ein Riese mit übergroßen Füßen. Auch Personen im Klettergarten wirken so, als wären sie in schwindelerregender Höhe, wenn du sie von ganz weit unten fotografierst. Wenn du also übertreibst – von oben oder unten –, sieht das Motiv ganz anders aus.

Du kannst das bereits mit kleinen Blumen auf der Wiese ausprobieren. Dreh dein Smartphone kopfüber, sodass die Kamera ganz weit unten ist, und fotografier die Blumen von unten nach oben.

↑ Die Person im Kletterpark wirkt weit weg. Ich lag fast auf dem Boden und fotografierte mit einer geringen Brennweite gegen die Sonne.

Merk dir

Froschperspektive

Du fotografierst in der Froschperspektive von unten nach oben. Sei einfach mal ein Zwerg in einer Welt von Riesen!

Noch ein kleiner Tipp: Stehst du direkt vor einem Gebäude, schaust nach oben und willst es fotografieren, dann wirken die senkrechten Wände verzerrt. Hier bist du schon in der *Froschperspektive*, ohne dich extra klein machen zu müssen. Wenn dich das stört, kannst du versuchen, mit einem Teleobjektiv von etwas weiter weg zu fotografieren.

So sieht es ein Vogel – die Vogelperspektive

Eine dritte Variante ist die Betrachtung von oben, aus der sogenannten *Vogelperspektive*. Dafür brauchst du aber weder ein Flugzeug noch eine Drohne.

Schau einfach mal nach unten zu deinen Füßen. Was du da siehst, siehst du auch aus der Vogelperspektive. Zur Vogelperspektive gehören alle Fotos, bei denen du deine Kamera nach unten neigst. Solange deine Eltern noch größer waren als du, schauten sie immer aus der Vogelperspektive zu dir hinab.

Du erkennst diese Perspektive auch am Horizont, der nur in der oberen Hälfte zu sehen ist, wie auf dem Foto der Krämerbrücke in Erfurt, oder sogar überhaupt nicht. Dinge wirken gestaucht und Köpfe ungewöhnlich groß, da der Körper perspektivisch verzerrt wird.

Merk dir

Vogelperspektive

Aus der Vogelperspektive fotografierst du das Motiv von oben.

← Links: Vogelperspektive von der Krämerbrücke in Erfurt. Der Turm, von dem aus ich das Bild gemacht habe, steht am Ende dieser bebauten Brücke. Rechts: Im Vergleich zur Vogelperspektive wirkt dieselbe Brücke aus der Froschperspektive ganz anders.

Nahaufnahmen gestalten

Ein großer Vorteil von Systemkameras im Vergleich zu Smartphones ist das Objektiv, denn es erlaubt dir, Dinge ganz nah heranzuholen, die du auf dem Smartphone-Display aufgrund des Weitwinkelobjektivs kaum erkennst. Tiere flüchten schnell, wenn Menschen in ihre Nähe kommen. Beobachtest du sie aber mit Abstand, kannst du sie unbemerkt fotografieren. Bei einer Systemkamera kannst du auch ein Makroobjektiv verwenden, das dir Details von Objekten zeigt, die du mit dem Auge nicht wahrnehmen würdest. Mit diesem Objektiv ist der Abstand zum Motiv geringer. Immer wieder bin ich erstaunt, was der Makromodus meines Smartphones einfängt, bei wenigen Zentimetern Abstand zum Motiv. Hierfür ist auch eine spezielle Linse verbaut, die nicht für »normale« Alltagsbilder verwendet wird. Du kannst damit zum Beispiel eine Sonnenblume im Ganzen fotografieren oder dich auf die Details fokussieren. Plötzlich nimmst du ein Insekt und die vielen feinen Strukturen im Zentrum der Sonnenblume wahr.

→ Auf der Sonnenblume sitzt eine Biene und nascht. Mit dem Makrofoto hast du am Computer genügend Zeit, sie dir mal aus der Nähe anzusehen. Stechen kann sie dich dann auch nicht.

↑ Links: Auch mit dem Smartphone kannst du Details wie diese Wassertropfen auf der Blüte einfangen. Rechts: Diese Heuschrecke saß auf meinem Balkontisch. Vergrößere ich das Foto am Monitor, erkenne ich Details, die ich mit dem Auge gar nicht wahrgenommen habe.

Diese Details können kleine Insekten, Blumen, eine Orangenscheibe im Glas, Gegenstände in deinem Zimmer oder irgendwelche Strukturen oder Muster sein. Die Bezeichnung »Makro« bezeichnet Dinge, die du mit einer Lupe sehen kannst. Deswegen nennt man diese Nahaufnahmen auch *Makroaufnahmen*.

Merk dir

Makrofotografie

Eine 1:1-Makroaufnahme bildet das Objekt so groß auf dem Sensor ab, wie es in Wirklichkeit ist. So kannst du mehr Details erkennen als mit dem bloßen Auge.

Für eine Makroaufnahme kannst du den passenden Modus an deiner Kamera oder deinem Smartphone einstellen oder selbst mit den Belichtungseinstellungen experimentieren. Ein paar Dinge solltest du beachten (siehe Merkkasten).

Merk dir

Tipps für die Makrofotografie

- Teste vorab den kleinstmöglichen Abstand von deinem Objektiv zum Objekt bei verschiedenen Vergrößerungen. Bis zu welchem Abstand kannst du das Bild noch scharf stellen?
- Nutz kurze Belichtungszeiten (Verwacklungsgefahr!), denn gerade Blumen bewegen sich draußen im Wind.
- Verwende ein Stativ oder stütz deine Arme ab, da du schnell das Motiv im Display »verlierst« (kleine Bewegung = große Entfernung weg vom Objekt) und beim Auslösen die Kamera bewegst.
- Wähl eine nicht zu kleine Blende, denn der scharfe Bereich ist bei Makroaufnahmen oft nur wenige Millimeter (!) groß!
- Wähl bewusst den Fokusmodus, vielleicht ist ein einzelnes Fokusfeld besser als alle Fokusfelder. Experimentier auch mal mit dem manuellen Fokus. Dann kannst du genau auf das scharf stellen, was dir wichtig ist. Nutzt du ein Stativ, kannst du auch gut manuell scharf stellen.
- Es müssen auch nicht immer Blumen oder Insekten sein, in deinem Zimmer finden sich bestimmt viele interessante Dinge, die sich für rätselhafte Nahaufnahmen eignen. Sie fliegen auch nicht weg oder bewegen sich im Wind.

Nutz die Wirkung von Licht

Das Licht ist mindestens so wichtig für die Bildwirkung wie der Bildaufbau. Nicht umsonst heißt Fotografie ja auch »Zeichnen mit Licht«. Gerade das Sonnenlicht ist so vielseitig, dass du das gleiche Motiv immer und immer wieder mit anderer Wirkung fotografieren kannst. Es macht einen Unterschied, zu welcher Tages- und Jahreszeit, aus welcher Position und bei welchem Wetter du Fotos machst.

An dem Beispiel der gefrorenen Wassertropfen am Morgen siehst du, wie unterschiedlich ein Foto wirken kann.

↑ Diese gefrorenen Wassertropfen erhalten durch die Position der Sonne eine ganz unterschiedliche Wirkung (links oben: Sonne hinter mir, rechts oben: Sonne rechts, links unten: Sonne vor mir). Rechts unten: Nicht nur das Licht verändert die Bildwirkung, sondern auch der Bildausschnitt. Von weiter weg wirken die Tropfen auf dieser Mülltonnenbox nicht mehr so beeindruckend – oder?

Wo befindet sich die Sonne?

Den Einfluss der Sonne kannst du sehr gut an einem Experiment in der Morgensonne testen. Nimm dir dein Smartphone und halt es mit ausgestrecktem Arm vor dich. Jetzt dreh dich einmal um deine eigene Achse und nimm davon ein Video von dir auf. Wie wirkt dein Gesicht in den unterschiedlichen Positionen?

Möchtest du die Farben deines Motivs so einfangen, wie du sie mit den Augen siehst, sollte die Sonne hinter dir stehen. Die Sonnenstrahlen treffen auf das, was du fotografieren möchtest. Das Motiv reflektiert das Licht und »schickt« es zu deinen Augen und dem Sensor deiner Kamera zurück.

Vergiss bei Fotos mit dieser Sonnenposition nicht, dass Personen genau in die Sonne blicken und geblendet werden. Sie schauen entspannter, wenn sie im Schatten stehen bzw. nicht direkt in die Sonne schauen müssen. Dann haben sie auch keine harten Schatten im Gesicht. Ein leichter Aufhellblitz kann dir hier weiterhelfen.

Fotografierst du aus der anderen Richtung *gegen* die Sonne, kannst du beeindruckende Schattenfotos machen. Allerdings musst du dich ohne zusätzliche Lichtquelle wie einen Blitz immer entscheiden, ob du den Himmel oder das Objekt/die Person richtig belichten möchtest. Denk immer daran, dass deine Augen viel mehr wahrnehmen und dein Gehirn viel mehr ausgleichen kann, als es der Sensor deiner Kamera vermag. Steht die Sonne tief, wirken Fotos in Richtung der Sonne sehr schön, denn der Hintergrund verblasst, und die Haare werden von hinten angestrahlt.

Mithilfe der bereits erwähnten *Spotmessung* kann die Kamera die Belichtung sehr genau einstellen. Es wird dann nur ein sehr kleiner Punkt im Bild gemessen – der, den du für wichtig hältst. Alles andere wird bei der Belichtungsmessung ignoriert. Mehr dazu findest du auf Seite 104.

Eine weitere Option ist das Seitenlicht. Dieses verleiht Motiven eine starke räumliche Wirkung, da dann ein Teil im Schatten liegt. Der Schatten von Gebäuden gibt dem Betrachter eine Ahnung ihrer Größe. Und fotografierst du eine Allee, sieht es toll aus, wenn die Bäume von der Seite angestrahlt werden und Schatten auf den Weg oder die Straße werfen. Nur bei Porträts können dunkle Schatten störend wirken.

↑ Links: Ein Porträt von Laura mit Gegenlicht. Die Belichtung ist auf das Gesicht abgestimmt, und es gibt keine Schatten. Rechts: Die Sonne strahlt Laura von der Seite an. Im Gesicht siehst du die Schatten. Käme die Sonne von vorne, wäre sie geblendet. Beide Bilder sind schön und doch verschieden!

Ist der Horizont leer wie am Meer oder fotografierst du gegen den Himmel, kannst du Personen, wie Grete und Timon, wie Schatten wirken lassen. Du musst dann nur auf den Himmel belichten.

→ Foto gegen das Licht. Grete und Timon sind nur als Schatten zu sehen.

Einfluss der Tages- und Jahreszeit

Steht die Sonne sehr tief, wie am Morgen und am Abend, bekommt das Licht eine rötliche Färbung, und Gegenstände und natürlich auch Menschen werfen lange Schatten. Diese Schatten geben dem Foto räumliche Tiefe und interessante Strukturen. Um diesen Effekt zu nutzen, musst du aber schnell sein, denn je nach Jahreszeit liegt dieses Zeitfenster bei 1 bis 2 Stunden oder sogar nur wenigen Minuten.

Die Lichtstimmung in den Morgen- und Abendstunden ist eine ganz andere als mitten am Tag. Oft strahlen Bilder in der Morgensonne Ruhe und Stille aus. Frühes Aufstehen kann sich also lohnen.

Bei einem Spaziergang eignet sich die tief stehende Sonne perfekt für ein gelungenes Schattenspiel oder ein Gruppenbild. Fotografier eure langen Schatten, und halt die Kamera dabei so, dass niemand den Fotografen erkennt.

↑ Links: Familienbild in der tief stehenden Abendsonne, rechts: Schattenspiele in der Natur

Porträts in der Abendsonne geben dem Foto eine angenehme Wirkung, da es keine so harten Schatten gibt wie zur Mittagszeit und die Personen nicht so stark die Augen zukneifen.

Fotos, die du mittags aufnimmst, wenn die Sonne fast senkrecht steht, haben aufgrund der kurzen Schatten viel weniger Tiefe, und Farben kommen eventuell

↑ Porträt im Schatten. Konrad blickt mich entspannt an.

weniger zur Geltung, da die Luft oft nicht so klar ist. Bei Porträts fallen die Schatten nach unten, wobei die Augen nur als dunkle Bereiche herauskommen. Das sieht nicht schön aus. Nutz zu dieser Tageszeit besser den Schatten.

Andere Lichtquellen

Es gibt natürlich nicht nur Sonnenlicht. Andere Lichtquellen, etwa Lampen, werden für deine Fotos auch eine Rolle spielen. Sehr beliebt für Selbstporträts mit dem Smartphone sind sogenannte *Ringlichter*, bei denen du die Farbwirkung und Lichtstärke einstellen kannst, um dein Gesicht im Innenraum natürlich wirken zu lassen.

Du kannst in einem dunklen Raum mit Licht auch regelrecht malen, wenn du lange genug belichtest. Nimm zum Beispiel eine Taschenlampe, strahl etwas an und belichte mehrere Sekunden lang. Zu Silvester könntest du natürlich auch Wunderkerzen nehmen, mit denen du die Zahl des neuen Jahres in die Luft schreibst. Das Schwierige daran ist, dass du alles seitenverkehrt zeichnen musst, wenn du nicht im Nachgang am Computer das Bild spiegeln möchtest. Da deine Kamera nicht weiß, dass du nur die Lichtquelle sichtbar haben möchtest, solltest du alles manuell einstellen. Die Kamera versucht sonst, ein helleres Bild zu erzeugen. Mit ISO 100 hältst du das Rauschen niedrig, und eine geschlossene Blende (hohe Blendenzahl) gibt dir mehr Freiraum bei der Schärfentiefe. Die richtige Belichtung der Jahreszahl hat mich am Anfang mehrere Versuche gekostet, aber nach ein paar Jahren habe ich nun ein Gefühl dafür.

→ Der Start in das neue Jahr – gezeichnet mit einer Wunderkerze

Bei einer Party kann Neonschminke und UV-Licht für beeindruckende Effekte sorgen. So wird euch definitiv nicht langweilig und ihr schafft euch Fotos für eure Wände.

← Partytipp: Neon-Schminke unter UV-Licht (Bild: Constanze Trzebin)

Auch »Spielzeug« eignet sich zum Experimentieren sehr gut. Experimentier zum Beispiel mit Ventilatoren und Kreiseln, die farbiges Licht erzeugen.

Nutz den Blitz bewusst

Es gibt natürlich auch fast immer die Möglichkeit, den Blitz zu nutzen. Im Automatikmodus entscheidet deine Kamera, wann sie den Blitz zu Hilfe nimmt. Wenn die Kamera einen eingebauten Blitz hat.

Porträts wirken mit Blitzlicht ganz unterschiedlich. Der in deiner Kamera eingebaute Blitz blitzt in der Regel frontal nach vorne und kann Gesichter unnatürlich hell erscheinen lassen. Auch die Farben können anders wirken. Sitzt dein Modell direkt vor einer Wand, gibt es dunkle Schatten, die dich vielleicht stören.

Wissen

Weicheres Licht

Mit etwas Butterbrotpapier vor dem Blitz kannst du das Licht auch »weicher« machen und Gesichter natürlicher erscheinen lassen. Und in der Regel kannst du die Blitzstärke an der Kamera auch reduzieren. Lieber etwas weniger Blitzlicht als zu viel.

Um die Wirkung eines ganzen Raumes einzufangen, solltest du auf ein Blitzlicht verzichten, denn es leuchtet den Raum nur wenige Meter weit aus. Mit einem Aufsteckblitz (auch Systemblitz oder externer Blitz), den es für Systemkameras gibt, kannst du zum Beispiel auch an die Wand oder Decke blitzen. Das nennt man indirektes Blitzen. Von der Wand oder Decke wird das Licht dann auf dein Modell reflektiert, und das Licht wirkt, als fiele es durch ein großes Fenster. Der Schatten wird sehr viel unauffälliger und das Licht ist viel natürlicher. Aber Achtung: Wenn die Wand grün ist, wird das Licht auch grün! Ideal sind also weiße Wände oder Decken.

Erscheint dir das Gesicht noch etwas zu »langweilig«, da die Räumlichkeit verloren geht, achte darauf, über die Wand und nicht über die Decke zu blitzen. Das Licht von der Seite wirkt wie Fensterlicht (Fenster sind ja selten in der Decke), und das Gesicht wird dadurch natürlicher beleuchtet.

↑ Wenn dein Fotomodell vor einer Wand sitzt wie Grete, dann erzeugt der direkte Blitz sehr harte Schatten.

↑ Das Licht durch den seitlichen Blitz an eine weiße Wand erzeugt eine natürliche Helligkeit. Es sieht so aus, als hätte Grete ein Fenster neben sich.

Fotografierst du eine Person draußen gegen die Sonne, kann dir ein Blitz ebenfalls helfen. Das klingt vielleicht komisch, weil es ja eigentlich hell genug ist, aber der *Aufhellblitz* sorgt dann dafür, dass das Gesicht etwas aufgehellt wird, das sonst im Schatten läge, und dass der Hintergrund nicht zu hell erscheint. Das ist auch in der Abenddämmerung bei Porträts sinnvoll, damit der Hintergrund nicht zu dunkel wird.

Merk dir

Aufhellblitz

Der Aufhellblitz ist kein besonderes Gerät, sondern ein normaler Blitz. Man nennt es Aufhellblitzen, weil der Blitz nur ein wenig zum vorhandenen Licht beiträgt und zum Beispiel Schatten mildert.

Und dann sind da noch die bekannten roten Augen, die Porträtierte oft auf Fotos zeigen, ausgelöst durch den Blitz. Nutzt du die Einstellung Rote-Augen-Blitz deiner Kamera, werden zwei Blitze nacheinander ausgelöst, was verhindern soll, dass es zu dem Phänomen kommt. Schau mal im Menü für die Blitzeinstellungen, was deine Kamera alles kann! Besser ist aber, gleich einen Zusatzblitz zu benutzen, der einen größeren Abstand zum Objektiv hat. Dann passiert das nämlich nicht, weil der Blitz nicht auf der gleichen Höhe wie die Augen sitzt.

Alternativ kann die Person auch kurz in eine helle Lichtquelle blicken, damit sich die Pupillen schließen. In der Bildbearbeitung können rote Augen im Zweifelsfall aber auch leicht korrigiert werden.

→ **Die Sonne stand genau hinter Timon, sodass ich sein Gesicht kaum erkennen konnte. Der Aufhellblitz hat sein Gesicht schön ausgeleuchtet, ohne dass der Hintergrund ganz hell wurde.**

Selfie-Tricks

Für die sozialen Medien brauchst du coole *Selfies*. Und mit ein paar Tricks gelingt es dir, welche zu machen.

Auf die Perspektive kommt es an

Auch bei Selfies kannst du über den Bildaufbau und die Perspektive einiges erreichen. Hast du schon mal Personen der Stadt beobachtet, wie sie ein Selfie machen? Instinktiv heben wir den Arm leicht seitlich und höher oder niedriger als die Höhe der Augen. Unbewusst machen wir damit schon einiges richtig, denn wir schauen seitlich nach oben und richten die Kamera nicht in Richtung Licht. Was ist deine »Schokoladenseite«?

Versuch mal, die Schulter, über die du schaust, leicht tiefer als die andere zu halten, indem du dich ein kleines bisschen nach vorne lehnst. Das sieht schöner aus. Nicht immer ist der Blick nach oben so vorteilhaft. Entspannt und natürlich ist es für dein Gesicht und die Schultern, wenn die obere Kante des Smartphones (also dort, wo die Linsen sind) auf Augenhöhe ist. Schaue dorthin und nicht auf das Display!

Und wo wir schon dabei sind: Lächle die Oberkante deines Smartphones an, als wäre es deine Freundin oder dein Freund.

Noch ein paar kleine Tipps zur Perspektive: Fotografierst du von unten nach oben, kannst du störende Dinge im Hintergrund aus dem Bild verschwinden lassen. Vergiss jedoch nicht die Regeln des Bildaufbaus, und behalt deine Augen im oberen Bereich des Bildes. Wenn du nach unten schaust, ohne den Kopf zu neigen, schließen sich deine Augen. Neigst du hingegen den Kopf und nicht nur die Augen, sind die Augen offen.

Wenn du zum Smartphone hinaufschaust, sind deine Augen weiter geöffnet, und deine untere Gesichtshälfte und dein Kinn wirken schmaler. Wegen der Verzerrung wirkt man aus dieser Perspektive auch schmaler.

↑ Selfie mit der Kamera oberhalb der Augen. Der Hintergrund ist hier auch schlau gewählt, dazu gleich mehr.

↑ Selfie, von oben fotografiert. Die untere Gesichtshälfte wirkt schmaler.

Ein *Selfiestick* kann dir bei der Suche nach der besten Perspektive helfen und auch Gruppenbilder möglich machen. Eine Fernbedienung zum Auslösen hilft dir beim Fotografieren, wenn dein Smartphone im Stativ (oft im Selfiestick integriert) eingeklemmt ist. Nutz bei den Fotos die Hauptkamera deines Smartphones, da diese oft bessere Qualität liefert. Bist du etwas weiter weg von deinem Smartphone, wirkst du auch nicht so verzerrt. Probier verschiedene Posen aus. Du hast ja nur die Fernbedienung in der Hand, die leicht zu verstecken ist. Etwas sportlicher ist es, wenn du das Foto zeitverzögert auslöst. Auch das ist beim Smartphone möglich.

Übrigens haben viele Systemkameras auch ein Schwenkdisplay und die Möglichkeit, sie mit einer Fernbedienung oder dem Smartphone aus der Distanz zu steuern. So kannst du perfekte Selbstporträts in einer guten Qualität aufnehmen.

↑ Oben: Ein Selfiestick passt in jede Tasche und verlängert deinen Arm. Mit dem Daumen löst du aus. Unten: Mit etwas Abstand wirkt dein Gesicht nicht so verzerrt, und die Schultern bleiben unten.

Wähl das Format

Natürlich hast du auch beim Smartphone die Wahl, ob dein Foto ein Hoch- oder Querformat sein soll. Bei Porträts wird auch hier eher das Hochformat gewählt. Gerade bei Selfies ist das Auslösen an der Seite des Smartphones in diesem Format viel bequemer. Mit etwas Übung geht das natürlich auch im Querformat, was gerade bei mehreren Personen (mit Selfiestick) ein Muss ist. Bei Selfies kommt es auf deine Armlänge an, ob dein Kopf ganz aufs Bild passt oder nicht. Ich empfehle dir nur dann das Querformat, wenn deine Kamera ausreichend Abstand zu dir hat.

↑ **Ein Selfie im Querformat ist natürlich auch möglich, aber ohne Hilfsmittel könnte der Platz etwas knapp werden.**

Achte auf den Hintergrund

Bei einem Selfie bist du Modell und Fotograf gleichzeitig. Das heißt für dich, dass du nicht nur daran denken solltest, ob die Pose gut ist, sondern auch die Aufgabe hast, deine Umgebung wahrzunehmen. Was steht hinter dir? Wächst eine Straßenlaterne aus deinem Kopf oder laufen hinter dir viele Menschen?

Die Unschärfe im Hintergrund kannst du bei einem Smartphone nicht so einstellen wie bei einer großen Kamera, aber es wirkt gut, wenn du Abstand zum Hintergrund hältst.

Übrigens – bei Porträtfotos nutzen Fotografen gern Hauswände oder Fassaden als Hintergrund. Das kannst du auch mit dem Smartphone! Stehst du nahe an einer Hauswand und zeigt das Display des Smartphones entlang dieser Hauswand, wird die Struktur der Ziegel, Holzlatten oder Fensterscheiben perspektivisch verzerrt. Was für ein Effekt! Du siehst das auf dieser Doppelseite und der nächsten Seite.

↑ **Erkennst du, dass dieses Foto mit einem Smartphone gemacht wurde?**

→ Porträts vor Graffitiwänden (rechtes Bild: Constanze Trzebin)

→ Die Fenster dieser Turnhalle geben dem Bild Tiefe. Links: Das Smartphone ist auf einem Stativ befestigt. Rechts: So sieht das Selbstporträt aus. Die Fernbedienung hält Laura in der rechten Hand.

Merk dir

Dein perfektes Selfie

- Dreh den Kopf leicht, damit du dich von der Seite fotografierst.
- Zieh deine Schultern nicht hoch, und halt die vordere tiefer.
- Du musst nicht immer zur Kamera blicken.
- Halt die Kameralinsen am besten auf Augenhöhe oder etwas höher.
- Blicke zur oberen Kante des Smartphones (Kameralinsen), nicht auf das Display.
- Achte auf den Hintergrund, und vermeide störende Gegenstände hinter dir.
- Nutz Fassaden wie Graffitiwände oder Ziegelmauern.
- Nutz das Licht.
- Verlängere deinen Arm um einen Selfiestick.
- Nutz ein Stativ mit Halterung und Fernbedienung.
- Variiere das Format (quer oder hoch).
- Versuch mal, die Rück-/Hauptkamera für Selfies zu nutzen, denn sie ist deutlich besser. Kann sein, dass du dafür Hilfe brauchst, aber pst, muss ja keiner wissen.

Regeln zu brechen ist erlaubt

Manche Motive wirken genau dann stimmig, wenn du bewusst die Regeln ignorierst. Regeln sind ja ohnehin dazu da, ab und an gebrochen zu werden, oder? Wie wäre es also, wenn der Horizont ganz gewollt in der Mitte liegt? Spiegelungen im Wasser können so sehr gut wirken.

Auch bei den Bergseen wirkt die Spiegelung sehr beeindruckend. Für Fotos bei wenig Licht benötigst du ein Stativ oder einen stabilen Untergrund für die Kamera, da du sie bei den langen Belichtungszeiten nicht ruhig genug in der Hand halten kannst. Verwackeln und ein unscharfes Bild wären die Folge.

↑ Der Horizont ist mittig, aber das passt hier gut. Alles ist im Gleichgewicht und wirkt ruhig.

↑ Krasses Gegenlicht ist genau richtig für diese Weinreben.

Es gibt viele Möglichkeiten, die Regeln zu brechen.

Regel	So kannst du sie brechen
Bring mit einem geraden Horizont Ruhe in dein Bild.	Steht dein Motiv schräg, dreh die Kamera, bis es gerade und der Horizont dafür schräg ist.
Teile das Bild horizontal und vertikal in je drei gleich große Bereiche und setz den Schwerpunkt entsprechend der Drittelregel.	Wähl den Horizont bewusst mittig, um beiden Bildhälften das gleiche Gewicht zu geben.
Denk an die Perspektive und die führenden Linien. Versuch, senkrechte Linien von Gebäuden so wenig wie möglich zu verzerren.	Große Häuser wirken nur dann riesig, wenn die Linien in der Höhe zusammenlaufen. Denk an die Zentral- und Froschperspektive.
Fotografier am besten am Morgen oder am Abend, damit das Licht nicht so hart wirkt.	Nutz bewusst die harten Schatten und die geringen Kontraste der Mittagszeit.
Bei Gegenlichtaufnahmen wird entweder das Motiv zu dunkel oder der Hintergrund zu hell.	Gegenlichtaufnahmen sind perfekt geeignet für Schattenbilder, in denen die Person dunkel erscheint. Fotos gegen die Abendsonne erzeugen eine besondere Stimmung.
Vermeide Gegenlichtaufnahmen, dann stören keine Lichtreflexe.	Die Lichtreflexe können auch gut wirken, probier es einfach aus.
Fokussier dich auf wenige Gegenstände im Foto.	Gestalte eine Art »Wimmelbild«, indem du bewusst richtig viele Objekte auf einem Foto unterbringst.
Achte auf die Lichtquelle, damit das Foto natürlich wirkt.	Bewusst verfälschte Farben können dem Foto eine künstlerische Note geben.
Schneide keine Füße oder Köpfe im Foto an.	Porträts (vor allem im Querformat) bekommen eine besondere Wirkung, wenn der obere Teil vom Kopf nicht auf dem Bild ist. Aber nicht zu viel!

← **So kannst du Regeln einfach mal brechen.**

NUN DU: Buchstaben und Gesichter finden

Ist dir schon mal aufgefallen, dass du in einigen Objekten Buchstaben erkennen kannst? Wenn du dich einmal auf die Suche begibst, fallen sie dir immer und überall auf. So geht es mir jedenfalls. Bei überdachten Stellplätzen findet man Pfostenkonstruktionen, die wie ein »A« aussehen, Zäune zeigen oft ein »Z«, auf dem Spielplatz gibt es einige »Cs«, und Bäume sind oft verzweigt zu einem »V«.

Mal sehen, was du in deinem Umfeld alles findest! Kannst du daraus deinen Namen bilden? Vergiss dabei nicht, auch mal schräg zu blicken und die Kamera zu drehen.

Öfter als man zunächst denkt, lassen sich mit etwas Fantasie in vielen Motiven auch Gesichter finden. Wenn du auf Instagram aktiv bist, such doch mal nach *#iseefaces*. Dort findest du viele Ideen! Wolken, Bäume, Steine, Briefkästen, Mülleimer und vieles mehr.

↑ Links: Hier siehst du die Buchstaben »F« und »A«. Rechts: Siehst du auch das Gesicht, das ich sehe? Die Fenster sind die Augen, die Tür ist die Nase und der Weg die Zunge.

NUN DU: Spiel mit dem Licht

Zum Fotografieren brauchst du nicht unbedingt Sonnenschein. Es genügt schon eine Taschenlampe, mit der du beeindruckende Schatten machen kannst. Diese Übung ist perfekt für einen verregneten Tag, an dem du Langeweile hast.

Nimm dir einen Schneebesen aus der Küche und leg ihn auf ein großes, weißes Blatt Papier. Vielleicht hast du ja ein Stativ für deine Kamera oder dein Smartphone. Zu zweit macht es sicher noch mehr Spaß.

Mit der Taschenlampe strahlst du den Schneebesen von verschiedenen Seiten an. Wenn du damit fertig bist, variiere mal den Weißabgleich in deiner Kamera und reduziere dabei die Lichtmenge. Hier kannst du alles, was du bis jetzt gelernt hast, in die Praxis umsetzen! Fotografier den Schneebesen aus verschiedenen Perspektiven, und achte auf den Bildaufbau. – Wiederhol deinen Versuch mit einer Gabel, einem Nudellöffel oder einem anderen Küchenwerkzeug.

←↑ Experimentier mal mit Gegenständen aus dem Haushalt. Verändere die Lichtquelle, den Weißabgleich und die Belichtung. Wenn du bei deinem Smartphone Streifen auf dem Foto siehst, kann es mit der Lichtquelle zusammenhängen. Wenn du den ISO-Wert ändern kannst, verändert sich die Belichtungszeit automatisch und die Streifen sind weg.

Kapitel 8

Mach was mit deinen Bildern!

Kleiner Datencheck

Sicherlich hast du in den letzten Wochen einige Fotos gemacht, denn Theorie ohne Praxis ist ja langweilig. Nimm dir mal einen Zettel zur Hand und denk über die folgenden Fragen nach:

- Wie viele Fotos hast du in den letzten drei Monaten gemacht?
- Hast du mehr mit dem Smartphone oder mit einer Kamera fotografiert?
- Wo hast du die Fotos gespeichert?
- Hast du einige davon mit Freunden geteilt?
- War ein Foto dabei, dass du gerne ausgedruckt haben möchtest?
- Wie viele Fotos hast du am Smartphone oder an der Kamera bearbeitet?
- Was für eine Ordnerstruktur hat dein Fotoordner?

In diesem Kapitel erfährst du, wie Fotos nicht in Vergessenheit geraten, schnell aufzufinden sind und was du damit noch machen könntest. Nimm dir den Zettel nach dem Lesen noch mal zur Hand und überleg dir, ob du etwas optimieren möchtest.

So kommen die Bilder auf deinen Computer

Nach dem Fotografieren kannst du noch viel mit deinen Fotos machen. Aber erst mal müssen sie auf deinen Computer, am besten per Kabel. In der Regel geht das per *USB-Kabel*. Dein Computer erkennt gleich, was für ein Gerät angeschlossen ist, und fragt dich, was er mit den Daten machen soll. Vor dem Start kannst du dem Computer sagen, wo er die Fotos speichern soll, oder du verschiebst sie später an den richtigen Ort.

Alternativ kannst du auch die Speicherkarte aus der Kamera herausnehmen und in ein Kartenlesegerät stecken, das seinerseits mit einem Kabel mit dem Computer verbunden ist. Einige Laptops und PCs haben ein solches Lesegerät auch eingebaut, und du findest eine entsprechende Buchse zum Reinstecken der Karte außen am Gehäuse. Manche Kameras erlauben es dir auch, die Bilder kabellos über WLAN zu übertragen.

Kamera mit Datenkabel und SD-Speicherkarte. Am Datenkabel siehst du den Standard-USB-Stecker (zu dir zeigend) und den Mini-USB-Stecker für die Kamera (in Kamerarichtung zeigend).

Bilder von deinem Smartphone kannst du über das Internet oder ebenfalls über ein USB-Kabel auf den Computer kopieren oder verschieben. Wenn dein Smartphone das kann, empfehle ich dir, eine kleine zusätzliche Speicherkarte im Smartphone zu nutzen, denn wenn das Smartphone mal streikt, kannst du die Daten einfach retten. Einzelne Bilder kannst du dir per E-Mail schicken oder in einem Onlinespeicher, einer *Cloud*, speichern, auf die du von überall her zugreifen kannst. Cloud-Dienste gibt es viele. Ich nutze HiDrive (Strato). Microsoft bietet OneDrive, Apple die iCloud, und Google bietet Google Drive an.

So findest du die digitalen Bilder wieder

Auf meiner Suche nach Fotos für dieses Buch habe ich eines gemerkt: Mit einer guten Ordnung geht alles viel schneller. In der digitalen Welt hast du die Freiheit, unzählige Fotos zu machen, da auf den Speicherkarten (je nach Größe) Hunderte bis Tausende Bilder Platz finden. Leider ist das mit den vielen Fotos vergleichbar mit der Ordnung in deinem Zimmer. Es ist unwahrscheinlich, dass du mit einem größeren Zimmer mehr Ordnung hältst. So, wie du dir ein System für deinen Kleiderschrank oder deinen Schreibtisch überlegt hast (hast du doch?), solltest du dir auch überlegen, wie du deine Fotos auf dem Computer organisierst.

Angenommen, du wärst ein leidenschaftlicher Modellbauer, wie du ja ein leidenschaftlicher Fotograf bist. Wenn vor dir eine Ansammlung von Lego-Steinen in allen Farben und Formen läge, wie würdest du sie ordnen, um schnell die richtigen Steine zu finden?

↑ Ordnung herstellen

Du könntest sie beispielsweise nach ihrer Größe, ihrer Funktion (Räder, Fenster, Dachelemente) oder ihrer Farbe sortieren. Oder du sortierst sie nach Farben und dann nach Größe. Oft sucht man ja ganz bestimmte Steine, die winzig klein sind.

So ähnlich sortiere ich meine Fotos auch. Ich habe für jedes Jahr einen eigenen Ordner. Da ich sehr viele Fotos mache, teile ich mir diesen Ordner noch in vier Unterordner für jedes Quartal (also Januar bis März, April bis Juni, Juli bis September und Oktober bis Dezember), und hierin bekommen die Ereignisse noch ihre Unterordner, also zum Beispiel »Ostern«, »Geburtstag« oder »Sommerurlaub«. Schnappschüsse zwischendurch sammle ich in einem Ordner »Mix«.

← So kannst du deine Fotos zum Beispiel sortieren. Beginne mit einem Hauptordner für jedes Jahr.

Neben der Ordnerstruktur ist auf dem Computer auch der Dateiname wichtig. Jede Kamera benennt die Fotos anders, aber eine Nummerierung haben alle. Wenn es in deiner Familie mehrere Kameras gibt, bietet sich eine vergleichbare Namensgebung an. Sinnvoll kann es sein, wenn das Datum am Anfang der Datei steht. Du gibst erst das Jahr, dann den Monat und zuletzt den Tag an. Fängst du mit dem Tag an (Tag, Monat, Jahr), würde der Computer es so sortieren, dass alle Bilder, beginnend mit der gleichen Zahl, nacheinander kommen. Das wäre nicht hilfreich.

Wie wäre es also mit <Jahr><Monat><Tag>-<Kamera>-<laufende Nummer> oder als konkretes Beispiel »220611-S-62442«?

Die hintere Zahl, hier die »62442«, kann die laufende Nummerierung der Kamera sein, und in der Mitte ist Platz für die Kameraabkürzung, damit du später noch sagen kannst, dass dieses Foto von dir gemacht wurde. Vielleicht »S« für Sony, »N« für Nikon, »F« für Fujifilm oder »C« für Canon. Vorne steht das Datum, hier das Jahr »22«, der Monat ist »06« und der Tag »11«. Die Kombination von Datum und laufender Bildnummer verhindert eine doppelte Namensgebung. Deswegen ist es nicht sinnvoll, jedes Mal bei »1« anzufangen.

Das klingt vielleicht etwas kompliziert. Ist es aber nicht, denn die Umbenennung der Dateinamen kann ganz automatisch beim Herunterladen der Daten auf den Computer erfolgen. Dann wirst du später nur noch die Kamera mit dem Computer verbinden und das *Herunterladen* aktivieren müssen. Wichtig ist, immer darauf zu achten, dass das Datum auch das Datum der Aufnahme und nicht das des Herunterladens ist. Du willst ja wissen, von wann die Aufnahme ist. Prüf bei der Gelegenheit mal, ob Datum und Uhrzeit bei allen Kameras gleich eingestellt sind.

Versuch also, bei der Verwaltung deiner Fotos an »Schubladen« zu denken, die alle einen Namen haben, und nutz zum Beispiel das Aufnahmedatum als »Baustein« für das Sortieren. Eine solche Ordnung erfordert etwas Disziplin, aber sie zahlt sich aus.

Die Grundgedanken dieser Ordnung sind nicht nur bei deinen Fotos hilfreich, denn Struktur hilft auch im Alltag in vielen Bereichen.

Merk dir

Vorteile einer strukturierten Datenablage

- Suchst du ein Foto aus einem bestimmten Jahr, brauchst du andere Ordner gar nicht erst anzusehen.
- In »Schubladen« verstaute Daten findest du schneller.
- Auf Fotopapier belichtete Fotos enthalten auf der Rückseite oft den Dateinamen, mit dem du die Datei schnell finden kannst. Super, wenn dich beispielsweise mal jemand fragen sollte, von wann das Bild ist.
- Wenn der Dateiname klarmacht, wer welches Bild gemacht hat, können alle Familienfotos auch zusammen abgespeichert werden. Dann sind deine Fotos auch Teil des »Familienschatzes«.

Noch ein kleiner Tipp zum Schluss: Denk immer daran, dass Speicherkarten, Festplatten und Computer auch mal kaputtgehen können. Eine neue Speicherkarte kostet nicht so viel, aber der Verlust deiner Fotoschätze kann dich sehr traurig stimmen, denn es sind deine Erinnerungen an Familie, Freunde und schöne Erlebnisse. Das ist alles halb so wild, wenn es eine Kopie der Daten auf einer anderen Festplatte gibt. Die Daten können auch in einer *Cloud* irgendwo auf der Welt gesichert sein, nur – eine Sicherung über Kopien ist wirklich wichtig!

Gib deinen Fotos Stichwörter

Auf einer Speicherkarte kannst du sehr viele Fotos speichern. Erfahrungsgemäß sind immer welche dabei, die dir später nicht mehr gefallen, weil sie entweder unscharf sind oder weil der Bildausschnitt des nächsten Bildes besser passt. Ich habe mir angewöhnt, die Fotos mit Sternen zu bewerten. Richtig gute Fotos bekommen fünf Sterne, nicht ganz so gute vier Sterne und Fotos, bei denen ich mir nicht sicher bin, nur einen Stern. Ich bewerte das nach Bildaufbau, Schärfe und natürlich dem Motiv (offene Augen beispielsweise). Oft habe ich mehrere Fotos von einem Motiv. Wenn du mutig bist, kannst du die nicht so guten Fotos gleich löschen. Ich verschiebe die Fotos mit einem Stern erst einmal in einen Unterordner, bis ich alle anderen gesehen habe. Bin ich mit der Auswahl zufrieden, lösche ich den Unterordner.

Die Sternbewertung kannst du in der Bildbearbeitungssoftware, aber oft auch schon im Betriebssystem oder in der Kamera vergeben. Wirklich schlechte Fotos solltest du dann auch löschen und nicht noch ewig aufbewahren. Das kostet nur Speicherplatz.

Zusätzlich kannst du für jedes Foto noch Stichwörter vergeben und die Fotos in Kategorien einteilen. Suchst du später nach einem Stichwort wie »Geburtstag2022«, werden dir alle Fotos dazu aufgelistet. So kannst du auch Fotos in »Schubladen« verteilen.

Die Möglichkeiten der Bildbearbeitung

Dank intelligenter Software ist nicht nur das Fotografieren eine Kunst für sich, sondern auch das, was du aus dem Foto am Computer machen kannst. Die größte Freiheit bieten dir hier Fotos im Raw-Format, die du aber auch erst am Computer bearbeiten musst, bevor du sie weiterverwenden kannst. Mit der richtigen Software ist alles möglich, was du dir denken kannst, von dem Verbessern deiner Bilder bis hin zum Verfremden und Erschaffen ganz neuer Bilder.

Verbessere die Wirkung deiner Bilder

Fangen wir mit Standardbearbeitungen an, bei denen das Bild an sich gleich bleibt, du aber die Bildwirkung verbesserst. Oft sind es nur ein paar kleine Veränderungen, die dein Foto richtig »aufpeppen«.

Denk immer daran, dass deine Kamera nicht so schlau ist, wie du bist. Du sammelst dein Leben lang Erfahrungen, die Teil deiner »Bildverarbeitung« werden. Daher weißt du, dass der Himmel ohne Wolken blau ist, ein orangefarbener Kasten eventuell ein störender Mülleimer ist und eine Fliege nicht auf der Nase sitzen sollte.

Merk dir

Die üblichen Verbesserungen

- Helligkeit
- Kontrast
- Sättigung
- Weißabgleich
- Korrektur roter Augen (vom Blitzen)
- Bildausschnitt
- Horizont gerade ziehen durch Bilddrehung
- Entfernung von Staub und Kratzern oder Unebenheiten der Haut bei Porträts
- Veränderung der Bildgröße (wichtig für die sozialen Medien)

Verfremde deine Fotos

Du kannst auch weitergehen und zum Beispiel Dinge im Bild entfernen oder hinzufügen. Das ist der kreative Teil der Bildbearbeitung, denn dein Motiv ist am Ende vielleicht nicht mehr wiederzuerkennen. Du kannst Haare umfärben, Menschen lange Nasen zaubern, Schmetterlinge in den Himmel stempeln, aus deinem Foto ein Gemälde machen oder mehrere Fotos miteinander kombinieren.

Merk dir

Beispiele für die kreative Bildbearbeitung

- Körperteile verändern (Auge, Mund und Nase)
- Stempelformen einfügen
- Teile aus einem anderen Foto kopieren
- Collagen erstellen
- das Foto in ein Gemälde verwandeln
- Miniaturwelten erschaffen mit dir groß mittendrin

Generell solltest du immer daran denken, dass die Qualität der Aufnahme für die Möglichkeiten der Bildbearbeitung entscheidend ist. Hat dein Foto viele Pixel, können diese auch genutzt werden.

Schnelle Tricks für bessere Bilder

Was gibt es nun für Möglichkeiten, mit denen du deinem Foto eine bessere Wirkung verleihst, ohne es gleich zu verfremden? An dem Foto des Motorradfahrers habe ich nur wenige Einstellungen verändert. Das ursprüngliche Foto links ist vom Farbton her zu gelblich und etwas zu dunkel. Ich habe also den Weißabgleich, die Helligkeit und den Kontrast leicht angepasst. Außerdem wollte ich, dass das Motorrad das Bild ausfüllt. Deshalb habe ich den Ausschnitt verändert.

↑ **So sieht das Foto vom Motorradfahrer vor (links) und nach (rechts) der Bearbeitung aus.**

Wie das alles geht? Am Beispiel der kostengünstigen Software Photoshop Elements von Adobe zeige ich dir die einzelnen Schritte. Die grundlegenden Bearbeitungen funktionieren in fast allen Programmen ähnlich.

Verändere die Helligkeit

Beginne mit der Bearbeitung, indem du die Software startest und den **Fotoeditor** auswählst. Klick links oben im Menü auf **Datei** ❶ (siehe nächste Seite) und öffne dein Bild.

Der Modus **Experte** ❻ bietet dir sehr viele Bearbeitungsoptionen. Fällt es dir schwer, dich zurechtzufinden, kannst du auch in den Modus **Schnell** ❺ wechseln. Alle Menüpunkte, die ich dir erkläre, findest du auch dort.

Bei der Anpassung der Helligkeit möchtest du dein Foto **Überarbeiten** ❸. Genau unter diesem Menüpunkt findest du auch den Unterpunkt **Beleuchtung anpassen** ❷. Überall dort, wo ein kleines Dreieck rechts neben dem Wort abgebildet ist, gibt es noch andere Optionen, auf die du klicken kannst, wie hier die Anpassung von **Helligkeit/Kontrast** ❹.

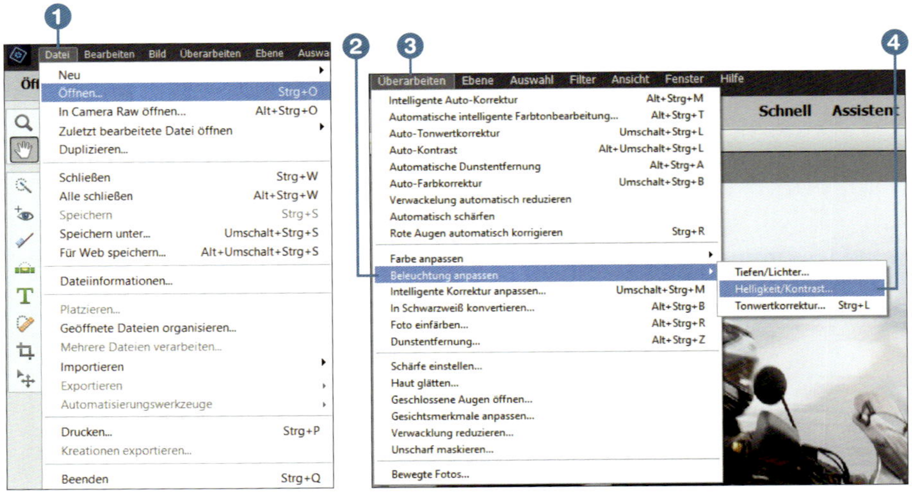

→ Links: Zum Öffnen deiner Datei gehst du im Menü auf »Datei« und dann auf »Öffnen«. Rechts: Folge dem Menüpfad »Überarbeiten« ▶ »Beleuchtung anpassen« ▶ »Helligkeit/Kontrast«.

Klick mit deiner Maus auf einen der beiden Regler 7 und schiebe ihn nach links oder rechts. Hast du neben dem Wort **Vorschau** 8 ein Häkchen in das kleine Kästchen gesetzt, verändert sich das Bild parallel zu dem veränderten Wert. Bist du zufrieden, bestätige mit **OK** 9.

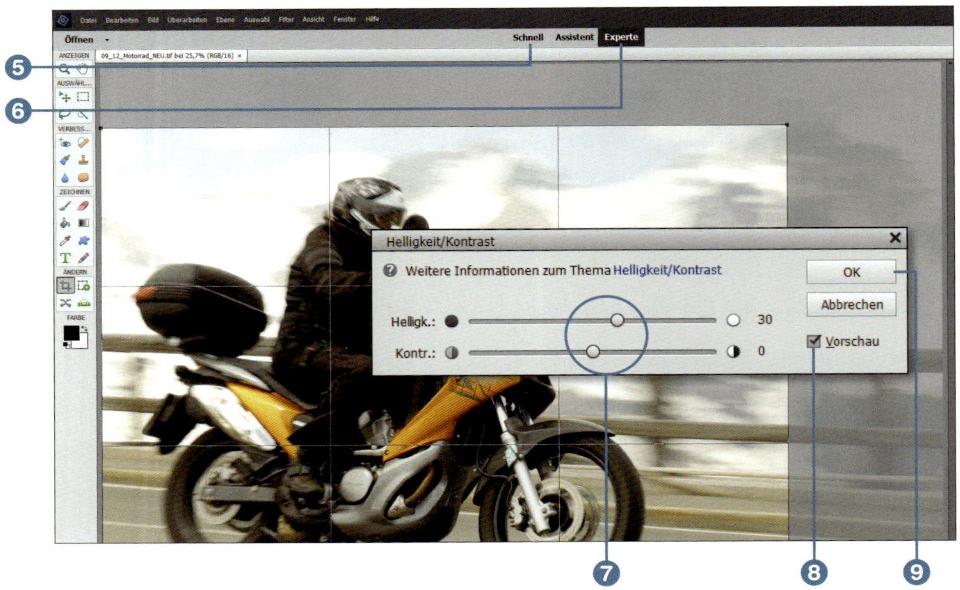

→ Mit den Schiebereglern veränderst du die Helligkeit und den Kontrast.

Verändere den Weißabgleich

Jetzt entfernst du den Gelbstich, indem du in das Menü **Überarbeiten** 11 gehst und die Optionen **Farbe anpassen** 10 und **Farbstich entfernen** 12 wählst.

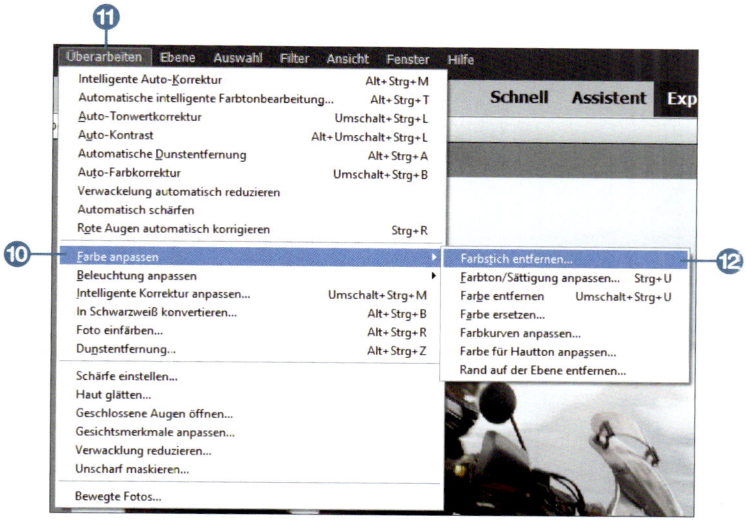

Über das Menü »Farbe anpassen« kannst du den Farbton anpassen.

Jetzt öffnet sich ein Fenster, und dein Mauszeiger verwandelt sich in ein Pipettensymbol. Vielleicht kennst du eine Pipette aus der Schule? Es ist ein Glasröhrchen, mit dem man Flüssigkeiten ansaugen kann. Und so ähnlich funktioniert das auch in der Bildbearbeitungssoftware. Du nimmst mit der Pipette die Farbe auf. Hier suchst du dir nun einen weißen Bereich und klickst ihn an. Damit sagst du der Software, dass das ein Weiß sein soll.

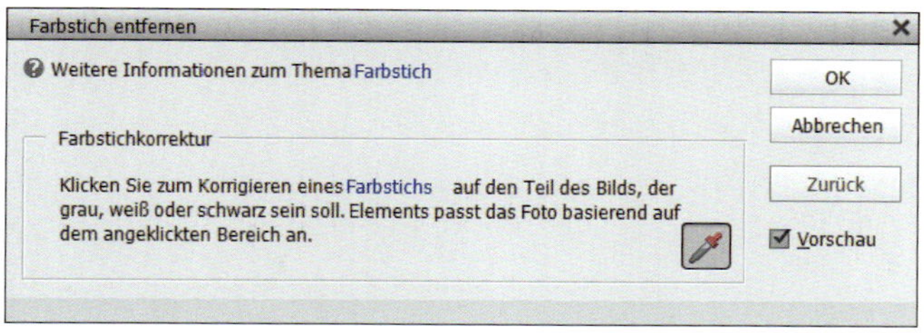

Mit einer Pipette bestimmst du einen Bereich, der weiß sein soll.

Verändere den Bildausschnitt

Viele Werkzeuge, wie auch das **Freistellungswerkzeug** 1 (siehe nächste Seite), findest du in der Werkzeugliste links. Klickst du es mit der linken Maustaste an, wird dein Foto umrahmt. Klick auf die Ecke links oben, halte die Maus gedrückt und ziehe sie in das Bild hinein, bis dir der Ausschnitt gefällt. Möchtest du das Format beibehalten, kannst du im unteren Bereich das Verhältnis von Breite zu Höhe einstellen. Die Software schlägt dir sogar ein paar Möglichkeiten vor. Bestätige den ausgewählten Ausschnitt mit dem kleinen grünen Häkchen rechts unten im Bild.

→ Du aktivierst das »Freistellungswerkzeug« ❶ in der Werkzeugleiste und ziehst den Ausschnitt, den du haben möchtest, mit der Maus zurecht. Im unteren Bereich werden dir auch einige Möglichkeiten vorgeschlagen. Bestätige mit dem grünen Haken rechts unten.

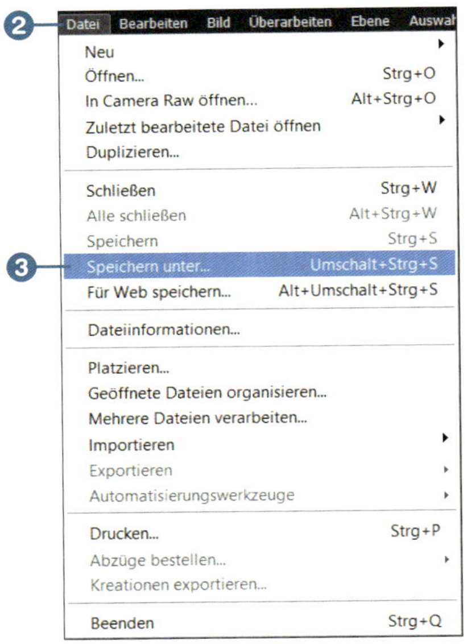

↑ Über den Menüpunkt »Datei« gehst du auf »Speichern unter«, um dein Foto unter einem neuen Namen zu sichern.

Speichere dein bearbeitetes Foto

Jetzt fehlt nur noch das Sichern deines bearbeiteten Fotos. Wenn du nicht mit der Raw-Datei gearbeitet hast, solltest du einen neuen Namen vergeben, falls du später das Originalfoto noch mal benötigst. Zum Speichern klickst du auf **Datei** ❷ links oben und weiter auf **Speichern unter** ❸.

Es öffnet sich ein Fenster, in dem du den Speicherort und das Format der Datei wählen kannst. Wählst du **JPEG**, wirst du danach gefragt, welche Qualität dein Foto haben soll. Hier bestimmst du, ob nur Pixel mit exakt gleicher (große Zahl) oder auch ähnlicher (kleinere Zahl) Farbe zusammengefasst werden. Je kleiner du die Qualität wählst, desto kleiner wird auch deine Datei, aber vielleicht sieht sie danach nicht mehr so gut aus.

Ein Tipp: Am besten wählst du erst mal eine gute Qualität und reduzierst sie in einer Kopie der Datei, wenn du sie kleiner benötigst. Kleiner geht immer.

Verändere nur einen Teil des Bildes

In manchen Situationen hast du beim Fotografieren keine Zeit, alles richtig einzustellen, und ein Bild wird vielleicht etwas zu dunkel, wie der Greifvogel hier.

Am Computer kannst du aus so einem Foto noch sehr viele Informationen herausholen und es verbessern, wenn du im Raw-Format fotografiert hast.

Geh nun wieder in das Menü **Überarbeiten** und wähl dort **Beleuchtung anpassen** und **Tiefen/Lichter**. Mit dieser Funktion wird nicht das gesamte Bild in der Helligkeit verändert, sondern nur die hellen und dunklen Flächen werden voneinander getrennt.

↑ Hier siehst du einen Greifvogel, den ich bei einer Flugschau gegen den Himmel fotografiert habe. Leider ist der Vogel zu dunkel. Wäre der Vogel gut belichtet, wäre dafür der Himmel zu hell.

↑ Wähl »Tiefen/Lichter« im Untermenü »Beleuchtung anpassen« und verändere die Helligkeit der dunklen (Tiefen) und hellen (Lichter) Flächen getrennt voneinander.

Verändere die Größe deines Bildes

Möchtest du dein Bild in sozialen Netzwerken wie Instagram veröffentlichen, solltest du die Bildgröße reduzieren. Dann kannst du es schneller über das Internet verschicken, und andere können damit im Zweifelsfall nicht so viel machen. Es reicht, wenn es auf einem Monitor gut aussieht. Die Funktion zur Größenänderung findest du in Photoshop Elements im Menü **Bild** ④. Klick mit der Maus auf **Skalieren** ⑤ und rechts auf **Bildgröße** ⑥.

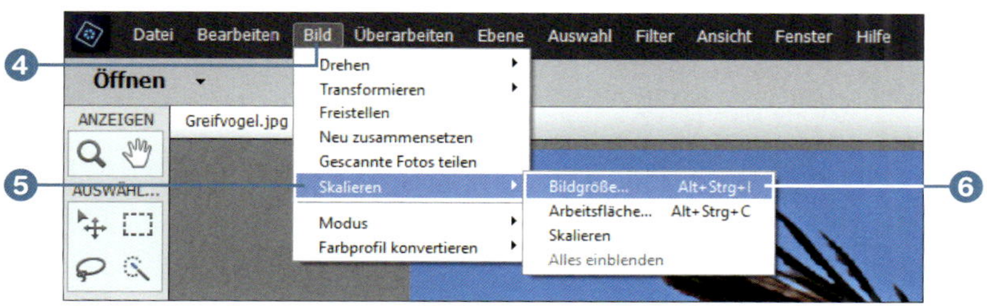

← Im Menü »Bild« findest du die Funktion »Skalieren«. Die Bildgröße kannst du zum Beispiel verändern, um dein Bild für Instagram zu verkleinern.

Es erscheint ein Fenster, in dem du die Auflösung (Pixel/Zoll) angibst. Mit 300 dpi für den Druck und 150 dpi für dein Smartphone liegst du nicht verkehrt. Für soziale Netzwerke reicht es, wenn die lange Seite 1000 bis 1500 Pixel hat. (Dann machst du es Bilderdieben auch schwerer, Dinge mit deinen Bildern zu machen, die du nicht willst.) Du veränderst die Werte, indem du in die umrandeten Rechtecke klickst und dort deinen gewünschten Wert eingibst. Sind Breite und Höhe miteinander gekoppelt (Symbol der Klammer und Kette ❶), verändert sich der jeweils zweite Wert automatisch.

→ Je nachdem, was du mit deinem Foto machen möchtest, wählst du die Auflösung und die Anzahl der Pixel. Siehst du rechts neben »Pixel« das Symbol der Kette, passt die Software den zweiten Wert automatisch an. Aus deinen Angaben berechnet sich die Größe der Datei sowie die Breite und Höhe des Bildes. Bei den Angaben, die du hier siehst, darf das gedruckte Bild nicht breiter als 8 cm sein ❷.

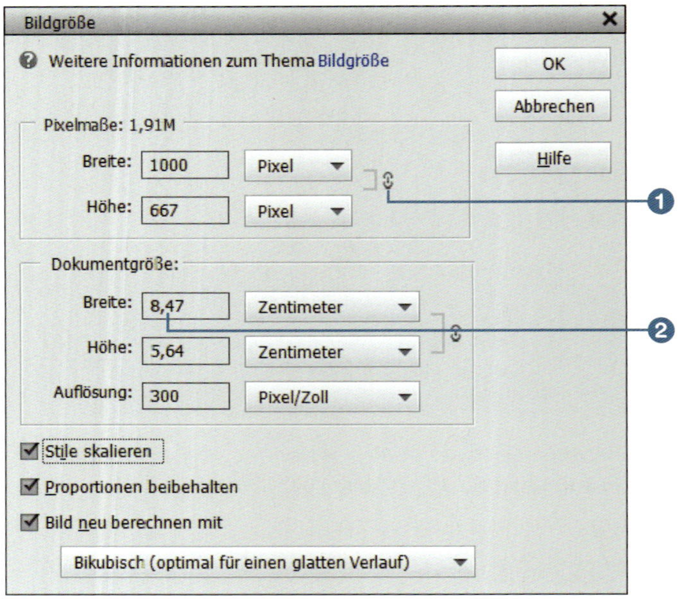

Beschrifte dein Bild

In der Werkzeugpalette links findest du den Buchstaben »T« ❸. Das ist das **Textwerkzeug**. Klick es an, wähl im unteren Arbeitsbereich ❹ **Schriftart**, **Farbe** und **Größe** und schreib etwas in das Bild hinein. Nachdem du es mit dem grünen Häkchen bestätigt hast, kannst du es noch an die richtige Position verschieben. Ein kleiner Tipp: Rechts unten kannst du wählen, was du im rechten Bereich angezeigt haben möchtest. Wählst du so wie auf dem Bild **Ebenen** ❺, wirst du die Ebene mit dem Schriftzug ❻ sehen. Diese kannst du ein- und ausblenden. Im **Schnell**-Modus hast du diese Ansicht nicht, aber die Bearbeitung ist gleich.

↑ **Und warum nicht noch ein Schriftzug, damit klar ist, was man hier sieht? So kannst du auch Postkarten oder Einladungskarten gestalten.**

Manche Programme bieten auch die Möglichkeit, Schrift und Bild zu kombinieren. Das Hintergrundbild kann blasser werden und die Buchstaben können einen eigenen Fotohintergrund haben – ein toller Effekt bei Postkarten!

Zieh den Horizont gerade

Einen schrägen Horizont kannst du ebenfalls sehr gut korrigieren, indem du das Bild etwas drehst. In der Werkzeugleiste findest du das Symbol einer Wasserwaage – das **Gerade-ausrichten-Werkzeug** 1 (nächste Seite). Klick es an und klick dann links im Bild auf den Horizont, zieh die Maus zur rechten Seite und markier rechts den Horizont. Auf dem Bildschirm siehst du eine Linie. Diese wird nun in die Waagerechte gedreht, und es entsteht ein weißer Rand. Verändere anschließend den Ausschnitt, wie du es bereits gelernt hast.

↑ **Bei so einem Schnappschuss musst du schnell sein. Ärgerlich, wenn du dann vergisst, auf den Horizont zu achten, dennoch halb so schlimm! Mit wenigen Handgriffen ist der Horizont in der Bildbearbeitungssoftware gerade gerichtet und der neue Bildausschnitt gewählt.**

Kleine Ausbesserungen

Kleine Ausbesserungen sind vor allem bei Porträts sehr hilfreich. Dabei geht es nicht darum, grundsätzlich das Aussehen der Person zu ändern. Aber Pickel zum Beispiel, die darf und kann man wegzaubern, die verunstalten einen ja auch nur kurzzeitig, warum sollten sie dann ewig auf dem Foto festgehalten werden? Das Wegzaubern nennt man *Retusche*. In Photoshop Elements wird dieses Werkzeug in der Werkzeugleiste »Verbessern« als **Bereichs-Reparatur-Pinsel** ❷ bezeichnet. Im unteren Menü hast du zwei Optionen: den **Bereichs-Reparatur-Pinsel** und den **Reparatur-Pinsel**. Der Bereichs-Reparatur-Pinsel wählt selber den Bereich aus, mit dem er die Markierung »repariert«. Beim Reparatur-Pinsel liegt das in deiner Hand. Drück hierfür auf der Tastatur die Taste Alt und halt sie, bis du mit der Maus den Bereich anklickst, den du auf den Fleck kopieren möchtest. Du markierst also erst das Gute und dann das Schlechte.

↑ **Wenig Arbeit, aber ein großer Unterschied – die Pickel und roten Flecken sind nun weg. Nutz hierfür den (Bereichs-)Reparatur-Pinsel.**

So kannst du Bilder kreativ verändern

Viele Programme ermöglichen dir, kreativ zu sein und viele Dinge auszuprobieren. Die folgenden Beispiele geben dir einen Eindruck davon, was alles machbar ist.

Der Kaugummi-Effekt

Du kannst Nasen und Ohren langziehen, ein trauriges Gesicht in ein Lächeln verwandeln und vieles mehr. Wie viele Veränderungen fallen dir bei dem kleinen Tiger auf?

↑ Original und Fälschung. Findest du alle Veränderungen, die ich nur am Computer ins Bild geschummelt habe?

Nutz Masken, um nur einen Teil des Bildes zu verändern

Es gibt zahlreiche Möglichkeiten, dein Motiv (wie die Möwe auf der nächsten Seite) nahezu unverändert zu lassen, aber den Hintergrund zu verändern. Indem du alles, außer dem Bereich, der unverändert bleiben soll, markierst, bildest du eine *Maske* für die Veränderung im Bild. Es ist, als würde die Möwe vor einer Tapete stehen, mit der du alles machen kannst. Nur die Möwe bleibt unverändert.

Als Beispiel habe ich absichtlich ein Tier und keinen Menschen genommen, da solche Veränderungen für eine Person schnell peinlich werden können. Du möchtest sicherlich auch nicht, dass von dir ein Bild mit Pinocchio-Nase und übergroßen Augen verteilt wird, oder? Überleg dir vorher, was noch okay ist und was der Person unangenehm sein könnte, deren Bild du verändern willst. Diese Effekte eignen sich aber sehr gut für Geschichten oder Comics. Und es geht noch mehr, du kannst aus einem Foto auch eine Zeichnung oder ein Gemälde machen!

Links: Bei diesem Foto waren die Möwe und der Felsen, auf dem sie steht, durch eine Maske »geschützt«. Den Hintergrund konnte ich dann wild verändern. Rechts: Du erkennst noch die Möwe, auch wenn sie nicht mehr ganz dieselbe ist. Große Augen, langer Schnabel, dicker Bauch und große Füße – sieht nur sie das Meer wie durch ein Glas?

Verändere die Farben

Ganz am Anfang dieses Kapitels hast du bereits gelernt, wie du ganz einfach die Farben leicht anpasst, um einen Farbstich aus einem Bild zu entfernen. Farbänderungen können aber noch viel mehr, wie du an diesem Beispiel siehst. Hier habe ich mit der Farbkurve herumgespielt. So kannst du ein Bild ganz schön verfremden!

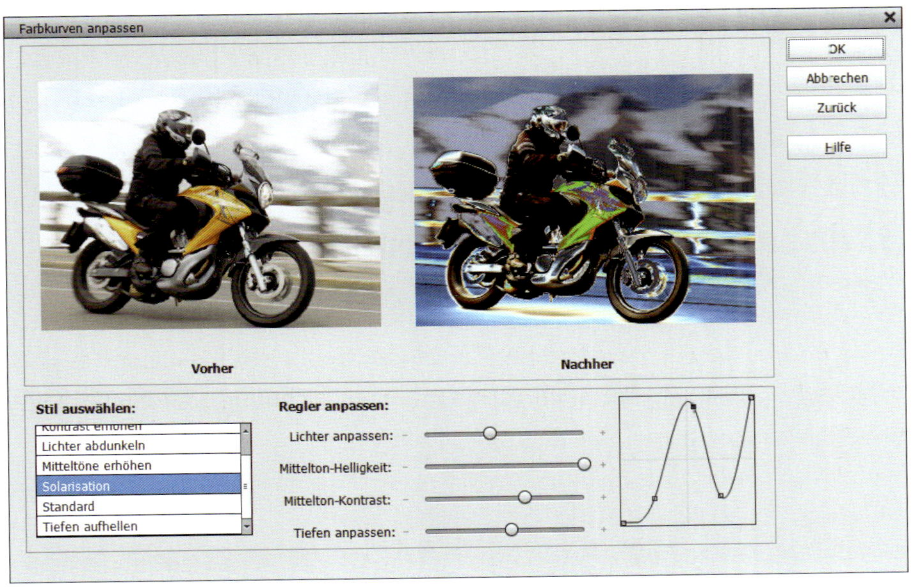

Verfremde ein Bild durch Anpassung der Farbkurve (hier mit dem Stil »Solarisation«)

Kombiniere mehrere Fotos

Wendest du nun das Wissen über die Masken an, kannst du mehrere Elemente verschiedener Fotos miteinander kombinieren, indem du sie als Masken in einem Bild übereinanderlegst. Wie wäre es beispielsweise, deine Lehrerin mit einem Bild von Tigern auf dem Schulhof zu erschrecken oder Katzen riesengroß vor einer Bank zu platzieren?

→ Eine Katze vor einem relativ einfarbigen Hintergrund fotografiert, im Bild markiert, in das Foto der Bank hineinkopiert und in der Größe angepasst

Und womit? Kostengünstige Bildbearbeitungsprogramme

So sieht mein Arbeitsplatz von Adobe Photoshop aus. Die Software ist der »große Bruder« von Photoshop Elements. Auf einen Blick finde ich die wichtigsten Werkzeuge und sehe, was aus meinem Foto wird. Mit einem »aufgeräumten« Arbeitsplatz geht die Bildbearbeitung gleich viel schneller. So, wie du deinen Schreibtisch ordnest und Stifte, Zettel, Tastatur und Maus an eine bestimmte Stelle legst, habe ich mir in der Software die einzelnen Fenster angeordnet. Die Anordnung ist bei jedem Öffnen unverändert und erlaubt mir eine intuitive Bedienung.

↑ **Der typische Aufbau eines Bildbearbeitungsprogramms am Beispiel von Adobe Photoshop: in der Mitte dein Foto, links die Werkzeuge, rechts Helligkeitseinstellungen, Ebenen und ein Überblicksbild, oben ein Menü mit allem, was in größeren Gruppen gespeichert ist, wie zum Beispiel Filter.**

Bevor es aber digital wird, stell dir deinen Schreibtisch mal wie folgt vor:

Dein Foto liegt vielleicht fünfmal auf durchsichtiger Folie ausgedruckt auf einem Stapel vor dir. Das sind im Programm die *Ebenen* 6. Links neben dir liegen Schere, Stifte, Pinsel, Stempel, Aufkleber und Schablonen mit Buchstaben, damit sie dir rechts nicht im Weg liegen, das sind die *Werkzeuge* 1. Damit du bei den ganzen Veränderungen nicht den Überblick verlierst, legst du dir ein Foto rechts oben in die Ecke (die *Navigation* 4). Daneben steht deine Schreibtischlampe, bei der du die *Farbtemperatur* und die *Helligkeit* 3 verändern kannst. Oberhalb deines Fotostapels hast du mehrere Stapel an Zetteln liegen, die dich daran erinnern, was du gemacht hast. Dieses *Protokoll* 5 kannst du auch speichern. Das Protokoll beschreibt auch sämtliche Vorgänge, die etwas anspruchsvoller sind und zum Beispiel mit *Filtern* 2 gemacht werden. Stell dir vor, du möchtest deinem Foto einen Farbstich und einen Maleffekt verleihen und benötigst dafür eine farbige Folie, Klebstoff und durchsichtigen, feinen Sand. Bei zehn verschiedenen Filtern wird es unübersichtlich.

Hättest du alle Gegenstände allein für die Filter links neben dir liegen, würdest du den Radiergummi sicherlich suchen. Deswegen sind die Werkzeuge und Filter voneinander getrennt. Für jede Veränderung nimmst du ein neues Foto. Das sind in der Software die *Ebenen*. Gefällt dir eine Variante nicht, wirfst du sie in den Papierkorb und löschst sie damit.

Beginne die Bildbearbeitung am Computer immer mit einer Kopie der Ausgangsebene. So hast du den ursprünglichen Zustand immer noch einmal da. Einzelne Ebenen kannst du ausblenden, also unsichtbar machen. Sie sind weiterhin da, aber werden nicht angezeigt. Am Computer kannst du auch jeden Schritt rückgängig machen. In manchen Programmen kannst du dir auch einen Verlauf deiner Schritte anzeigen lassen und wählst einfach den Schritt davor. Was für ein Vorteil, digital zu arbeiten!

In der Summe funktionieren alle Programme ähnlich: Du nimmst Veränderungen vor, die dein ursprüngliches Bild erst einmal nicht verändern, sondern es als Ebene überlagern. Du kannst also frei experimentieren und immer wieder zum Ausgangsbild zurückkehren, wenn du das möchtest. Bei Raw-Dateien kannst du ohne Qualitätsverluste beispielsweise die Helligkeit und Farbe einstellen. Sollte deine Bearbeitungssoftware nicht mit Raw-Dateien arbeiten können, nimm TIFF (ohne Qualitätsverlust) oder JPEG (mit Qualitätsverlust). Raw-Bilder sollst/kannst du auch nicht mit anderen teilen, speichere dafür eine Kopie der Datei im JPEG-Format und gib diese weiter. Unabhängig vom Ausgangsformat deines Bildes hat die Software auch ein eigenes Format, das sie standardmäßig verwendet und das alle Ebenen mit speichert. Diese Bearbeitungsdateien sind oft sehr groß. Überleg dir, welche Dateien du nach der Bearbeitung noch benötigst. Hebst du dir die Raw- *und* die JPEG-Dateien auf? Reicht dir die JPEG-Datei, oder benötigst du auch die einzelnen Bearbeitungsebenen?

Bevor du dich für eine der zahlreichen Softwaremöglichkeiten entscheidest, kannst du dir ein paar Gedanken darüber machen, was du von der Software erwartest, denn nicht nur das Erscheinungsbild und die Bedienung sind ausschlaggebend, sondern auch dein ganz persönlicher Umgang damit und deine Wünsche.

Checkliste

Darüber kannst du dir Gedanken machen

- ☐ Wie viel darf die Software kosten?
- ☐ Fotografierst du im Raw-Format?
- ☐ Welche Anforderungen stellt die Software an deinen Computer?
- ☐ Wie verwaltest du deine Fotos?
- ☐ Möchtest du deine Bilder hauptsächlich verfremden, oder reicht dir das Verbessern?
- ☐ Sind dir kleinere Anpassungen wie Helligkeit und Bildausschnitt wichtiger als zahlreiche Stempel und Verfremdungsmöglichkeiten?
- ☐ Nutzt ihr die Software innerhalb der Familie gemeinsam? Dann denkt auch gemeinsam über diese Themen nach.

Grundsätzlich gilt: Die Bildbearbeitungsprogramme können viel, und deswegen muss man sich auch eine Weile mit ihnen beschäftigen und eventuell auch mal ein Buch zu Hilfe nehmen oder ein Video anschauen. Mit der Zeit und mit Übung wird dir die Bedienung dann immer leichter fallen.

Photoshop Elements

Photoshop Elements von Adobe ist der »kleine Bruder« der Software Photoshop, die quasi Industriestandard ist. Diese Software kostet aber nicht mindestens 12 € im Monat wie Photoshop, sondern nur einmalig ca. 70 €. Die Software kann sehr viel und bietet ein Komplettpaket mit Organisation und Bildbearbeitung an; verfügbar ist sie für die Betriebssysteme Windows und macOS. Es kommt jährlich eine neue Version heraus, die aber nicht zwingend gekauft werden muss. Im Internet kannst du die Neuerungen zum Vorjahr nachlesen und dir überlegen, ob die Neuinvestition für dich Sinn ergibt. Seit 2021 bietet die Software einige Bearbeitungsmöglichkeiten basierend auf künstlicher Intelligenz an (KI).

Die Software bietet dir viel Hilfestellung: Nach dem Start wählst du, was du gerne machen möchtest.

Je nachdem, wie viel Unterstützung du möchtest, kannst du zwischen dem Modus **Schnell** ❶ für eine einfache Bildbearbeitung, dem Modus **Assistent** ❷ für kreatives Arbeiten oder dem Modus **Experte** ❸ für volle Freiheit wählen.

↑ Links: So sieht der »schnelle« Bearbeitungsmodus aus, wenn du unten »Effekte« wählst. Links hast du die wichtigsten Werkzeuge und rechts eine Auswahl an Filtern. Rechts: Das Menü »Korrekturen« eignet sich perfekt für schnelle Anpassungen.

Im Modus **Experte** wird es dann etwas anspruchsvoller. Die Werkzeugpalette ist aber auch umfangreicher, und du hast viel mehr Optionen in der Bildbearbeitung. Übrigens musst du dich nicht am Anfang auf einen Modus festlegen, da du sie auch bequem kombinieren kannst.

Ich persönlich kann Photoshop Elements für die ganze Familie empfehlen, da jeder damit klarkommt. Eine Software, mit der man nichts falsch machen kann und die es derzeit auch noch ohne Abo-Zwang gibt. Man kann sie also einmalig kaufen und muss nicht jeden Monat dafür bezahlen. Andere, ebenfalls gute Programme findest du im Kasten.

Merk dir

Weitere Alternativen

Photoshop Elements ist empfehlenswert, ebenso wie das kostenlose **GIMP** und das günstige **Affinity Photo** (ca. 55 €). Darüber hinaus gibt es noch weitere Programme, wie zum Beispiel **Photodirector** von CyberLink (ca. 75 €) und **PaintshopPro 2022** von Corel (ca. 70 €). Die Software **Luminar Neo** von Skylum basiert auf künstlicher Intelligenz, ist leicht zu bedienen und macht viel Freude (ca. 80 €). Unter den kostenlosen Programmen ist **FotoWorks XL** (In MEDIAKG TI) sehr beliebt, und suchst du ein Programm, mit dem du die Fotos vorwiegend anschauen und mit einfachen Effekten verschönern möchtest, empfehle ich dir **IrfanView**.

Bevor du eine Software kaufst, erkundige dich, ob es günstigere Tarife für Schüler gibt. Nachfragen (zum Beispiel per E-Mail) kann sich lohnen! Und vorab solltest du, wenn angeboten, kostenlose Testversionen nutzen.

Am Smartphone geht das auch

Zum Fotografieren gehört für mich auch Computerarbeit: Bilder herunterladen, umbenennen, verwalten, bearbeiten und sichern. Aber mit einem Smartphone kann das Leben auch viel einfacher sein, da die Fotos direkt auf dem Gerät sind und mit Apps ganz spielerisch bearbeitet werden können. Es gibt zahlreiche Apps für die Fotobearbeitung, die alle ihre Besonderheiten haben. Nimm doch mal die vorinstallierte App deiner Smartphone-Kamera unter die Lupe. Sicher kannst du hier bereits die Helligkeit anpassen, den Bildausschnitt verändern und mit Filtern das Foto verfremden.

Ich habe Erfahrung mit vier Apps, mit denen ich meine Fotos mit wenigen Handgriffen bearbeiten und dann auch teilen kann: **AA Image Viewer** (kostenlos), **Snapseed** (kostenlos), **Lightroom** von Adobe (kostenlos nutzbar, Abo mit mehr Möglichkeiten) und **Photo Studio PRQ** (ca. 9 €).

Snapseed

Eine der beliebtesten kostenlosen Foto-Apps ist Snapseed. Du findest unter **LOOKS** bereits viele Filter, die dein Foto verändern. Entscheidest du dich für **TOOLS**, kannst du sämtliche Werkzeuge nutzen und selbst kreativ werden. Die Darstellung ist sehr übersichtlich, sodass du dich schnell zurechtfindest.

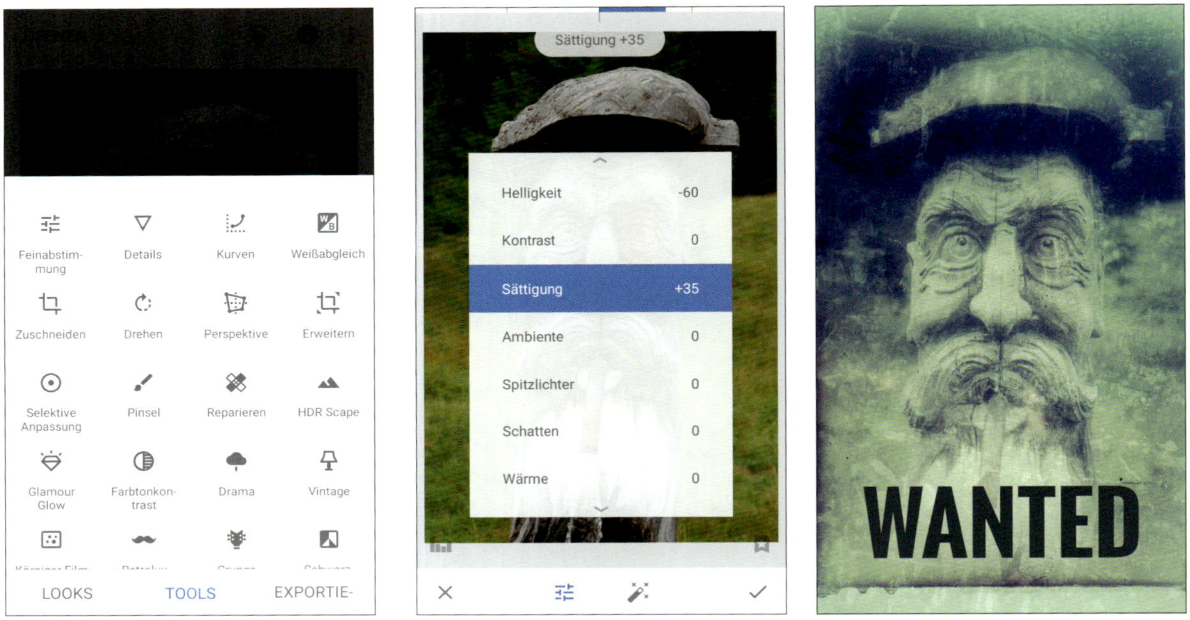

↑ Links siehst du einen Teil der Werkzeuge in Snapseed, in der Mitte das Menü zu den Belichtungseinstellungen. Wische im Bild einfach nach links (weniger) oder nach rechts (mehr), um Einstellungen zu ändern. Im Bild rechts siehst du einen mit Filter, Masken und Schrift bearbeiteten Schnappschuss.

Was machen mit den vielen Bildern?

Kreativität in der Fotografie hört nicht nach dem Fotografieren und auch nicht nach dem Bearbeiten auf. Es wäre ja auch schade, wenn die Bilder einfach in deinem Smartphone oder auf der Speicherkarte »verstauben« würden. Eine Möglichkeit wäre ein Hintergrundbild auf dem Smartphone oder auf dem Computer, das dir jeden Tag die schöne Erinnerung ins Gedächtnis ruft.

Früher haben sich deine Großeltern sicher die Mühe gemacht, Fotoabzüge in ein Album zu kleben. Auch das ist heute noch durchaus möglich. Selbst, wenn du deine Fotos auf Papier belichten lässt, wirst du merken, wie dankbar der Empfänger dafür ist, denn heutzutage sind Abzüge von Fotos eher seltener.

Du kannst deine Fotos nicht nur auf Papier belichten oder drucken lassen. Eine besondere Wirkung erzielst du mit einer Acrylplatte, die aussieht wie Glas, einer Leinwand oder einer Schiefertafel. Im Urlaub kannst du sogar mit einer App auf dem Smartphone eigene Postkarten gestalten, die dann von einem Dienstleister (z. B. Cewe) mit echter Briefmarke verschickt werden.

Merk dir

Das alles kannst du mit deinen Fotos machen

- Tassen, Trinkflaschen, Brotdosen, Tischsets
- Kissen und Decken
- Kleidungsstücke (T-Shirts, Socken, Flip-Flops, Schals)
- Kalender (auch Adventskalender mit Bildern oder Schokoladenfüllung)
- Fotobücher
- Grußkarten
- Memoryspiele, Kartenspiele, Puzzles
- Schlüsselanhänger
- Handyhüllen
- Wanduhren
- Schokoladenverpackungen
- Dekoration (zum Beispiel Windlichter)
- ...

Wenn es etwas mehr als das Bild auf Papier, Leinwand oder Ähnlichem sein soll, lohnt es sich, wenn du bei verschiedenen Anbietern mal auf der Website stöberst.

Für die Gestaltung dieser Produkte nutzt du die Software der jeweiligen Firma, indem du auf ihrer Website deine Fotos hochlädst und entsprechend auf Fotobuchseiten oder Tassen verteilst oder bearbeitest. Gerade für Fotobücher bietet dir die Software viele Gestaltungsmöglichkeiten.

Kapitel 9

Soziale Netzwerke und Messenger-Dienste

Was bedeuten deine Fotos für dich?

Nimm dir mal einen Moment Zeit, und denk darüber nach, was Fotos für dich bedeuten. Wo gehören sie für dich einfach dazu und warum?

Ganz sicher wichtig sind:

- Spaß haben
- Erinnerungen mit der Familie und mit Freunden festhalten
- Dinge entdecken, lernen und sich merken
- anderen eine Freude machen
- Situationen aus dem Alltag teilen

Wenn du darüber nachdenkst, wirst du merken, dass der letzte Punkt einige der anderen beinhaltet. Wenn du zum Beispiel jemandem ein Foto von dir schenkst, teilst du diesen Moment, in dem das Foto gemacht wurde, mit ihnen. – Es gibt viele Wege, Fotos zu teilen.

Pass auf, was du wem zeigst!

Am einfachsten ist das Teilen von Fotos natürlich digital mit dem Smartphone oder mit dem Computer, denn damit kannst du deine Fotos viel schneller und gleich auch mit mehreren Leuten an verschiedenen Orten teilen.

Merk dir

Das Internet vergisst nichts

So, wie man sagt, dass ein Haus nichts verliert, so ist das auch mit den Daten im Internet. Sei dir bewusst, dass deine Bilder noch in vielen Jahren im Internet zu finden sein werden und dich das in Zukunft eventuell stören könnte.

Dass du die Bilder so leicht teilen kannst, kann aber auch ein Problem sein: Du kannst dir nicht sicher sein, dass das Bild nur bei dem Empfänger bleibt, für den es bestimmt war. Nur ein Klick – und es kann irgendwo auftauchen, wo du es vielleicht nie haben wolltest. Zudem werden die Daten über das Internet geschickt und irgendwo für sehr lange Zeit gespeichert. Weißt du wo? Und wüsstest du, ob und wie du sie löschen kannst?

Viele sind sich nicht bewusst, dass man fremde Bilder nicht einfach weiterschicken darf, und gehen leichtsinnig mit den Fotos um. Aber sie können natürlich auch nicht genau wissen, was für eine Bedeutung das jeweilige Bild für dich hat. Schnell sehen es so nicht nur deine engen Freunde, sondern auch flüchtige Bekannte, deine Geschwister, deine Klasse oder deine Lehrer. Oder Fremde. Das kann zu sehr unangenehmen Situationen führen!

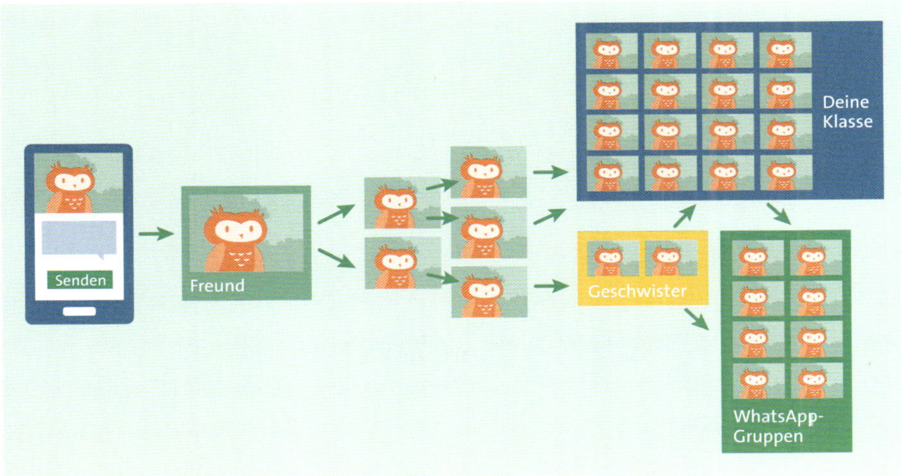

↑ **Das kann passieren, wenn du ein Bild an einen Freund schickst und dieser es an zwei Personen weiterschickt. Aus einem Freund können schnell sehr viele Unbekannte werden, die dein Bild sehen.**

Merk dir

Überleg dir genau, was du mit wem teilst

Alles, was du mit deinem Smartphone oder mit dem Computer versendest, kann »die Welt« sehen. Versende nur Fotos, die dir nicht schon morgen unangenehm sein könnten! Und überleg dir, ob man sie nicht falsch verstehen kann.

Denk daran, dass manche Menschen Situationen auf Fotos falsch interpretieren, auch mit böser Absicht, und sich so sehr schnell Gerüchte verbreiten.

So zeigst du deine »Schätze« am besten

Wenn du deine Fotos mit anderen teilst, solltest du dir vorher überlegen, ob die Empfänger auch Interesse an den Fotos haben oder sich nichts aus Fotos machen. In sozialen Netzwerken kann man hierfür eigene Gruppen zusammenstellen und du kannst besser im Blick behalten, wer was sieht. Vielleicht gibt es Freunde, die es später schade finden, wenn sie die Bilder nicht gesehen haben. Dann nimmst du sie einfach mit in die Gruppe auf. Andersrum kann es durchaus nerven, wenn sich deine Freunde dauernd melden, weil du »zu viele« Bilder gepostet hast.

Weniger ist mehr: Es kann schnell langweilig werden, wenn viele Bilder ähnlich sind. Einzelne Bilder, die gut sind, machen mehr Eindruck und lassen vielleicht auch noch mehr Geheimnisse übrig.

Weniger ist mehr

Auch in anderer Hinsicht ist weniger mehr: Um deine Fotos zu schützen, solltest du die Bilder in ihrer Auflösung reduzieren. Deine Kamera und dein Smartphone haben bestimmt eine so gute Auflösung (also so viele Pixel), dass du damit Fotos mit einer Mindestgröße einer DIN-A4-Seite drucken kannst. So viele Pixel benötigt das Display eines Smartphones nicht! Mit entsprechenden Apps auf dem Smartphone und in der Bildbearbeitung auf dem Computer kannst du deine Bilder mit wenigen Mausklicks verkleinern. Wenn die lange Seite des Bildes 1000 Pixel hat, reicht das vollkommen aus! Dann kann der Empfänger sich das Bild zwar prima anschauen, aber nicht größer als eine Postkarte ausdrucken, ohne, dass es unscharf wird. Und es ist dann auch immer klar, dass du das (große) Original hast. Auch bei Profilbildern ist die verkleinerte Version deines Bildes sinnvoll.

Manchmal sollte es doch mehr sein

Möchtest du jemandem ein Foto schicken, das höher aufgelöst ist, damit er oder sie es drucken kann, solltest du es lieber einzeln per E-Mail schicken. Dann geht es nicht in einem Chat mit vielen anderen Nachrichten unter. (In Chats werden Bilder oft auch automatisch kleiner gerechnet, um Daten zu sparen.)

Ich teile Fotos auch gerne über eine *Cloud*. Dieser Speicherplatz, der sich auf der Festplatte einer Firma befindet, ist immer verfügbar, auch wenn mein Computer aus ist. Wenn du ein Passwort einrichtest, sind die Daten auch so weit geschützt, dass nur der, der den Link/die Adresse und das Passwort hat, an die Daten herankommt. Recht sicher ist es, wenn du das Passwort (natürlich!) nicht in der gleichen E-Mail wie den Link verschickst.

Achtung: Nicht alles ist erlaubt!

In Deutschland wie auch in anderen Ländern ist es in der Regel nicht erlaubt, einfach so ein Bild von einer anderen Person zu machen und erst recht nicht, es zu veröffentlichen. Veröffentlichen heißt, dass du es zeigst, und das geht im Internet natürlich leicht und schnell. Auch die Bilder in diesem Buch sind »veröffentlicht«. Und auch bei bestimmten Gebäuden oder Gegenständen kann es problematisch sein, wenn du Bilder von ihnen verbreitest und vielleicht sogar Geld damit verdienst.

Es gibt Regeln, Gesetze und Gerichtsurteile zum Fotorecht, und du kannst dir vorstellen, dass das eine ziemlich schwierige Angelegenheit ist. Hier sind ein paar wichtige Punkte, die dir deutlich machen, worauf du achten solltest.

Recht am eigenen Bild

Abgesehen davon, dass du Menschen nicht einfach ohne Erlaubnis oder heimlich fotografieren darfst, kann jeder, der auf einem Bild abgebildet ist, entscheiden, ob das Bild auch veröffentlicht werden darf.

Andersrum gilt das Recht am eigenen Bild auch. Wenn deine Eltern Fotos von dir machen und diese beispielsweise im Status eines Nachrichtendienstes wie Threema oder in den sozialen Medien zeigen möchten, dann müssen sie dich fragen! Wenn Freunde das machen, brauchen sie die Einverständniserklärung von beiden Elternteilen bzw. Erziehungsberechtigten und von dir, wenn du zwischen 7 und 17 Jahren alt bist. Spannend, oder? Du kannst also davon ausgehen, dass ich alle Kinder, die ich für dieses Buch fotografiert habe, und natürlich ihre Eltern um ihr Einverständnis gebeten habe.

Das Recht am eigenen Bild gilt bei Fotos, auf denen die Person zu erkennen ist. Vielleicht ist dir in den Nachrichten schon mal aufgefallen, dass Gesichter verpixelt wurden, damit die Person nicht erkannt wird. Fotografiert dich also jemand von hinten, sodass nicht mal deine Freunde erkennen, dass du es bist, braucht der Fotograf keine Einwilligung für das Foto. Es reicht also nicht aus, wenn nur das Gesicht nicht zu erkennen ist. Hast du eine einzigartige Frisur, an der ich dich schon von Weitem erkennen würde, oder beispielsweise eine Tätowierung, dann hast du das Recht am eigenen Bild! Wir haben im Urlaub mal ein Ehepaar gesehen, bei denen aus dem Rucksack ein Teddy herausschaute. Familienmitglieder könnten sie genau an diesem Merkmal und den Umrissen ihrer Figuren erkennen, auch wenn das Bild von hinten gemacht worden wäre.

Die Fotos von Timon sind ein schönes Beispiel dafür. Beim linken Bild ist sein Gesicht nicht erkennbar. Ob er trotzdem das Recht am eigenen Bild hat, hängt jedoch auch davon ab, ob er anhand anderer äußerer Merkmale erkennbar ist. Es reicht also nicht, wenn nur das Gesicht unscharf oder verpixelt ist! Ich habe natürlich trotzdem gefragt. Beim mittleren Bild ist das Gesicht gut erkennbar. Ohne Einwilligung von ihm und seinen Eltern wäre es nicht in diesem Buch abgebildet worden. Nur beim rechten Bild erkennt man nicht mehr, wer es ist, aber rein fotografisch fehlt mir genau das. Also doch lieber fragen!

↑ Links: Das Gesicht ist nicht erkennbar, aber könnten Freunde ihn anhand anderer Merkmale erkennen? Mitte: Hier erkennt man, wer es ist, sodass seine Eltern und er das Recht am eigenen Bild haben. Rechts: Hier können Freunde nur noch raten, wer es ist.

Es gibt nur zwei Ausnahmen für das Recht am eigenen Bild: Abbildungen von Menschenmengen und Prominente. Wenn du eine große Menschenmenge fotografierst, zum Beispiel bei einem Marathonlauf, wäre es ja auch ganz unpraktisch, jeden einzeln um Erlaubnis zu bitten. So ähnlich ist das auch, wenn du ein Foto zum Beispiel von einem Rathaus machst und Menschen auf dem Marktplatz davorstehen. Die Menschen gelten dann als Beiwerk, die laufen dir quasi durchs Bild. Aber auch hier darf kein einzelner Mensch besonders herausgestellt werden.

Politiker oder Schauspieler dürfen, zum Beispiel von Pressefotografen, fotografiert werden, wenn es sich um sogenannte *zeitgeschichtliche Ereignisse* handelt. Das könnte die Eröffnung eines Parks sein, bei dem ein Politiker ein Band durchschneidet, oder eine Filmpremiere mit den Schauspielern. Einen Politiker oder Schauspieler beim privaten Essen im Restaurant zu fotografieren, vielleicht sogar mit seiner Familie, ist dagegen nicht erlaubt.

Panoramafreiheit

Auch wenn du keine Menschen fotografierst, darfst du nicht jedes Bild einfach veröffentlichen. Erlaubt ist das in der Regel nur, wenn du das Bild eines Gebäudes, das nicht privat genutzt wird und das für jeden öffentlich zugänglich ist, ohne Hilfsmittel von »öffentlichem Grund« aus machen konntest. »Öffentlicher Grund« ist alles, was kein Privatgrundstück ist: zum Beispiel die Straße oder der Wald. Ein Schlosspark, für den man Eintritt zahlen muss, oder ein Zoo sind privater Grund. Auch in einem Museum, einer fremden Wohnung oder in einem Hinterhof darfst du keine Fotos machen, die du veröffentlichen möchtest, denn sie sind privater Grund. Abgesperrt muss der nicht unbedingt sein: Ein Acker gehört auch einem Bauern, und der dürfte dir verbieten, da rumzulaufen und zu fotografieren. Und Hilfsmittel? Wenn du auf eine Leiter steigst, um ein Bild zu machen, verstößt das schon gegen die Panoramafreiheit, zumindest dann, wenn du das Bild auch veröffentlichst.

← Dieses Foto von Häusern in der Erfurter Innenstadt ist erlaubt, da sie da »immer« stehen und frei zugänglich sind. Stünden sie in einem Innenhof, also auf privatem Grund, hätte ich da weder einfach so reingedurft noch das Bild machen und veröffentlichen dürfen.

Urheberrecht

Menschen, die zum Beispiel ein Bild, eine Skulptur oder ein Buch erschaffen, sind Urheber und haben Rechte an ihrem Werk. Wenn du so etwas fotografierst und ohne Erlaubnis veröffentlichst, verletzt du Urheberrechte. Das wäre zum Beispiel so, wenn du die Mona Lisa fotografierst und das Bild im Internet zeigst.

↑ »Freundliche« Ukulelen an der Wand, die muss man einfach fotografieren. Sie hängen aber in einer Schule. Also habe ich die Schulleiterin freundlich gefragt, und ich durfte sie fotografieren und hier zeigen.

Umgekehrt bist du natürlich auch selbst Urheber deiner Fotos! Und deshalb darf niemand ohne deine Zustimmung deine Fotos nutzen. Stell dir vor, du hättest ein einzigartiges Foto gemacht und eine fremde Person nutzt deine Datei, um sie als Kunstwerk zu verkaufen. Keiner sieht, dass eigentlich du der Fotograf bist, und die fremde Person bekommt das ganze Geld. Das wäre doch unfair, oder? Genau davor schützt dich das Gesetz.

Markenrecht

Eine Marke ist zum Beispiel ein Logo, wie das von Apple oder Adidas. Unternehmen, denen diese Marken gehören, wollen kontrollieren, in welchem Zusammenhang ihre Logos und Produkte auftauchen. Das ist vor allen Dingen wichtig, wenn man Werbung machen oder etwas verkaufen möchte. Du solltest also nicht einfach Bilder veröffentlichen, auf denen solche Logos zu erkennen sind und die Logos auch nicht verfremden. Im Zweifelsfall verzichtest du auf solche Bilder, oder du entfernst ein Logo in der Bildbearbeitung, damit zum Beispiel ein abgebildeter Laptop neutral aussieht.

Das sind viele Regeln, und manche davon können einen ein wenig einschüchtern. Aber lass dir davon nicht den Spaß an der Fotografie verderben! Nichts wird so heiß gegessen, wie es gekocht wird. Du solltest jedoch wissen, worauf du achten musst, gerade wenn du Bilder auch im Internet zeigen möchtest und sie dort schnell ein großes Publikum finden können.

Merk dir

Beachte die Regeln zum Fotorecht (auch zu deinem eigenen Schutz)

- Frag vor dem Fotografieren immer, ob es okay ist, ein Foto zu machen!
- Wenn du nicht fotografiert werden möchtest, dann »poche« auf dein Recht (auch deine Eltern dürfen ohne deine Zustimmung keine Bilder von dir teilen).
- Erklär immer, was du mit dem Foto vorhast, und halt dich daran!
- Schick niemand anderem Porträtfotos, wenn dir die fotografierte Person keine Einwilligung dazu gegeben hat!
- Von Menschen, die dir in der Stadt »durchs Bild laufen«, brauchst du dagegen keine Einwilligung.
- Fotografier aber nicht heimlich andere Personen!
- Mach keine Fotos von kleinen Kindern und poste sie eventuell (zum Beispiel wenn du auf andere Kinder aufpasst), ohne vorher mit den Eltern gesprochen zu haben.
- Es geht nicht, peinliche Bilder von dir oder anderen zu verteilen!
- Verteil keine Fotos, auf denen du wenig bis gar nichts anhast!
- Schick nur Personen etwas, die du persönlich kennst!
- Lass dich nicht mit fremden Personen fotografieren (Gruppenselfie)!
- Gebäude und Skulpturen auf öffentlichem Grund darfst du fotografieren, aber zum Beispiel nicht in Museen und Innenhöfen! Und wenn du sie ausnahmsweise fotografieren darfst, kannst du sie nicht automatisch auch veröffentlichen.
- Vermeide Fotos mit Produktlogos, wenn du zum Beispiel etwas verkaufen möchtest.
- Auch bei Fotos oder Filmen mit einer Drohne gelten die Gesetze zum Persönlichkeitsrecht und Datenschutz (auch Autokennzeichen gehören dazu).

Nachrichtendienste

In unserem Alltag tauschen wir täglich Nachrichten über unsere Smartphones aus. Mit Smartphones ist auch das Teilen von Fotos viel einfacher geworden. Am schnellsten geht das über Nachrichtendienste, auch *Messenger-Dienste* genannt, bei denen dein Empfänger die Nachricht sofort sieht, wenn er oder sie auch im Internet ist.

Die Nachrichten-App, die alle kennen und die sehr viele nutzen, ist *WhatsApp*. So praktisch solche Apps generell sind, so sehr solltest du darauf achten, was die App von dir wissen will und was sie mit deinen Daten macht. WhatsApp liest zum Beispiel dein Adressbuch auf deinem Smartphone ein und zeigt dir, wer von deinen Freunden WhatsApp nutzt und zurzeit Nachrichten empfangen kann. Das heißt, dass WhatsApp weiß, wer deine Freunde (und Familie und Bekannte) sind. Da ist es wieder, das Thema mit den Daten! Und WhatsApp gehört zu Facebook (neuerdings Meta), somit sammelt Facebook alle Kontaktdaten deiner Freunde. Ob sie das wollen? Sie werden gar nicht erst gefragt. Aber da fast jeder WhatsApp nutzt, nehmen es die meisten hin. Man merkt ja auch nicht unmittelbar etwas davon. Viele Jugendliche nutzen auch Discord, das ursprünglich für Computerspiele geschaffen wurde. Bei dieser App solltest du nicht vergessen, dass die Daten, die du sendest, nicht geschützt sind. Zum Plaudern während des Computerspielens ist das eher unkritisch, aber zum Austauschen persönlicher Daten sind andere Dienste mit *Ende-zu-Ende-Verschlüsselung* sicherer.

Wissen

Ende-zu-Ende-Verschlüsselung

Hast du schon mal den Hinweis *Ende-zu-Ende-Verschlüsselung* gelesen? Damit ist gemeint, dass nur du und der Empfänger die Nachricht öffnen und lesen können. Wenn ein Dritter im Internet also deine Nachricht abfangen sollte, kann er sie nicht lesen. Aber denk daran: Nachrichten können einfach weitergeschickt werden, ohne dass du das mitbekommst!

Es gibt Gesetze, die Unternehmen und Menschen befolgen müssen und die dich schützen, und es gibt einfache Verhaltensregeln, die du selbst befolgen kannst, um sicherer im Internet unterwegs zu sein. Verliere das nicht aus den Augen bei aller Freude über deine schönen Fotos.

Auch wenn du dir einen Tag ohne Messenger-Dienst vielleicht kaum vorstellen kannst: Es gibt ein Mindestalter für deren Nutzung, und das liegt bei vielen, auch bei WhatsApp, bei 16 Jahren. Das hat seine Gründe! Strafbar machst du dich nicht, wenn du es nutzt, obwohl du jünger bist, aber rede offen mit deinen Eltern darüber, damit sie Bescheid wissen. Je offener du mit ihnen über das Thema sprichst, desto leichter fällt es dir, ihre Hilfe anzufragen, wenn du Nachrichten bekommst, die dir »Bauchschmerzen« bereiten. Das gilt übrigens auch für soziale Netzwerke wie Facebook, Instagram und Co.

Wissen

Weitere Informationen

Soziale Medien sind toll, aber es schadet nicht, sich zu informieren und sich besser mit ihnen auszukennen. Was machst du, wenn dich zu viele App-Benachrichtigungen nerven? Was sind die besten Tipps für Gruppenchats? Was sind deine Rechte und Pflichten im Umgang mit Instagram? Geprüfte Antworten findest du zum Beispiel bei *www.handysektor.de*.

Es gibt übrigens sehr gute Alternativen zu WhatsApp: Signal (Serverstandort USA), Threema (Serverstandort Schweiz) oder Wire (Serverstandort Schweiz) sind Messenger-Apps, die besser mit deinen Daten umgehen und die Daten deiner Freunde nicht einfach mit speichern. Dabei ist es sicherlich gut zu wissen, dass WhatsApp mit dem Handel von Daten Geld verdient.

Es gibt übrigens sogar Apps, die deine Nachrichten nach 90 Tagen automatisch löschen oder sogar schon nach wenigen Sekunden, wenn du das möchtest. Sehr beliebt ist zum Beispiel die App Snapchat, die bereits ab 12 Jahren genutzt werden darf. Kannst du dir vorstellen, dass täglich rund um den Globus rund 5 Milliarden Nachrichten geteilt werden? Von denen, die teilen, ist ungefähr jeder Fünfte ein Teenager. 88 Prozent dieser sogenannten *Snaps* sind Fotos! Die Idee hinter dieser App ist das Senden von Bildern oder Videos, bei denen du nicht darüber nachzudenken brauchst, wo die Daten gespeichert werden oder wie viele Personen dieses Bild sehen. Das zeitnahe, automatische Löschen der Nachricht (nach wenigen Sekunden) nimmt dir die Hemmschwelle, zu sehr über die oben beschriebenen Regeln nachzudenken. Es verlockt quasi dazu, Quatschfotos oder Fotos in eher peinlichen Momenten zu senden. Dennoch kannst du solche Bilder oder Nachrichten in den Stories und mit der Funktion **Memories** speichern oder die Bilder herunterladen. Dann bleiben sie auf dem Gerät! Und natürlich kann man auch einen Screenshot machen. Wenn der Empfänger deiner Nachricht das macht, bekommst du aber immerhin eine Nachricht. Das finde ich gut! Wer das umgehen möchte, findet leider auch hier Wege. Aber auch bei Snapchat gilt: Überleg dir immer genau, was du schickst und wem! Lass dir bei den Einstellungen im Zweifelsfall von jemandem helfen, denn schnell wird übersehen, dass auch der aktuelle Standort geteilt wird.

→ Quatschfoto, bei dem die Person auf dem Bild vielleicht nicht darüber nachdenkt, wer alles das Bild sieht. Wie wäre es, wenn du auf dem Bild zu sehen wärst? Wenn es deine Lehrer sehen würden? Wenn es in zehn Jahren irgendwo auftauchen würde? (Bild: shutterstock_1454431334© Dean_Drobot)

Soziale Netzwerke

Neue Leute zu treffen und kennenzulernen ist heutzutage viel einfacher, als in meiner Jugend. Alles, was du dafür brauchst, ist das Internet und der Zugang zu sozialen Netzwerken. Deine Familie und deine Freunde sind bereits dein bestehendes soziales Netzwerk und können auch Teil deines »digitalen« Netzwerkes sein.

Bist du Mitglied in einem sozialen Netzwerk, bleibst du in Kontakt mit Freunden, die du real kennst, und mit Menschen, die dir in dieser digitalen Welt begegnen. So, wie du bei einer Party den Bekannten deiner Freundin oder deines Freundes interessant findest, erweiterst du auch über das digitale soziale Netzwerk deine Kontakte. Neben dem Freundeskreis deiner Freunde findest du auch Menschen mit gleichen Interessen und kannst dich mit ihnen austauschen.

So bietet es dir die Chance, Neues zu entdecken und zu lernen – ganz egal, wo auf der Welt die andere Person ist. Es entstehen Unterhaltungen zwischen vielen Menschen, die du zum Teil auch nicht kennst, die im Alltag so nicht entstehen würden. Du tauschst dich also über Meinungen und Ideen aus, und sei es »nur« ein »Gefällt mir« zu einem Foto. Ich selbst lerne sehr viel in den sozialen Netzwerken, da ich mich mit Leuten austauschen kann. Diese Netzwerke sind meistens »geschlossene« Gruppen, sodass nicht jeder mit einem generellen Zugang die *Posts* lesen kann. Man muss Mitglied sein.

Bei der Nutzung der sozialen Medien kannst du schnell die Zeit vergessen. Es kann dich auch schnell stressen, wenn du nicht sofort auf eine Nachricht reagierst. Aber ist das unbedingt notwendig? E-Mails und Postkarten bleiben doch auch liegen. Bevor du dich selbst unter Druck setzt, stell dein Smartphone doch mal bewusst auf stumm und genieße die Zeit mit deinen realen Freunden. Die sind übrigens auch für dich da, wenn es dir mal nicht so gut geht.

Liken oder nicht liken?

Die Idee dieser Netzwerke ist, dass du einem anderen folgst und deine Meinung zu seinen Bildern, Ansichten oder Erlebnissen mitteilst, indem du *Likes* oder »Gefällt mir«-Nachrichten verteilst. Bei der Strategie der sozialen Netzwerke könntest du glauben, dass mehr Likes auch mehr Kontakte, also Follower, bedeutet. Aber brauchst du das wirklich? Klar, sieht es toll aus, wenn 345 Personen ein Like gesetzt haben. Dennoch würden auch 20 reichen, die es wirklich ernst meinen. Setzt du überall Likes, dann kannst du dich mit den Inhalten irgendwann nicht mehr identifizieren. Setzt du die Likes bewusst unter Beiträge und Bilder, die dir gefallen, dann scheint hier deine Meinung und Persönlichkeit durch. Kommt es nicht darauf an?

Die Fotos und Themen in den sozialen Netzwerken werden nach *Hashtags* sortiert. Das Symbol #, die Raute, nennt man Hashtag. Fotografierst du zum Beispiel deine Katze, kannst du dem Bild das Hashtag *#katze* oder *#haustier* geben, dann wird dein Beitrag zu dem Thema gefunden.

Dein Profilbild und dein Benutzername

↑ Unpassendes Profilbild – das könnte dir schnell peinlich sein!

Aber fangen wir mal mit den ersten Schritten an. Ganz wichtig – dein Profilbild! Natürlich, ansprechend, frech, deinem Alter entsprechend und dennoch seriös (also glaubwürdig) soll es sein, so machst du sicherlich nichts falsch. Zeigt dich das Bild jedoch in einer peinlichen Situation, wie fändest du es dann, wenn deine Eltern es sehen würden oder deine Lehrer? Würdest du dich in Zukunft für das Bild vielleicht schämen? Also besser doch nicht albern oder peinlich!

Beim Benutzernamen kannst du kreativ werden. Überleg dir aber auch dabei, ob dir der Name auch noch in fünf Jahren gefallen wird. Ein neuer Name kann bedeuten, dass du ein neues Profil einrichten musst und alles verlierst, was du dir bis dahin aufgebaut hast. Nimm also lieber einen »ehrlichen« Namen als den deines aktuellen »Helden«.

Follower und das, was du teilst

Leute, die dir folgen, nennt man *Follower*. Es ist natürlich nice, wenn dir viele folgen, dennoch ist es sinnvoll, wenn du erst mal im privaten Modus startest. Dort kann dir nur derjenige folgen, der dich mit einer Kontaktanfrage darum bittet. So hast du mehr Kontrolle darüber, wer deine Fotos überhaupt sieht.

Du kannst in den Netzwerken mit Freunden chatten. Aber auch wenn es privat erscheint, kannst du nie sicher sein, was mit deiner Nachricht passiert und wer sie noch zu lesen bekommt. Bevor du dich also über jemanden aufregst, überleg dir wieder: Darf das die Welt wissen? Nichts ist vertraulich in sozialen Netzwerken! Da hilft eher die beste Freundin oder der beste Freund im direkten Gespräch.

In den Apps und Programmen kannst du in der Regel einstellen, dass Daten, wie beispielsweise GPS-Koordinaten, aus dem Bild gelöscht werden sollen. Ansonsten gibst du viele Informationen von dir preis, die das Foto gar nicht braucht. Und diese Informationen können dazu beitragen, dass aus der virtuellen Welt des Internets schnell ein Eingriff in die reale Welt werden kann. Ein Genie muss man jedenfalls nicht sein, um deinen Wohnort zu finden, wenn du den Namen vom Ort, ein Bild von deinem Haus, dich im Garten oder Zimmer (Achtung, der Blick aus dem Fenster zeigt viel) oder Selfies an der Bushaltestelle zeigst. Das geht die Welt nichts an!

Der Gedanke hinter sozialen Netzwerken

Es ist wichtig zu wissen, wie diese »kostenlosen« Netzwerke ticken. Du richtest dir dein Profil ein und gibst immer bestimmte Informationen über dich an. Diese Informationen sind der »Preis«, den du bezahlst. Wirklich kostenlos ist ein Messenger-Dienst also nie. Jegliche Aktivitäten von dir werden beobachtet, damit dir möglichst passende Werbung gezeigt werden kann. Meinungen, die du vertrittst, werden genutzt, um dir Posts von anderen Menschen zu zeigen, die deine Meinung eventuell verstärken, weil sie sie ebenso vertreten. Die Gefahr besteht, dass du die Informationen nicht prüfst und dass sich so falsche Informationen verbreiten, weil du sie mit anderen teilst, die diese wieder mit anderen teilen und so weiter.

Bist du in den sozialen Medien aktiv, wirst du schnell Teil eines Netzwerkes, denn du erhältst Kontaktvorschläge deiner Kontakte und andersherum – wie die vielen kleinen Äste eines Baumes, die ursprünglich aus einem Stamm entstehen. Die immer besser werdende Gesichtserkennung macht das Ganze noch viel einfacher. Gibt einer deiner Freunde in seiner App an, dass du die Person auf dem Foto bist, wird das Foto bei deinem Freund mit deinem Profil verlinkt. Das klingt spannend, ist es aber vielleicht gar nicht.

Bei allen Risiken gilt aber auch: Geschlossene Gruppen können dir auch beim Interessenaustausch und beim Lernen gut helfen. Meistens gibt es in solchen Gruppen Regeln, die einen fairen und respektvollen Umgang voraussetzen, und Moderatoren, die auf die Einhaltung der Regeln achten.

Merk dir

Gib nicht alles von dir preis

Je mehr du von dir preisgibst, desto angreifbarer bist du! Überleg dir beim Teilen deiner Fotos immer, ob das wirklich »die Welt« sehen soll oder vielleicht doch nur deine Kontakte, die du persönlich kennst. »Digitale Freunde« können auch schnell mal vor deiner Tür stehen.

Fotos teilen

↑ Instagram

Eine von vielen Plattformen zum Teilen deiner Fotos ist *Instagram*. Sicher hast du dieses Icon schon mal gesehen. Bei Instagram geht es nicht nur um Nachrichten oder Wissensaustausch, hier geht es hauptsächlich um Fotos (aber zunehmend auch um kurze Videos), mit denen man sich präsentiert – mit Selfies in der Stadt, bei der Party, im Urlaub, zu Hause, aber auch mit Schnappschüssen aus dem Alltag. Und natürlich tummeln sich hier auch »richtige« Fotografen, die ihre neuesten Kunstwerke zeigen und auch Werbung für sich machen wollen.

Videos teilen

↑ TikTok

Machst du lieber kurze Videos als Fotos, gibt es eine vergleichbare App zu Instagram – TikTok. Auch wenn es sich bei dieser App nicht direkt um Fotos, sondern um Videos dreht, möchte ich sie dennoch erwähnen, denn viele Jugendliche (TikTok ist ab 13 Jahren) nutzen sie. Hier kannst du kurze Videos von derzeit maximal drei Minuten zu verschiedenen Kategorien suchen, kannst deine eigenen Videos teilen, Likes vergeben, anderen folgen und mit ihnen chatten und deine Beiträge auch bei Instagram und Co. teilen.

Wie auch in anderen sozialen Netzwerken, kannst du in den Einstellungen festlegen, ob dein Profil »privat« oder »öffentlich«, also für jeden (!) sichtbar, ist. Am besten legst du auch das Profil zusammen mit jemandem an, der sich auskennt.

Ein kleiner Schlussgedanke

In diesem Kapitel geht es ja um das Teilen. Schöne Momente möchtest auch du sicher allen gleich mitteilen und zeigen, dass es dir gut geht. Urlaub ist dafür eine tolle Gelegenheit, denn du kommst aus deinem gewohnten Umfeld heraus und siehst Orte und Dinge, die deine Freunde nicht im Alltag sehen.

Versetz dich mal in die folgende Situation: Deine Familie fährt an einen sonnigen Urlaubsort am Meer. Euer Hotelzimmer bietet Blick auf den Sonnenuntergang am Strand und du bist einfach »geflasht« vor Glück. Klar postest du Fotos vom Hotel, ein Selfie und eventuell noch den Ort, wo ihr seid. Daraufhin sendet dir eure Nachbarin eine Nachricht: »Wow, wie cool! Wir sind in den Bergen. Auch voll klasse! Wie lange seid ihr weg? Endlich sind wir mal zwei Wochen unterwegs!« Sicher wirst du ihr antworten und erzählen, wann ihr euch wiederseht, oder? Was denkst du, kann passieren?

Es gibt tatsächlich Verbrecher, die nach bestimmten Hashtags suchen, um herauszufinden, welches Haus gerade unbewohnt ist. In dem Beispiel wäre es ein Doppeltreffer, denn die Nachbarin ist ja auch nicht da. Das kann fatale Folgen haben! Dies ist sicherlich einer der Gründe, warum es ein Mindestalter zum Anmelden bei sozialen Netzwerken und Messenger-Diensten gibt.

Wissen

Hier bekommst du einen guten Überblick

Soziale Medien sind oft ein Diskussionsgrund innerhalb der Familie. Manche sehen den Umgang sehr locker, andere streng. Fakt ist, soziale Medien sind nicht mehr wegzudenken, und wir alle müssen lernen, wie wir damit umgehen (auch die Eltern natürlich). Mehr Informationen zu den aktuellen Apps für Jugendliche findest du auf der Seite *www.schau-hin.info*.

Wow – du hast es geschafft!

Du bist am Ende des Buches angekommen, aber noch nicht am Ende deiner fotografischen Reise. Ich hoffe, du hast viel gelernt und nutzt den einen oder anderen Tipp aus diesem Buch für deine Fotos.

Womit fotografierst du nun am meisten? Mit deinem Smartphone oder doch mit etwas Größerem? Was auch immer es ist, der Weg zum Besserwerden ist das Üben. Auch ich lerne immer wieder dazu, experimentiere mit dem Bildaufbau und den Einstellungen der Kamera und ärgere mich, wenn etwas schiefgeht. Und wenn ich mit der einen Kamera gut zurechtkomme, ist es mit Sicherheit Zeit für eine neue Kamera und das Lernen startet erneut. Voll spannend!

Während ich dieses Buch geschrieben habe, habe ich über einige Dinge neu nachgedacht. Achtest du bei Fotos mit dem Smartphone nun mehr darauf, wie du was fotografierst? Machst du dir Gedanken beim Posten? Ich schon!

Auf jeden Fall weißt du nun richtig viel über deine Kamera, über Belichtungseinstellungen und den Bildaufbau. Du wirst merken, dass du Hilfreiches wie die Drittelregel bald ganz automatisch nutzt. Ohne groß darüber nachzudenken.

Nun aber genug gelesen: Nimm die Kamera, und leg einfach los!

Begriffe einfach erklärt

Abbildungsebene
Bezeichnet die Fläche, auf die dein Bild trifft, wie zum Beispiel den → *Sensor* in deiner Kamera oder die → *Mattscheibe* in der → *Camera obscura*.

Abdunkeln
In der Bildbearbeitung kannst du helle Bildbereiche etwas dunkler machen.

Absorbieren
Wenn eine Oberfläche bestimmte Lichtanteile »schluckt«, nennt man das absorbieren. Ein schwarzes T-Shirt absorbiert das gesamte Licht. Ein weißes hingegen »schluckt« fast keine Lichtanteile, sondern reflektiert die Strahlung zu großen Teilen. Rhabarbersaft lässt beispielsweise kein blaues Licht durch, daher verwandelt sich ein weißer Lichtstrahl in einen orangefarbenen, wenn er durch ein Glas Rhabarbersaft scheint.

Additive Farbmischung
Mischst du rotes, grünes und blaues Licht (nicht Farbe), ergibt sich Weiß.

Akku
Akku ist die Abkürzung für Akkumulator. Ein Akku dient als Speicher für Energie, damit deine Kamera kein Kabel zur Steckdose benötigt. Achte immer darauf, dass der Akku geladen ist.

Analoge Fotografie
So nennt man die Fotografie, in der noch Filmmaterial belichtet wurde.

App
Auf deinem Smartphone gibt es viele dieser Programme, die aus dem Handy einen richtigen Computer für die Hosentasche machen. Auch die Kamera wird über eine App gesteuert. Alternativen zu der mitgelieferten Foto-App bieten dir oft noch mehr Funktionen und Einstellmöglichkeiten.

APS-C-Format
APS-C ist ein kleineres Format als das Vollformat (→ *Kleinbild*), dessen Sensoren ca. 24 × 36 mm groß sind. → *Sensoren* im APS-C-Format sind ca. 25,1 × 16,7 mm groß.

Aufhellen
In der Bildbearbeitung kannst du dunkle Bildbereiche etwas heller machen.

Auflösung
Damit du deine Kamera mit einer anderen vergleichen kannst, wird die Auflösung herangezogen. Dazu wird die Anzahl von Linien, die maximal auf 1 mm Platz haben, gezählt (Linien pro mm = l/mm). Diese Angabe ist abhängig von der Qualität des → *Objektivs* und des → *Sensors*. Zum Vergleich von Sensoren nutzt man die Anzahl der Pixel (bei 12 MP wären das zum Beispiel 4 256 × 2 848 Pixel).

Auslöser
Bezeichnet den Knopf, mit dem du ein Bild machst. Wenn du ihn halb herunterdrückst, wird scharf gestellt, wenn du ihn durchdrückst, öffnet sich der → *Verschluss*, und Licht fällt auf den → *Sensor* – das Bild ist gemacht. In der Regel befindet er sich oben rechts auf der Kamera.

Autofokus (AF)
Drückst du den → *Auslöser* halb herunter, bekommt die Kamera das Signal, dass du ein Foto machen möchtest, und fokussiert automatisch

auf das Motiv, indem die → *Linsen* im → *Objektiv* über einen Motor bewegt werden.

Bayer-Matrix
Jedes einzelne Pixel auf dem → *Sensor* ist für eine der drei Grundfarben (Rot, Grün, Blau) verantwortlich. Bei dieser Anordnung der einzelnen »Farbpixel« ist die Hälfte der Pixel für die Aufnahme der Grünanteile des Lichts verantwortlich. Das entspricht etwa dem, wie dein Auge Farben und Helligkeit wahrnimmt.

Bedienelemente
So nennt man die vielen kleinen Knöpfe und Räder an deiner Kamera, die dir bei der Bedienung helfen, damit du nicht jede Einstellung über das Hauptmenü suchen musst.

Belichtungsausgleich/-korrektur
Findest du die Wahl der automatischen Belichtung zu hell oder zu dunkel, kannst du die Menge des einfallenden Lichts manuell mit »+« und »–« steuern, ohne an → *Blende* und → *Belichtungszeit* denken zu müssen.

Belichtungszeit
Die Belichtungszeit wird auch Verschlusszeit genannt. Es ist die Zeit, in der das Licht auf den → *Sensor* deiner Kamera fällt.

Betrachtungswinkel/Blickwinkel
Der Betrachtungs- oder Blickwinkel bezeichnet das Sichtfeld deiner Kamera je nach → *Brennweite* deines → *Objektivs*. Ein → *Weitwinkelobjektiv* fängt links und rechts das Geschehen ein, das du mit deinen Augen nicht mehr siehst. Mit einem → *Teleobjektiv*, mit dem du ferne Dinge ganz nahe heranholst, ist das Sichtfeld sehr klein. Stell dir vor, deine Handflächen formen ein »V« über die Handballen, dann beschreiben sie über den Winkel der beiden Handflächen das Sichtfeld.

Bildpunkt
An dieser Stelle treffen die Lichtstrahlen, die über eine → *Linse* umgelenkt werden, zusammen. Liegt dein Motiv im Fokus, treffen sie sich in einem Punkt. Der Abstand von Linse zu → *Sensor* muss also genau stimmen wie bei deinem Auge. Passt das nicht, brauchst du eine Brille, die die Strahlen so umlenkt, dass sie sich treffen.

Blaue Stunde
Nach Sonnenuntergang färbt sich der Himmel tief blau, bevor die nächtliche Finsternis eintritt. Diesen Zeitraum nennt man Blaue Stunde, auch wenn er länger oder kürzer als 1 Stunde dauern kann. In dieser Zeit gemachte Fotos wirken besonders gut.

Blende/Blendenöffnung
Die Lichtstrahlen werden durch eine kleine Öffnung in der Kamera gebündelt. Die Größe dieser Öffnung bestimmt die Menge an Licht, die auf den → *Sensor* fällt, und die → *Schärfentiefe* deines Motivs. Je größer die Blende ist, desto kleiner ist die Öffnung. Dein Auge blendet bei Sonnenschein auch stark ab und verkleinert die Pupille. Es öffnet sie dagegen bei Dunkelheit.

Blendenautomatik/-priorität
Auch Zeitvorwahl genannt. Es ist eine → *Halbautomatik*, bei der du deiner Kamera eine bestimmte → *Belichtungszeit* vorgibst, von der ausgehend die → *Blende* je nach Lichteinfall automatisch berechnet wird.

Blendenvorwahl/-priorität
→ *Zeitautomatik*

Blitz
Eingebaute Blitze leuchten nur wenige Meter weit. Benötigst du mehr Licht, kannst du bei einigen Kameras oben auf dem Gehäuse einen stärkeren Blitz in einem sogenannten → *Blitzschuh* montieren. Solche Aufsteckblitze sind nicht nur stärker, sondern bieten auch mehr Möglichkeiten. Zum Beispiel kannst du sie drehen, um indirekt zu blitzen, also nicht das Motiv direkt anzublitzen, sondern zum Beispiel eine weiße Wand, von der das Blitzlicht dann sehr viel weicher reflektiert wird und das Motiv beleuchtet.

Blitzschuh
Dies ist die kleine Schiene an der oberen Seite der Kamera, auf die du einen → *Blitz* schieben kannst.

Bluetooth
Möchtest du Daten zwischen zwei Geräten austauschen, die ganz in der Nähe sind, kannst du das ohne ein Zusatzgerät (wie beim → *WLAN*) machen. Die Frequenz der Funkwellen ist mit WLAN vergleichbar, aber die Menge der Daten, die du austauschen kannst, ist viel geringer. Dafür verbrauchen die Geräte auch weniger Strom. Bluetooth funktioniert überall und wird zum Beispiel bei Fernbedienungen für dein Smartphone oder deine Kamera genutzt.

Brennpunkt
Stellst du dir vereinfacht vor, dass alle Lichtstrahlen parallel (wie die Linien auf Papier) in die → *Linse* des → *Objektivs* einstrahlen, dann werden sie von der Linse so umgelenkt, dass sie sich alle in einem Punkt zwischen Linsenmitte und → *Sensor* treffen. Da dein Motiv aber nie unendlich weit weg ist, fällt nur ein Teil der Strahlen parallel ein und trifft sich dann auf dem Sensor, wenn der Fokus stimmt.

Brennweite
Bezeichnet den Abstand zwischen Linsenmitte (→ *Linse*) und → *Brennpunkt*. Vergrößerst du etwas mit einer Lupe, dann ist das Objekt nur mit einem bestimmten Abstand zur Lupe scharf. Dieser Abstand ist die Brennweite.

Camera obscura
Eine Camera obscura ist eine einfache Kamera ohne → *Sensor*. Das Licht scheint durch ein winziges Loch in einen dunklen Kasten. Das Motiv wird an der Rückwand kopfüber und seitenverkehrt dargestellt. Diese Kamera wird auch Lochkamera genannt.

Chromatische Aberration
→ *Farbsäume*

CMYK
Dies ist ein Farbraum, der die → *subtraktive Farbmischung*, also das Mischen von Farben beschreibt. Es sind die drei Farben Cyan (Hellblau), Magenta (Pink) und Yellow (Gelb) im Drucker. Theoretisch ergeben alle drei Farben zusammen Schwarz (K). Das Druckergebnis sieht aber immer nur wie ein Dunkelgrau aus, weshalb in Druckern zusätzlich Schwarz als Farbe beigegeben wird. Das K steht für *Keyplate* und kommt aus der Drucktechnik.

Cropfaktor
Als Referenzgröße für die Sensorgröße dient der Vollformatsensor, der die gleiche Größe wie ein analoges Kleinbildnegativ oder -dia hat, also 36 × 24 mm. Kleinere Sensoren bilden bei gleicher → *Brennweite* und gleichem Abstand nur einen Teil des Motives ab, so als würde der Bildrand

abgeschnitten. Die unterschiedliche Größe des Bildausschnitts in Abhängigkeit von der Sensorgröße wird mit dem sogenannten Cropfaktor oder Formatfaktor beschrieben. Während also ein Vollformatsensor mit 36 × 24 mm den Cropfaktor 1 hat, hat ein APS-C-Sensor mit 23,7 × 15,6 mm den Cropfaktor 1,6. Ein → *Micro-Four-Thirds-Sensor* mit 17,3 × 13 mm hat den Cropfaktor 2.

Digitalkamera
Deine Fotos werden in einer Digitalkamera über einen → *Sensor* aufgenommen, in der Kamera verarbeitet und auf einer → *Speicherkarte* gespeichert. Das passiert also alles digital.

Direkt-Positiv-Verfahren
Bezeichnet ein Entwicklungsverfahren, bei dem helle Motivbereiche auch auf dem Bild hell wiedergegeben werden; im Gegensatz zum → *Negativ-Positiv-Verfahren*.

Display
Das Display ist ein kleiner Bildschirm an oder auch in deiner Kamera, auf dem du Einstellungen vornehmen und auch gespeicherte Bilder ansehen kannst. Hat deine Kamera keinen → *Sucher*, betrachtest du dein Motiv über diesen kleinen Monitor, bevor du den → *Auslöser* drückst.

Drittelregel
Teile dein Bild in beiden Richtungen, also horizontal und vertikal, in drei gleich große Teile. Wenn sich dein Motiv (Boot, Augen, Haus) auf einer der Linien oder sogar auf dem Schnittpunkt zweier Linien befindet, wirkt es interessanter. Die Drittelregel hilft dir also beim Bildaufbau. Das Drittelraster kannst du sogar in vielen Kameras auf das Sucher-/Displaybild (→ *Sucher*, → *Display*) legen, damit du schon beim Fotografieren dein Bild entsprechend planen kannst.

Ebene (Bildbearbeitung)
In der Bildbearbeitung wird für jeden Bearbeitungsschritt eine Kopie von dem Originalbild genutzt. Diese einzelnen Zwischenstufen nennt man Ebenen, die du dir wie übereinandergelegte transparente Folien vorstellen kannst. Gefällt dir ein Schritt nicht, kannst du die entsprechende Ebene ausblenden oder sogar löschen.

Einstellrad
An deiner Kamera gibt es Knöpfe und Rädchen für die Einstellungen. Die Rädchen sind »blind« mit Daumen und Zeigefinger bedienbar, ohne dass du die Augen vom → *Sucher* nehmen musst. Deswegen stellst du meist an diesen die Belichtung ein und nicht übers → *Display*.

Exif
Kurz für *Exchangeable Image File Format*, ein Standard für die Aufnahme von Belichtungsdaten (z. B. Kameramodell, → *Blende*, → *Belichtungszeit*, → *Weißabgleich*) in die Bilddatei. Praktisch, weil man es sich ja sonst bei der Aufnahme notieren müsste.

Farbsättigung
Die Farbsättigung beschreibt die Intensität der Farbwirkung.

Farbsäume
Abbildungsfehler von Objektiven, die durch farbige Ränder am Übergang von dunklen zu hellen Flächen sichtbar werden. Sie werden auch als chromatische Aberration bezeichnet.

Farbtemperatur
Jede Lichtquelle gibt dir eine andere Farbwahrnehmung, etwa helles, weißes Tageslicht im Gegensatz zu schwächerem, gelbem Kunstlicht. Damit alle die gleiche »Sprache sprechen«,

orientiert man sich als Maß an einem schwarzen Körper, der mit steigender Temperatur unterschiedlich farbig glüht. Daher auch die Angabe in der Einheit Kelvin, die auch für die Temperatur genutzt wird.

Fernauslöser
Das ist ein kleines Gerät, das deiner Kamera aus der Ferne das Signal zum → *Auslösen* gibt. So bist du mit auf dem Foto oder kannst aus der Ferne die Kamera steuern, ohne entdeckt zu werden (beispielsweise bei Tierfotos).

Festbrennweite
Das ist ein → *Objektiv* mit fester → *Brennweite*, die nicht variiert werden kann. Möchtest du den Ausschnitt ändern, musst du dich also bewegen.

Fluchtpunkt
Das Ende der gedachten blickführenden Linien in deinem Foto bezeichnet den Fluchtpunkt. Bei einem Gebäude wären es die obere und untere Hauskante, die immer enger zusammenkommen, je weiter weg sie von dir sind.

Fokusfelder
Deine Kamera nutzt einzelne Messfelder (angezeigt als kleine Quadrate) zum Fokussieren. Je nach Einstellung sucht die Kamera über nur ein Messfeld oder über mehrere.

Fokuspunkt
Wenn du den → *Auslöser* halb herunterdrückst, sucht die Kamera den Fokus. Dort, wo das → *Fokusfeld* aktiviert ist, oft mit einem roten Rahmen markiert, liegt der Fokuspunkt. Das ist der Punkt, an dem die Abbildung parallel einfallender Strahlen durch die Linse am schärfsten ist. Dort ist das Bild also scharf.

Four-Thirds-Format
Der Name beschreibt die Größe von 17,31 × 12,98 mm eines Sensors in einer Digitalkamera und wurde von Olympus und Kodak entwickelt. Im Namen findest du das Seitenverhältnis von 4 : 3 wieder, das ruhiger als das übliche Seitenverhältnis von 2 : 3 wirkt. Die Diagonale des Sensors ist halb so lang wie bei einem → *Kleinbildformat*, daher ist der Cropfaktor 2. Dieses Format wurde von Olympus und Panasonic entwickelt. Heutzutage nutzen auch andere Hersteller von spiegellosen Kameras diese Sensorabmessungen mit der neuen Variante dieses Standards, dem *Micro Four Thirds*. Der Standard beschreibt noch einige weiteren Eigenschaften, aber diese ist die wichtigste.

Freistellen
In der Fotografie ist damit gemeint, dass sich ein Motiv vom Hintergrund »ablöst«. Wenn du eine Person in einem Porträt scharf fotografierst und den Hintergrund ganz unscharf, dann ist das Motiv freigestellt. In der Bildbearbeitung könntest du ein Porträt auch »ausschneiden« und den Hintergrund »wegzaubern« – auch das wäre ein Freistellen.

Froschperspektive
Deine Kameraposition ist ganz tief, etwa unten auf dem Boden, und du fotografierst nach oben, als wärst du ein Frosch, der nach oben schaut, im Gegensatz zur → *Vogelperspektive*.

Goldener Schnitt
Der Goldene Schnitt ist vergleichbar mit der → *Drittelregel*, nur dass die Seitenlängen nicht genau gleich sind. Das Verhältnis der Seitenlängen einer Linie liegt bei 1 : 1,6 (bei der Drittelregel 1 : 2).

Halbautomatik
Du gibst der Kamera die → *Blende* oder → *Belichtungszeit* vor, und sie wählt passend den zweiten Wert, damit die Belichtung passt. Einen Teil stellst also du ein, den anderen die Automatik – Arbeitsteilung sozusagen.

HDR (High Dynamic Range)
Bei sehr starken Kontrasten (zum Beispiel heller Himmel und dunkler Wald) nimmt deine Kamera drei (oder mehr) Bilder auf – über-, unter- und normalbelichtet – und setzt diese nachträglich zusammen. So wirkt das Foto, wie du das Motiv mit den Augen siehst: blauer Himmel (nicht weiß, weil → *überbelichtet*) und grüne Bäume (nicht schwarz, weil → *unterbelichtet*).

Histogramm
Das ist ein Diagramm, das dir die Verteilung der Helligkeiten in deinem Foto anzeigt.

Hochformat
Du hältst deine Kamera senkrecht wie üblicherweise das Smartphone für ein Porträt. Deswegen nennt man es auch Porträtformat, im Smartphone englisch *portrait* genannt.

ISO-Wert
Gibt dir die → *Lichtempfindlichkeit* des Kamerasensors (→ *Sensor*) an. Je größer der Wert, desto weniger Licht wird für das Foto benötigt, da das Signal verstärkt wird. Gleichzeitig wird das Bild aber auch ungenauer und erzeugt ein → *Rauschen*, es wird körniger und gröber.

JPEG-Format
JPEG (*Joint Photographic Experts Group*) ist ein kameraunabhängiges Bildformat, das Pixel mit gleicher Farbe und Helligkeit zusammenfasst und damit weniger Speicherplatz benötigt. Die → *Komprimierung* geht aber mit einem Qualitätsverlust einher, der sich mit jedem weiteren Speichern des Bildes erhöht.

Kehrwertregel
Die → *Belichtungszeit* sollte nicht länger sein als der Bruch »1 über die → *Brennweite*«. Fotografierst du mit einer Brennweite von 50 mm sollte die Belichtungszeit kürzer als 1/50 einer Sekunde sein. Bei einem Teleobjektiv mit 200 mm Brennweite verwackelt das Bild bei Belichtungszeiten, die länger als 1/200 einer Sekunde sind. Deswegen ist ein Stativ sehr hilfreich.

Kelvin (K)
Standardeinheit für die → *Farbtemperatur*. Entspricht der Temperatur (Wärme) eines idealen schwarzen Körpers in Kelvin, bei dem dieser Licht in der entsprechenden Farbtemperatur abstrahlen würde.

Kleinbild
In der → *analogen Fotografie* war das Kleinbild das typische Filmformat von 36 × 24 mm. Heute haben die → *Sensoren* der sogenannten Vollformatkameras diese Sensorgröße. Kleinbildformat und Vollformat sind in der digitalen Fotografie das Gleiche.

Komplementärfarbe
Farben gelten als komplementär, also sich ergänzend, wenn sie miteinander gemischt Weiß bzw. Schwarz ergeben. Welche Farben komplementär sind, ist je nach Farbmodell unterschiedlich. In Goethes Modell, den Farbkreis kennst du vielleicht aus der Schule, sind zum Beispiel Rot und Grün Komplementärfarben.

Komprimierung
Bei der Komprimierung werden Pixel mit gleicher Helligkeit und Farbe zu einer Fläche zusammengefasst. Da die Informationen somit nur einmal

für die Fläche und nicht für jedes Pixel einzeln gespeichert werden, wird die Dateigröße kleiner. Werden zu der Fläche auch ähnliche Farben dazugerechnet, wird die Qualität des Bildes schlechter, aber die Datei dafür noch kleiner.

Konkave Linse
Streulinsen, die das Licht auffächern (→ *Linse*)

Konvexe Linse
Sammellinsen, die das Licht bündeln (→ *Linse*)

Landschaftsformat
ein anderer Begriff für das → *Querformat*, im Smartphone oft *landscape* (für engl. Landschaft) genannt

Lichtbrechung
Das Licht wird in Glas, Wasser oder anderen durchsichtigen Materialien umgelenkt.

Lichtempfindlichkeit
Das Material verändert sich in seiner Farbe, Festigkeit oder Zusammensetzung, wenn Licht darauf fällt.

Lichtwert
Menge an Licht, beschrieben mit der Kombination aus → *Blende* und → *Belichtungszeit*

Linse
durchsichtiger Körper aus Glas oder Kunststoff, die die Lichtstrahlen umlenken (sammeln oder streuen)

Live-View-Modus
Das ist eine Einstellung bei → *Spiegelreflexkameras*, bei der die Lichtstrahlen die gesamte Zeit auf den → *Sensor* auftreffen, der daraus ein Bild erzeugt, das an das → *Display* weitergeleitet wird. Im Normalmodus betrachtest du dein Motiv dagegen durch einen → *Sucher*. Erst beim → *Auslösen* klappt der Spiegel um, der das Motivbild in den Sucher lenkt, und die Lichtstrahlen treffen auf den Sensor. Da die Kamera im Live-View-Modus die ganze Zeit die Lichtsignale umrechnet, verbraucht sie mehr Strom als bei der Verwendung des Suchers.

Lochkamera
bekannt als → *Camera obscura*

Makroaufnahme
Sehr kleine Motive, wie Insekten oder Blumen, erscheinen bei einer Makroaufnahme auf dem → *Sensor* so groß, wie sie tatsächlich sind. Dank der guten → *Objektive* und → *Auflösung* der Sensoren kannst du sehr viele Details sehen, die dein Auge kaum wahrnimmt.

Manueller Modus
Alle Einstellungen an der Kamera werden im manuellen Modus von dir vorgenommen. Die Kamera macht dann das Bild genau so, auch wenn es unscharf oder nicht ausgewogen belichtet ist.

Maske (Bildbearbeitung)
Bei der Bildbearbeitung musst du nicht das ganze Bild verändern. Wählst du nur einen Teil des Bildes, nennt man diesen Teil Maske. Stell dir vor, du schneidest eine quadratische Maske aus einem Papier aus, legst sie auf eine Zeichnung und verwischst nur in diesem Quadrat die Farben.

Mattscheibe
Das Bild wird auf einer Art Milchglas abgebildet. Du kannst nicht durchsehen, weil es matt ist, siehst aber von der Rückseite dein Motiv.

Megapixel
Diese Angabe wird oft für die Größe von → *Sensoren* in → *Digitalkameras* benutzt und bedeutet

1 Million Pixel. Auf dem Sensor entspricht das einem Quadrat gefüllt mit 1024 Pixeln in Höhe und Breite. Achtung: Da Sensoren unterschiedlich groß sind und die Zahl der Pixel auf den Sensoren nicht gleich ist, sind die Pixel von Sensor zu Sensor nicht gleich groß.

Mehrfachbelichtung
Du machst bei einer Mehrfachbelichtung mit deiner → *Digitalkamera* mehrere Bilder, die alle wie durchsichtige Folien übereinandergelegt werden. Das Foto sieht dann wie ein Geisterbild aus.

Mehrfeldmessung
Die Belichtungsmessung erfolgt über mehrere Messfelder. Manchmal heißt sie auch Matrixmessung. Für normale Bilder ist das die beste Messmethode.

Micro Four Thirds (MFT)
Ist eine Variante des → *Four-Thirds-Sensorformats*, die heutzutage bei → *spiegellosen Systemkameras* genutzt wird. Der Standard bestimmt neben dem Sensorformat auch die Verbindung zum Objektiv (Durchmesser) und den maximalen Winkel der Lichtstrahlen, die auf den Sensor treffen. Der Abstand zwischen dem → *Sensor* und dem Objektiv ist beim MFT im Vergleich zu dem älteren, etwas größeren Four-Thirds-Standard nur halb so groß und ermöglicht dadurch eine noch kompaktere Bauweise, bei der ein hochklappender Spiegel aber keinen Platz mehr findet.

Mittenbetonte Messung
Deine Kamera nutzt für die Belichtungsmessung mehrere Messfelder, aber verstärkt die Mitte. Dein Motiv sollte also in der Mitte des Bildes liegen, sonst wird es falsch belichtet. Für die Nahaufnahme einer Blume eignet sich diese Methode sehr gut.

Motivprogramme
Verschiedene Programme an deiner Kamera helfen dir bei der Einstellung der Belichtungswerte, der → *Schärfentiefe* und Farben. Prima für den Start!

Negativ-Positiv-Verfahren
Bezeichnet ein Entwicklungsverfahren, bei dem helle Motivbereiche auf einer Art Schablone dunkel wiedergegeben werden und in einem zweiten Entwicklungsschritt wieder ins Positive umgekehrt werden; im Gegensatz zum → *Direkt-Positiv-Verfahren*.

Obersicht
Auch *Aufsicht* genannt. Ist ein anderer Begriff für → *Vogelperspektive*.

Objektiv
Dies ist eine Ansammlung von → *Linsen*, die zwischen dem Motiv und dem → *Sensor* die Lichtstrahlen umlenken. → *Weitwinkelobjektive* lassen dich ein großes Blickfeld fotografieren, mit einem → *Teleobjektiv* kannst du auch weit entfernte Motive, wie einen Vogel in einem Baum, groß fotografieren.

Perspektive
Je nachdem, welchen Blickwinkel deine Kamera hat, sehen Objekte unterschiedlich aus. Die Linien von einem Gebäude bleiben im Raum nicht parallel, sondern laufen zusammen, je weiter sie weg sind.

Perspektivische Verzerrung
Durch die perspektivische Verzerrung werden Dinge in einem Raum immer kleiner, je weiter sie entfernt sind. Auch Gebäudeseiten sind auf einem Foto nicht mehr parallel, wie du sie siehst, wenn du genau vor dem Gebäude stehst.

Phasen-Autofokus (AF)
Beim Phasen-Autofokus werden zum Scharfstellen statt des Bildsensors zwei zusätzliche → *Sensoren* genommen. Diese Sensoren können mit dem auftreffenden Licht an zwei Punkten entlang einer Linie sagen, ob dein Motiv im Fokus liegt oder ob sich der Fokus weiter vorne oder weiter hinten befindet. Die zwei Lichtpunkte nennt man Phasen.

Pixeldichte
Anzahl der → *Bildpunkte* (Pixel) auf der Sensorfläche (→ *Sensor*)

Porträtformat
ein anderer Begriff für → *Hochformat*

Primärfarbe
Primärfarben sind Ausgangsfarben zum Mischen. Beim Licht sind das Rot, Grün und Blau (→ *additive Farbmischung*), bei Gegenständen hingegen Cyan (Hellblau), Magenta (Pink) und Gelb (→ *subtraktive Farbmischung*).

Prisma
Ein Prisma ist ein Körper aus einem durchsichtigen Material (beispielsweise Glas), der das Licht in seine → *Spektralfarben* auffächert (bricht).

Querformat
Wenn du im Querformat fotografierst, hältst du die Kamera quer wie bei einer Postkarte. Das Querformat wird auch Landschaftsformat genannt, abgeleitet von der englischen Bezeichnung *landscape* für dieses Format.

Rauschen
Bei jedem Pixel wird das Signal digital verstärkt, wenn zu wenig Licht vorhanden ist. Diese höhere → *Lichtempfindlichkeit* wird über den → *ISO-Wert* angegeben. Je mehr das Signal verstärkt wird, desto mehr wird es gestört. Bei dunklen Flächen ist die Störung sehr hoch, da aus dem extrem wenigen Licht noch Informationen »herausgelockt« werden sollen. Dieser Effekt wird verstärkt, wenn die Pixel sehr klein sind (etwa beim Smartphone).

Raw-Format
Raw ist ein kameraspezifisches Format, bei dem alle Daten »roh« (engl. *raw*), das heißt ohne direkte Bearbeitung, in der Kamera auf der → *Speicherkarte* gespeichert werden. Somit hast du am Computer viele Möglichkeiten der Änderung, ohne die Qualität des Bildes zu verändern. Bevor du Raw-Bilder teilen kannst, musst du sie aber bearbeiten und zum Beispiel im → *JPEG*-Format speichern.

Retusche
Retusche nennt man kleine Ausbesserungen (beispielsweise der Haut) in der Bildbearbeitung, ohne das Bild zu verfremden.

RGB-Werte
Eine Farbe mischt sich aus den Grundfarben Rot (R), Grün (G) und Blau (B). Die Menge der Farbanteile wird mit Werten zwischen 0 (kein Anteil) und 255 (100 %-Anteil) beschrieben.

Schärfentiefe
Die Schärfentiefe bezeichnet den Bereich im Bild, der scharf ist. Er hängt unter anderem von der verwendeten → *Brennweite* und der → *Blende* ab. Bei einer großen Schärfentiefe ist im Bild (fast) alles von einem nahen Objekt bis zu einem Objekt in der Ferne scharf abgebildet. Das gelingt leicht mit einem → *Weitwinkelobjektiv* mit einer geschlossenen Blende (hohe Blendenzahl). Eine besonders geringe Schärfentiefe erreichst du mit einem → *Teleobjektiv* mit einer offenen Blende (niedrige Blendenzahl).

Schwenkdisplay
Das → *Display* deiner Kamera ist über eine Art Gelenk mit der Kamera verbunden, sodass du es herausklappen und neigen kannst. Das ist praktisch, wenn du größere Personen oder Gegenstände aus der → *Froschperspektive* fotografieren möchtest.

Sekundärfarbe
Sekundärfarben entstehen beim Mischen von zwei Grund-(Primär-)Farben. Beim Licht sind das Cyan (Hellblau), Magenta (Pink) und Gelb, beim Malen hingegen Rot, Grün und Blau. Somit sind die Sekundärfarben des Lichts gleich den → *Primärfarben* von Gegenständen.

Selbstauslöser
Nutzt du den Selbstauslöser, löst deine Kamera zeitverzögert aus. So kannst du → *Verwackler* vermeiden, wenn du die Kamera zum Beispiel auf eine Bank legst, oder selbst mit auf das Bild kommen.

Selektivmessung
Für die Belichtungseinstellung wird nur ein kleiner Bereich, wie beispielsweise das Gesicht, im Bild genutzt.

Selfie
Ein Selfie ist ein Selbstporträt, für gewöhnlich mit dem Smartphone aufgenommen, aber natürlich auch mit jeder anderen Kamera.

Selfiestick
So nennt man eine Stange mit Halterung für dein Smartphone und einem → *Auslöser* – für bessere → *Selfies*.

Sensor
Der Sensor ist in der Kamera die → *Abbildungsebene*, auf der das Licht in elektrische Signale umgeformt wird. Er besteht aus vielen → *Bildpunkten*, die später dein Bild zusammensetzen.

Serienbild
Kannst du mit einem Daumenkino vergleichen. Du hältst den → *Auslöser* gedrückt, und deine Kamera macht ganz schnell hintereinander Fotos. So verpasst du bei einer schnellen Bewegung deines Motivs nicht den entscheidenden Moment, sondern suchst diesen später aus der Ansammlung von Fotos aus.

Speicherkarte
Auf dieser kleinen Karte in deinem Smartphone oder deiner Kamera werden die Bilder und Dateien gespeichert.

Spektralfarbe
Das Licht setzt sich aus vielen Anteilen von Licht mit verschiedenen → *Wellenlängen* zusammen. Jede einzelne Wellenlänge hat eine bestimmte Farbe. Du siehst diese Farben im Regenbogen oder in einem → *Prisma*.

Spiegellose Kamera
Bei diesen → *Systemkameras* klappt kein Spiegel um. Die Lichtstrahlen werden direkt auf den → *Sensor* geleitet. Diese Kameras sind oft kleiner, verbrauchen aber mehr Strom.

Spiegelreflexkamera
Die Spiegelreflexkamera ist eine → *Systemkamera*, bei der das Licht über einen Spiegel zum → *Sucher* umgelenkt wird, der beim → *Auslösen* blitzartig umklappt, sodass das Licht auf den → *Sensor* fällt. Wird auch als DSLR abgekürzt, für *Digital Single-Lens Reflex*.

Spotmessung
Für die automatische Belichtungseinstellung wird nur ein ganz kleiner Punkt (Spot) genutzt.

Stativ
Deine Kamera wird mit drei Beinen stabilisiert, um ein → *Verwackeln* zu vermeiden. Mit Selbstauslöser kannst du so auch mit auf das Bild.

Subtraktive Farbmischung
Mischst du mehrere Farben beim Malen, wird mit jeder Farbe ein Teil vom Licht »geschluckt« oder absorbiert, somit wird die Mischfarbe immer dunkler. Du »subtranierst« sozusagen die → *Wellenlängen* vom reflektierenden Licht.

Sucher
Im Sucher siehst du dein Motiv so, wie es auf dem → *Sensor* erscheint. Gewöhnlich ist es ein kleines Fenster an der oberen Kante der Kamera. Bei manchen Kameras übernimmt das → *Display* diese Funktion.

Systemkamera
Ist der Oberbegriff für → *Spiegellose* und → *Spiegelreflexkameras*. Bei beiden Kameratypen kannst du das → *Objektiv* wechseln und anderes Zubehör anschließen.

Teleobjektiv
→ *Objektiv* mit langer → *Brennweite*. So kannst du Motive in der Ferne groß abbilden.

Überbelichtung
Hat dein Motiv viele dunklen Flächen, versucht die Kamera, sie heller darzustellen. Der Hintergrund wird dann zu hell, er wird überbelichtet. Mit einer → *Belichtungskorrektur* kannst du eine Überbelichtung auch bewusst nutzen.

Unterbelichtung
Ist ein Großteil in deinem Bild hell, kann ein dunklerer Gegenstand zu dunkel erscheinen. Er wird unterbelichtet, da die Kamera die große Fläche für die Einstellung der Belichtung wählt. Auch dieser Effekt kann gewollt sein (→ *Belichtungskorrektur*).

Verschluss
Über den Verschluss wird die → *Belichtungszeit* gesteuert. Ist er geöffnet, treffen die Lichtstrahlen auf den → *Sensor*.

Verwackeln
Dein Bild wird unscharf, wenn die → *Belichtungszeit* zu lang ist und du die Kamera währenddessen bewegst. Das Pixel auf dem → *Sensor* soll beispielsweise 1 Sekunde lang das reflektierte Licht von einem Gegenstand aufnehmen. Bewegt sich der Gegenstand in dieser Zeit, sieht das Pixel bereits andere Farben und Helligkeiten.

Verzerrung
→ *Perspektivische Verzerrung*

Vogelperspektive
Wenn du dein Motiv von oben fotografierst, sodass du die Kamera nach unten neigst, nennt man das Vogelperspektive. Dafür reicht bereits eine leichte Neigung.

Vollautomatik
In diesem Modus wählt deine Kamera alle Einstellungen vollautomatisch.

Vollformat
siehe → *Kleinbild*

Wasserzeichen
Das Wasserzeichen ist ein Kopierschutz von Fotos und wird vor allem bei Vorschaubildern eingesetzt. Fotografen nutzen ihr Logo oder ihren Namen auf dem Foto, damit keiner es ohne Erlaubnis für den Druck oder digital verwenden kann.

Weißabgleich
Je nach Lichtquelle wirken die Farben deines Bildes unterschiedlich. Da deine Kamera nicht »weiß«, woher das Licht kommt, kannst du ihr das über die Einstellungen vorgeben oder bei der Bildbearbeitung eine ursprünglich weiße Fläche definieren, die zum Anpassen der Farben genutzt wird.

Weitwinkelobjektiv
Das ist ein → *Objektiv* mit einem sehr großen → *Betrachtungswinkel*. Du siehst auf dem Foto einen größeren Ausschnitt als mit den Augen.

Wellenlänge
Das Licht bewegt sich in Form von Wellen. Es setzt sich aus verschiedenen → *Spektralfarben* zusammen, die jede für sich eine eigene Wellenform von ganz kurz bis ganz lang hat. Die Wellenlänge bezeichnet den Weg über den »Wellenberg« und durch das »Wellental«, bis einmal die Form eines S abgefahren wurde.

WLAN
Ein drahtloses Netzwerk, dass Computer, Smartphones oder andere technische Geräte wie Kameras über Funkwellen mit einem Netzwerkknoten verbindet. An diesen Knoten werden Signale, die beispielsweise aus einem Kabel kommen, in Funkwellen umgewandelt und gesendet. So kannst du mit deinem Smartphone ein Dokument an den Drucker senden und das »Familieninternet« in der Wohnung nutzen. Für diese Datenübertragung benötigst du immer einen »Vermittler« in Form eines Routers. Dieser ist beim → *Bluetooth*-Datenaustausch nicht notwendig.

Zeitautomatik
Auch Blendenvorwahl genannt. Gibst du deiner Kamera einen bestimmten Blendenwert vor, berechnet sie die → *Belichtungszeit* automatisch.

Zeitvorwahl/-priorität
siehe → *Blendenautomatik*

Zentralperspektive
Dein Motiv befindet sich in der Zentralperspektive auf Augenhöhe, sodass du weder nach oben noch nach unten schaust.

Zoomen
Zoomen ist die englische Bezeichnung für Vergrößern. Durch die Veränderung der → *Brennweite* des → *Objektivs* kannst du mehr aufs Bild bekommen (→ *Weitwinkelobjektiv*) oder ferne Dinge näher heranholen (→ *Teleobjektiv*).

Zoomhebel
In der Nähe des → *Auslösers* deiner Kompakt- oder Bridgekamera kannst du über einen Hebel die Vergrößerung deines Motivs einstellen.

Zoomobjektiv
Ein → *Objektiv*, bei dem du die → *Brennweite* verändern kannst, nennt man Zoomobjektiv. Das macht dich zum Beispiel im Urlaub flexibler.

Stichwortverzeichnis

I

J

K

L

M

N

O

P

Q

R

S

Gudrun Wegener
Design für junge Designer*innen
Deine Kreativ-Werkstatt
Zeichnen und Mode-Illustration
Handlettering
Bullet Journal
Flyer und Plakate
Comics u. v. m.
224 Seiten, gebunden, 24,90 €
ISBN 978-3-8362-7782-2
Jetzt bestellen als Buch oder E-Book
www.rheinwerk-verlag.de/5159